싱글몰트위스키에 대해
알아야 할 모든 것

위스키
대백과

금요일

싱글몰트위스키에 대해 알아야 할 모든 것

위스키 대백과

옮긴이 주영준
연세대학교 사회학과와 동 대학원을 졸업하고, 170종류의 다양한 술을 갖춘 신촌
의 정통적인 바 bar TILT의 바 마스터/바텐더로 일하고 있다. 여러 곳에서 좋은 술
과 좋은 지식을 구해 손님들께 좋은 술을 대접하려 노력하고, 여러 곳에 그럭저럭
한 수준의 글과 번역물을 써내고 있다. 술과 예약과 저작에 대한 문의는 언제나 환
영한다. twitter.com/barTILT, purplyan.egloos.com, purplyan@gmail.com

초판 1쇄 발행일	2014년 10월 9일
초판 3쇄 발행일	2021년 2월 5일
지은이	데이비드 위셔트
옮긴이	주영준
디자인	이진미

펴낸곳	도서출판 금요일
펴낸이	김진아
등록번호	제 313-2009-271호
등록일	2009년 12월 7일
주소	서울시 마포구 양화로12길 16-12 1층
전화	010-9621-3143
팩스	02-325-6083
이메일	fridaybooks@naver.com

contents

1부 위스키의 모든 것

2부 싱글몰트위스키 증류소

위스키를 다루는 책들은 충분히 많지만, 이 책은 싱글몰트위스키를 향미에 따라 비교하고 분류하려고 시도하는 최초의 책이다. 첫 번째 판본에서는 위스키의 주된 12가지 향미의 항목과 그에 대한 점수표로 구성된 '향미 분류'를 제시했다. 이는 감각을 분석해 싱글몰트위스키를 객관적·과학적으로 분류하고 비교하려는 시도였다.

6

이번 개정판은 초판에서 다룬 '위스키 향미 분류'의 개념을 확장했다. 먼저, 싱글몰트위스키를 생산하는 영국 본토와 아일랜드의 증류소에 대한 내용을 추가했다. 둘째로, 각각의 증류소를 대표하는 몰트위스키를 하나 선정하여 평가했다. 세 번째로, 이를 기반으로 현존하는 250개 위스키를 포괄하는 몰트 향미 분류표(MFI)를 개정하였다. 또 판본을 개정함에 따라 위스키의 향미를 비교·분석하기 위해 개발한 컴퓨터 프로그램인 '위스키 분석Whisky Analyst'도 개정하였다.

싱글몰트위스키는 지금 그 어느 때보다 빠르게 변하고 있다. 19세기 에딘버러 왕실에서 칭송받던 글렌리벳 위스키는 당대에 '피트덩어리 술'이라고 평가되었다. 지금 몰트위스키 애호가들은 '피트덩어리 스페이사이드 몰트위스키 글렌리벳'이라는 표현에 '이게 대체 무슨 형용모순인가?'라며 의문을 표할 것이다. 하지만 스페이사이드에서도 강하게 피트 처리된 위스키들이 증류되어 왔고, 아일레이에서도 가벼운 위스키들이 증류되어 왔다.

몰트위스키 업계에서 20년간 일어난 변화 중 가장 핵심은 '캐스크의 강조'라고 할 수 있다. 몰트위스키 생산자들은 특별한 캐스크 숙성이나 이중 숙성 과정을 거쳐 싱글몰트의 성격을 강조하고 섬세함을 부여함으로써 새로운 느낌을 창조하려고 갖은 노력을 다한다. 이러한 '캐스크의 시대'에 위스키 생산자들은 캐스크 관리와 오크나무의 숙성 정도가 주는 미묘하고 소소한 차이를 연구하고 있다. 캐스크는 위스키 생산에서 가장 중요한 기능을 한다. 캐스크는 위스키 향미의 80%를 결정할 정도로 실제로 중요하다.

이 책의 목적은 싱글몰트를 둘러싼 이러한 복잡한 주제를 초보자에게 쉽게 설명하며, 잘못 알려진 사실들을 교정하려는 데 있다. 블렌디드 위스키의 원액이 되는 싱글몰트위스키는 마치 다이아몬드 원석과도 같은 것이다. 블렌디드 위스키는 몰트위스키와 그레인위스키를 섞어 만드는 위스키다. 그레인위스키는 보드카나 진처럼 공장에서 대규모로 생산된다. 반면, 모든 싱글몰트위스키는 수작업과 특수한 역사를 거쳐 만들어진다. 싱글몰트위스키를 마시는 순간, 당신은 그 위스키를 만든 사람들과 심장과 영혼을 공유하며 그들과 연결되는 것이다. 당신이 마신 위스키는 역사 속의 전설이 된 18, 19세기의 위스키 개척자들과 당신을 이어줄 것이다. 우리는 감각을 분석하여 이러한 싱글몰트위스키를 분석하고 관찰할 것이며, 위스키의 역사와 그것이 만들어지는 장소, 그것을 만드는 사람들에 대해서도 충분히 이야기할 것이다.

　이 책을 읽고 있는 당신은 아마 위스키에 대해 아주 문외한은 아닐 것이다. 몇 잔의 위스키를 마셔보았을 것이고, 싱글몰트위스키를 처음 마셔보았을 때 '싱글몰트위스키는 전에 마셔보았던 다른 술과는 무언가 다르다'는 정도를 느꼈을 것이다. 그러다 나중에는 다양한 위스키를 수집하여 친구들에게 소개할 것이고, 후에는 특별한 느낌이나 뒷맛을 찾아 헤맬 것이다. 정말로 열정적이라면, 언젠가 좋아하는 증류소를 방문해 위스키 만드는 사람들을 만나고, 개별 캐스크에 담겨 있는 원액을 시음하게 될 지도 모른다. 그리고 희석되지도, 냉각 여과되지도 않은 자연 그대로의 원액, 캐스크 스트랭스를 구매할지도 모른다.

　이 책은 위스키라는 환상적인 주제를 탐사하는 데 도움을 주는 지름길이 되어 줄 것이다. 수천 개의 시음 기록을 분석하여 만든 향미 체계는 위스키의 특수하고 강렬한 향미를 비교하는 데 객관적 지표가 될 것이다. 몰트 마스터들이 캐스크를 고를 때나 마스터 블렌더들이 블렌딩을 위한 몰트를 고를 때 본능적으로 이와 같은 방식을 사용한다. 그러므로 여기서 제시된 향미 체계는 싱글몰트를 즐겨 마시던 사람들과 초보자들 모두에게 충분히 가이드가 될 것이다.

　책에서는 다양한 몰트위스키를 몇 개 대분류로 분류했다. 좋아하는 위스키를 만나게 되었다면, 같은 향미 분류 안에 있는 다른 위스키를 한결 편한 마음으로 마셔 볼 수 있을 것이다. 이를 통해 향미 분류에 따른 당신만의 싱글몰트 컬렉션을 마련하는 데도 제법 도움이 될 것이다. 이쯤 되면 친구들을 불러 당신만의 몰트위스키 시음회를 개최해볼 수도 있다. 당신만의 시음회에서 향미를 비교하고, 차이를 느끼고, 어느 지역 위스키인지, 누가 이 위스키를 만들었는지, 어떻게 만들어졌는지에 대해 즐겁게 이야기를 나눠보는 것이다. 책에서 다루는 컴퓨터 프로그램인 '위스키 분석' 또한 희귀한 몰트와 특별한 느낌에 대한 지식을 풍부하게 할 수 있다.

당신을 놀라운 위스키 유산을 공유하는 자리에 초대한다. 당신이 위대한 위스키에 대한 경험을 넓히고, 누가 어떤 방식으로 위스키를 만드는지 배우기를 희망한다. 그리고 항상 기억하라. 당신이 지금 마시는 위스키는 10년 또는 그 전에, 작업과정에서 얻은 지식에 대한 자신감으로 충만한 헌신적인 누군가가 수작업으로 만들었다는 것을.

당신이 이 여행을 즐길 수 있기를 진심으로 바란다.

슬란자 바!(Slainte mhath, 스코틀랜드어로 건배를 뜻함)

Slàinte mhath!

David Wio

데이비드 위셔트

세인트 앤드류스 대학교 경영학과

역자 서문

몇 년 전에 신촌에 '바 틸트'를 오픈한 이래로 다양한 손님들과 술을 만날 수 있었다. 모든 손님들에게 자신의 이야기가 있는 것처럼, 모든 술도 자신의 이야기를 가지고 있다. 그런 이야기들을 찾아보고 정리하다가 문득, 술의 이야기를 한번 정리해보고 싶다는 생각을 했다. 그러던 중에, 출판사 편집자로 일하는 한 손님이 흥미로운 제안을 했다. 술에 대한 책을 해 볼 생각이 없냐고. 일단은 번역서로 시작해서, 나중에 이것저것 해 보자고. 무엇으로 시작할까, 하다가 싱글몰트위스키로 낙점했다. 그 당시에 나와 출판사가 둘 다 관심이 있었던 술이고, 시중에 아직 관련 서적이 많이 나오지 않은 상태였기 때문이다. 일단은 시작해서, 빨리 끝내봅시다. 바텐더로 일하기 전에 나름대로 원고 작업도 많이 해 보고 번역도 많이 해 본지라 쉽고 빠르게 끝낼 수 있으리라 생각했던 이 작업은 하지만 안타깝게도 시간을 꽤 많이 잡아먹었다. 번역이 진행되는 동안 싱글몰트위스키를 다룬 영화도 한국에 개봉하고, 이를 다룬 좋은 책들도 몇 권 나왔다. 나는 긴장했다. 늦게 나오는 책, 잘 만들어야겠다는 생각이 들어 작업에 힘을 주었다. 지명과 상품명을 가급적 본토의 발음 그대로 표기하기 위해 게일어 사전과 발음기호를 뒤지고, 증류소의 홈페이지를 찾아보았다. 초고를 내고 몇 번이고 원고를 고쳤다. 그리고 마침내, 원고가 끝났다. 책의 내용을 외울 정도로 읽고 고쳤다. 물론 그럼에도 아쉬움은 남고, 책 여기저기에 오역과 오타가 분명히 있을 것이지만, 그것이 사람의 일이다.

책의 선정부터 출판사와 함께 깊게 고민했다. 이 책이 한국에 나온 첫 번째 싱글몰트위스키 서적이고, 싱글몰트위스키가 대중화되기 전에 이 책을 기획했다면 조금 더 편한 마음으로 책을 낼 수 있었을 것이다. 하지만 정말 훌륭한 위스키 서적들과 평론가들, 그리고 위스키 전문 바들이 생기고 있는 시대에, 함부로 책을 낼 수는 없는 일이다. 최대한 진지하고 학술적이며 전문적인 책을 선별하기로 했다. 아마존의 서평을 검색하고, 최종적으로 열 권 정도의 해외 위스키 서적을 구매하여 책의 내용을 살피고, 이 책으로 결정했다. 벌써 몇 년 전의 일이지만, 이 책을 선정한 자리가 생생하게 떠오른다. 이 책은 좋은 책이라면 모름지기 가져야 할 장점들을 모두 가지고 있다. 저자 데이비드 위셔트는 영국식 위트가 넘치는 문장으로 전문적인 내용들을 충실하고 쉽게 풀어 쓴다. 다루고 있는 내용은 방대하기 그지 없다. 위스키의 생산과 시음의 전 과정을 다루며, 그 역사와 사업성을 다루고, 스코틀랜드의 거의 모든 증류소를 다룬다. 이런 일반적인 장점도 장점이지만 출판사와 함께 이 책을 고른 핵심적인 이유는 따로 있다.

이 책은 자기 주장이 강하다.

'입문용 취미실용서'는 쉽고 가벼우며 객관적일수록 읽기 편하다. 하지만 '전문적인 취미실용서'는 복잡하고 무거우며, 주장이 강할수록 흥미롭다고 생각한다. 이 책의 저자는 많은 위스키 애호가들을 자극할 만한 여러 가지 이야기를 한다. '흔히 사용되는 싱글몰트위스키의 지역 구분은 사실상 허구나 다름없다' '위스키의 맛은 통계학적 방법으로 분석/유형화될 수 있다.'라는 말을 직설적으로 주장하며, '전통적인 위스키 제작 방식이 〈과학적인〉 측면에서 현대적인 위스키 제작 방식보다 우월하다' '사실 싱글몰트위스키는 이름에서 강조하는 〈몰트만을 사용해서 맛을 내는 증류주〉라기보다는 피트, 발효 방법, 숙성과정, 저장고 등의 다채로운 기술과 재료를 내서 만들어내는 복잡한 위스키다'라는 이야기를 영국식 위트를 곁들여 다양한 문장으로 주장한다. 그렇다고 자기 주장만이 강한 책이 아니다. 저자 데이비드 위셔트는 세인트 앤드류스 대학의 통계학과 교수이며, 저명한 통계학자다. 저자는 다양한 주장을 하면서도, 통계학이 가지는 엄밀성과 객관성을 결코 잃지 않는다. 통계학과 위스키에 대한 사랑이 이 저작을 만들게 된 것이다.

또한, 이 책은 '진지한 위스키 시음가'를 위해 만들어진 책이다. 저자는 최대한 객관적인 측면에서 위스키의 맛을 여러 층위로 나눠 그 강도를 분석하고, 통계학적 방법론을 통하여 위스키들을 유형화한다. '이베리아 반도에서 탱고를 추는 여인의 향기가 느껴지는 와인' 같은 시음 기록도 좋아하지만, 이 책이 다루는 과학적이고 객관적인 시음 기록이 많은 위스키 매니아들에게는 좀 더 쉬운 도움이 되리라고 생각한다. 그렇다고 딱딱하기만 한 것은 아니다. 증류소에 떠도는 전설, 위스키 역사 속의 전설과 같은 다채롭고 흥미로운 읽을거리들이 책의 곳곳에 잘 배치되어 있다.

번역 측면에서 일반명사는 가급적 한글 명사로 옮기려고 노력하였으나, 어감이 필요한 경우 외래어를 사용하였다. 포트스틸 대신 단식 증류기라는 단어를 사용하였으나 맥아는 많은 경우 몰트로 표기하였다(싱글몰트위스키와 직접적으로 관련이 없는 부분이나 화학/생물학과 연관된 부분에서는 맥아라는 단어를 사용하였으나, 싱글몰트위스키와 직접적으로 관련이 있는 부분에서는 몰트로 표기하였다). 고유명사의 경우 표준 외래어 표기법이나 일상적인 표기를 사용하는 대신 최대한 위스키 증류소가 위치하는 곳의 원음에 가까운 표기를 하였다. 애버딘셔 대신 애버딘샤이어를 선택하였고, 부나하벤 대신 보나하벤을 선택하였다. 이 과정에 도움을 준 SNS상의 수많은 스코틀랜드인들에게 감사드린다. 저자의 위트 있는 문장들을 잘 살리고 싶었으나 쉽지 않았다. 약간의 아쉬움이 남지만 최선을 다했다고 생각한다. 바텐더로서도, 번역가로서도 아직은 한참 모자라지만, 그래도 전문 번역가가 번역한 위스키 서적이나 바텐더가 쓴 위스키 책과는 다른 번역의 묘미가 있으리라고 생각한다. 독자들이 그런 묘미가 있다고 믿어주면 좋겠다. 책의 내용과 관련된 문의나 항의, 칭찬과 비난은 언제나 열려 있다. 신촌의 틸트에 들르시면 된다. 옛말에 좋은 자리나 나쁜 자리나 일단 술이 있어야 한다고 했다. 트위터의 @barTILT로 연락주셔도 좋다.

책 번역 작업을 하는 동안 가끔 바 틸트에 출근하지 못하였다. 그럼에도 불구하고 바 틸트를 지켜준 고마운 손님들과 선임 바텐더 다니엘에게 감사하다. 책을 기획하고 출판해준 금요일 출판사에 감사드리며, 이 원고에 물성을 부여해주신 인쇄노동자들에게 감사를 드리며 글을 마치도록 하겠다. Slainte Mhath!

바 틸트 바 마스터. 주영준

13

introduction to whisky

1부

위스키의 모든 것

HISTORY
OF
WHISKY

위스키의 역사

증류 기술은 향수를 만들던 이집트인과 중국인이 발명한 것으로 추정된다. 유럽의 술 증류는 11세기경 수도사들이 와인을 증류하여 브랜디를 만드는 것으로 시작되었다. '생명의 물'이라는 뜻의 아쿠아 비테Aqua Vitae가 주는 쾌락이 널리 알려진 덕에 이 기술은 급속도로 유럽 전역으로 전파되었다. 포도를 재배하기 적당하지 않은 유럽 북부에서는 곡물을 발효해 증류하기 시작하였다. 이러한 곡물 증류에는 보리가 주로 사용되었다. 그리고 우리가 위스키라고 할 수 있는 최초의 술은 12세기 아일랜드에서 증류되었으며, 아일랜드 수도사들이 이를 스코틀랜드에 전파한 것으로 본다.

성 골룸바가 아일랜드를 떠나 이오나에 상륙한 563년은 스코틀랜드 종교사에서 매우 중요한 해다. 이오나에서 가까운 스코틀랜드의 아일레이 섬에서는 게일어를 공용어로 사용하는데, 아일랜드는 물론 몰트위스키 생산과 일종의 역사적 연결성이 있다. 아일레이 섬의 서쪽 끝은 아일랜드의 부시밀즈, 앤트림 해안의 자이언츠 코즈웨이, 스코틀랜드의 킨타이어 반도와 거의 비슷한 거리에 있으므로 위스키를 작은 배에 실어 아일레이로 운반하는 것은 매우 간단한 일이었을 것이다. 아일랜드의 거인이 등에 위스키 통을 매고 스코틀랜드로 폴짝 뛰어넘어 왔다는 전설이 있을 정도로 말이다. '아쿠아 비테'라는 라틴어 단어가 스코틀랜드 게일어로 우쉬기 바이Uisge Beatha가 되고, 아일랜드 게일어로는 우스퀴바Usque Baugh가 되는 것은 우연이 아니다. 어느 정도 논란의 여지가 있지만, 게일어 단어가 먼저 만들어지고 나중에 수도사들이 이를 라틴어로 번역한 것으로 보인다.

몰트 여덟 포대

1494~1495년의 스코틀랜드 재무부 문서에 처음으로 '위스키'라는 단어가 기록되었다. 이 문서에 올라 있는 스코틀랜드 국왕 제임스 4세의 명령서에는 '수사 존 코어의 아콰비트^{Aquavit} 생산용 몰트 여덟 포대'라는 표현이 나온다. 16세기, 종교개혁에 따라 수도원이 해체된 이후 여러 수도사가 우스퀴바의 증류 작업에 참여한다. 이러한 우스퀴바는 특유의 약효로 유명했다. '에트릭의 목동'이라는 별명으로 유명한 시인 제임스 호그는 "매일 마셔야 할 정확한 술의 양과 적합한 품질을 알고 그 기준에 따라 꾸준히 마신다면 죽지 않고 영원히 살 수 있으리. 그리하면 의사나 묘지도 덧없어지리라"라고 했다.

수도사에 의해 개발된 증류 기술은 곧 농부들에게도 전파되었다. 증류에 사용되는 곡물을 재배하는 일은 농부들의 몫이었는데, 농부들은 당연하게도 이러한 노동의 결과를 즐기게 되었다. 곡물을 오래 보존하는 효과적인 방법이 없던 이 시기에는 수확한 곡물이 겨울이 지나면 곰팡이가 피기 십상이었다. 농부들은 남은 곡물을 썩혀서 버리느니 차라리 위스키를 만들게 된 것이다.

농장에서 위스키를 증류하는 것은 16세기 스코틀랜드와 아일랜드 전역에서 흔히 볼 수 있는 풍경이 되었다. 친숙한 서양배 모양의 증류기와 주정의 응축작용을 원활하게 하는 냉각수 사용법이 도입되면서 증류 과정은 더욱 개선되었다. 스코틀랜드 법원이 위스키 생산에 관여하기 시작한 것도 16세기다. 1505년, 왕립외과협회의 전신인 에딘버러 외과의사 길드가 치료용 아쿠아 비테 생산의 독점권을 인정받았다. 위스키가 대중화된 16세기 중엽에는 이러한 허가 침해

〈하이랜드 위스키 불법 증류〉.
에드윈 랜드시어 경의
1829년 작. 불법 위스키
증류 장비들을 잘 묘사했다.

19

와 관련된 법률문제가 자주 일어났다. 1644년에는 증류주에 처음으로 세금이 부과되었고, 인가된 상업 증류소들은 17세기 후반까지 운영되었다.

페린토시

로스크로마티의 인버네스 북부에 있는 블랙 아일 반도 페린토시의 포브스 증류소가 이 시기에 인가받은 증류소를 대표한다. 컬로든의 던컨 포브스가 1670년경 설립한 이 증류소는 1689년 재커바이트혁명 때 불탔다. 하지만 왕가에 충성을 바친 포브스는 그 보상으로 이듬해 페린토시 지역에서 면세로 위스키를 생산할 권한을 얻는다. 페린토시 위스키는 품질이 좋다는 평판을 얻게 되었고, 포브스의 제국은 확장되어 갔다. 증류소 설립 후 100년이 흐르는 동안 4개 이상의 페린토시 증류소가 컬로든에 세워졌고, 스코틀랜드에서 합법적으로 생산하는 위스키의 3분의 2를 담당하며 포브스 가문은 점차 부유해 졌다.

18세기 들어 사람들은 위스키를 더 많이 찾게 되었다. 특히 1736 년 진 법안Gin Act이 제정되어 위스키에는 부과되지 않는 세금이 진에 부과된 이후 위스키 수요는 더욱 늘었다. 스코틀랜드의 공식 아쿠아 비테 생산량은 1708년 37만 8,540리터에서 1738년 104만 985리터 로 늘었다. 이때쯤 우쉬기 바이Uisge Beatha라는 용어에 변화가 생기기 시 작했다. 처음에는 uiskie(1618)라고 불리다가 이내 usky(1736)가 되었 고, 1746년에 드디어 위스키Whisky라는 단어가 사용되었다.

18세기 스코틀랜드에서는 농장과 대형 저택에서 개인이 소유한 증류기를 흔히 볼 수 있었다. 개인이 마시려고 위스키를 증류하는 것 은 합법적이었으며 세금도 내지 않았다. 소작농들은 남는 곡물을 처 리하려고 190리터 이하의 개인용 증류기를 사용했다. 마시고 남은 위스키를 지주들에게 임대료 대신 주기도 했다.

1779년 제정된 법에 따라 개인용 증류기의 용량 한계가 종래의 38리터에서 7.5리터로 제한되고, 세무관에게 기준을 초과하는 증류 기를 몰수하거나 파괴할 권한이 주어졌다. 2년이 지난 뒤 개인적 증 류가 모두 불법으로 되면서 소규모 증류소들은 비밀리에 운영되기 시작하였다. 그리고 상업적 증류소들은 좀 더 확고하게 자리를 잡 기 시작하였다. 이 시기부터 하이랜드 지역의 골짜기와 언덕, 오두막 집, 임시 천막과 동굴, 집 안의 비밀 방 등에서 밀주 위스키가 만들어

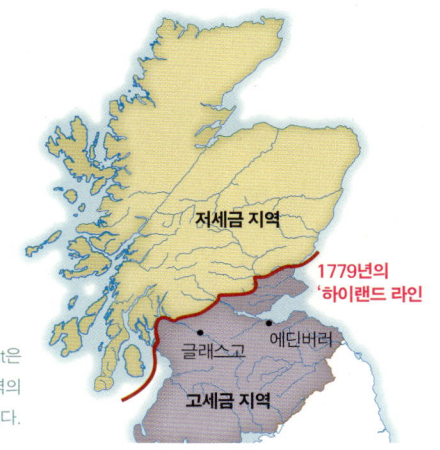

저세금 지역

1779년의
'하이랜드 라인'

글래스고 · 에딘버러

고세금 지역

1784년의 발효법Wash Act은
하이랜드 라인 위쪽 지역의
세금을 낮추었다.

21

졌다. 1784년의 발효법Wash Act은 '하이랜드 라인' 북부의 소비세를 낮추어 불법 증류소가 합법적인 인허가를 받도록 유도하였다. 증류기 크기를 76리터로 제한하고, 연간 생산량 1갤런당 세금을 1파운드 부과하는 것이 이 법안의 골자였다. 세금이 낮아지자 하이랜드의 많은 증류소가 합법적으로 인허가를 받았고, 하이랜드 위스키는 급속도로 성장했다. 그러자 지나치게 성장한 하이랜드 위스키를 견제하기 위하여 1785년에 새로 제정된 법안은 이 위스키를 로우랜드나 다른 남부 지역으로 수출하지 못하게 했다. 이 법안에 따라 로우랜드의 인가 증류소는 급속도로 발전했다. 로우랜드의 증류소들은 하이랜드 라인 북쪽의 증류소보다 많은 세금을 납부했지만, 남부 스코틀랜드의 도시들과 잉글랜드 지역에 대한 판매독점권을 갖게 되었기 때문이다.

이러한 법안에도 불구하고 소수의 모험적인 위스키업자들은 하이랜드의 밀주 위스키를 밀수해 유통시켰다. 조랑말 뒤에 위스키를 싣고 알려지지 않은 오솔길을 따라 운반하거나 농작물 수레 아래에 감추는 등 다양한 방법을 동원하였다. 양가죽 주머니에 위스키를 담아 치마 속에 숨기는 고전적 밀수법도 사용되었다. 글렌리벳 근처의 크롬데일과 래더 구릉 주변에서는 아직도 이 시기의 밀수 흔적을 찾을 수 있다. 이 오래된 밀수꾼의 공간 어딘가에는 밀주용 증류기

가 몇 개쯤 숨겨져 있을지
도 모른다.

　블레어 아솔, 글렌파클
러스, 글렌고인, 하이랜드
파크, 로얄 로크나가 등 여
러 증류소의 박물관에 당
시 쓰던 불법 증류기들이
전시되어 있다. 최근에는
스트라스아일라 증류소의

창고에서 당시 쓰던 불법 증류기가 발견되었다. 이 '글렌리벳식 소형
증류기'는 전시용 작동을 위해 수선되었다. 로크 유 증류소에도 밀
주시대의 증류기가 하나 있는데, 스카치위스키를 실제로 생산할 수
있는 현존하는 유일한 불법 용량 증류기다. 이 위스키는 7.5리터(2갤
런) 캐스크에서 숙성된다. 로크 유 증류소에서는 전통적인 불법 증류
법에 따라 위스키를 증류하는 5일 일정의 증류 과정을 선보인다. 이
과정에 참여한 관람객들은 이렇게 만든 위스키를 5리터(1갤런) 캐스
크에 담아 집에 가져갈 수 있다. 물론, 매우 당연한 말이지만, 세금은
내야 한다.

　1784년에 만든 발효법은 페린토시의 면세 특권을 철회하였다. 이
에 따라 포브스의 증류소는 문을 닫았다. 스코틀랜드의 국민 시인이
자 징세원으로 일한 경험이 있는 로버트 번즈는 페린토시에 시 한 구
절을 헌정했다. 1785년 지은 '스코틀랜드의 술'에서 그는 이렇게 노
래했다.

"그대 페린토시여! 오, 슬픈 상실이여!
스코틀랜드는 그 모든 해안에서 슬픔에 흐느낀다.
고통이 엄습하고 기침을 콜록거리며 우리 모두 죽게 되리라.
충성스러운 포브스의 훌륭한 자랑거리가 이제는 사라졌구나!"

밀주의 진정한 맛

에딘버러의 월터 스콧 경과 지방의회는 국왕 조지 4세의 에딘버러 방문을 환영하며 1822년 8월 국왕 환영회를 성대하게 개최한다. 국왕이 리스에 도착했을 때 스콧 경은 구할 수 있는 가장 훌륭한 밀주 위스키로 국왕의 건강을 위해 건배했다(자세한 내용은 뒤에 있다). 하이랜드의 글렌리벳에서 밀수된 위스키였다. 바로 그 자리에서 국왕은 이 위스키야말로 자기 입맛에 딱 맞는다고 선언하며, 앞으로 국왕에 대한 충성을 다지는 건배에서는 반드시 이 술을 사용해야 한다는 칙령을 내렸다. 이 일로 에딘버러에서 글렌리벳 수요가 폭발하였고, 에딘버러는 긴급하게 하이랜드에 위스키 공급을 요청하였다. 엘리자베스 그랜트는 『하이랜드 귀부인의 회고』에서 자신이 로시머쿠스에서 홀리루드로 운반한 글렌리벳에 대하여 이렇게 표현하였다. "나무통에 오래 담긴 위스키… 우유처럼 부드러운 밀주의 진정한 맛이다." 이것은 아마도 최초의 위스키 시음 기록이며, 동시에 오크 캐스크 숙성의 힘을 언급한 최초의 문헌일 것이다. 오늘날에는 하이랜드 위스키와 로우랜드 위스키 사이에 품질의 우열을 가리기 힘들지만, 조지 4세 재임기에는 상황이 조금 달랐다. 캐스크 숙성을 하는 하이랜드 위스키가 더 훌륭한 품질을 자랑했고, 조지 4세의 편애를 받았다. 빅토리

아 시대의 유명한 위스키 작가 알프레드 바너드(1887)는 하이랜드와
로우랜드의 스카치 몰트위스키의 차이를 서술하며, 로우랜드의 몇
몇 증류소가 인기 있는 하이랜드 스타일을 적용했다는 사실을 언급
하였다. 예를 들어, 그는 1829년 설립된 로우랜드 뱅키어 증류소에
대하여 이렇게 서술하였다. "이 위스키는 현재 북부 하이랜드 방식에
따라 생산된다. 로우랜드 증류소임에도 불구하고 증류주의 수준은
훌륭하기로 정평이 난 하이랜드 스타일의 고급 위스키에 필적한다."

　이 시기 로우랜드 증류소는 싸구려 증류주를 빠르게 대량생산할
수 있는 대형 증류기를 사용하였다. 이와 대조적으로 하이랜드의 불

〈리스에 도착하는 조지 4세〉.
알렉산더 카스의 1822년 작.
에딘버러와 리스의 주민들과
월터 스콧 경이 국왕을
맞이하고 있다.

법 증류기들은 쉽게 운반할 수 있고 숨기기 쉽도록 작게 만들어졌다. 단속이 오면 증류기를 주변 구릉지에 숨겨야 했기 때문이다. 오늘날 우리는 증류기와 냉각기의 구리 성분이 알코올 증기를 에스테르나 알데히드 같은 착향 성분으로 변환하는 데 촉매로 작용한다는 사실을 알고 있다. 에스테르나 알데히드는 고급 몰트위스키에 결정적인 역할을 하는 과일향과 섬세한 향취를 부여한다. 소형 단식 증류기는 상대적으로 표면적 비율이 높고, 천천히 가동하면 구리에 노출되는 시간을 상당히 연장할 수 있다. 이때 촉매반응이 활성화되어 증류액에 꽃과 과일의 향이 넘쳐흐른다. 엘리자베스 그랜트가 묘사했듯이 오크 캐스크 숙성은 증류기에서 꺼낸 우쉬기 바이를 그대로 마시던 당시에는 최신 기술이었다.

빅토리아와 앨버트

1835년, 윌리엄 4세는 자신이 가장 좋아하는 위스키를 만들던 로얄 브라클라 증류소에 최초로 왕실 조달 허가증을 내준다. 그 뒤 두 세대 동안 위스키와 함께한 왕가의 로맨스가 시작된다. 1848년, 젊은 여왕 빅토리아와 앨버트 대공은 스코틀랜드를 여행한다. 그들은 스코틀랜드 전역을 여행하며 위스키를 포함한 스코틀랜드의 풍취를 즐긴다. 디 강 옆에 있는 발모랄 성은 그들의 여름 별장이 되었다. 그 뒤 엘리자베스 2세 여왕을 포함한 수많은 왕실 사람이 발모랄 성을 별장으로 사용하였다. 빅토리아 여왕은 디 강 근처에서 사냥할 때 모든 손님에게 위스키를 한 병씩 선물하였다. 이 위스키는 사냥에 참여한 사냥꾼만이 누릴 수 있는 특권이었다. 빅토리아 여왕은 왕실 마차가 여행갈 때 마부 자리 아래에 반드시 '비상용' 위스키를 한 병 두어야 한다는 일반 명령을 선포하였다. 그녀가 위스키를 얼마나 사랑했는지는 로크나가 증류소와 브라클라 증류소에 왕실 조달 허가증을 내준 것과 그 시기에 스카치위스키 산업이 번창한 것에서 알 수 있다.

필록세라(포도나무뿌리진디)가 가져온 위기 또한 위스키 산업의 성장에 도움을 주었다. 필록세라는 비니페라 포도뿌리를 먹고 자란다. 북아메리카가 원산지인 필록세라는 1860년대 유럽에 전파되어 19세기 말 유럽과 다른 지역의 포도농장을 황폐하게 만들었다. 이때 영국

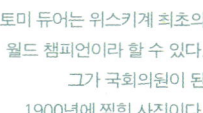

토미 듀어는 위스키계 최초의
월드 챔피언이라 할 수 있다.
그가 국회의원이 된
1900년에 찍힌 사진이다.

27

의 와인과 브랜디 애호가들은 위스키를 마시기 시작하였다.

이 시기에 만들어진 위스키 품질은 불안정하였다. 이런 불안정한 품질이 위스키를 블렌딩하기 시작하는 데 일조했다고 볼 수 있다. 서로 경쟁하는 관계인 와인과 증류주를 함께 취급하던 퍼스의 상인 존 듀어와 아서 벨은 여러 증류소의 몰트위스키를 섞어 위스키 품질을 일정하게 만들 수 있다는 사실을 발견하였다. 그래서 그들은 1850년대부터 블렌드 위스키를 만들었다. 이즈음 몰트위스키를 향미에 따라 분류한 것으로 보인다. 균형 있고 일관성 있는 브랜드를 만들기 위해 어떤 몰트를 골라 다른 몰트와 어떻게 섞느냐가 블렌더의 중요한 기술이었다.

블렌디드 위스키

이 시기에 증류주 상인 앤드류 어셔는 위스키 블렌드에 그레인위스키를 사용하는 것을 고민하기 시작했다. 생보리, 밀, 옥수수 등으로 만드는 그레인위스키는 몰트위스키보다 향미가 가벼우며, 연속 증류기로 증류하기 때문에 싼 가격으로 생산할 수 있었다. 1830년 로버트 스테인에 의해 발명된 후에 전직 아일랜드 징세원이었던 이니아스 코피에 의해 개량된 연속 증류 방식은 가격과 편리함이라는 매력

을 갖추었기에, 나중에 여러
블렌더가 이 편리한 연속 증
류를 사용하기 시작하였다.

금주령시대에 미국에 커티삭 위스키를
밀수했던 윌리엄 맥코이 선장.
커티삭 위스키에는
'리얼 맥코이'라는 별명이 붙었다.

1890년대 위스키 산업은
W. P. 로리, 찰스 맥킨리, 존
헤이그, 조니 워커, 제임스 화
이트, 찰스 맥케이, 윌리엄 티
처, 시바스 형제, 제임스 뷰

캐년 등 수많은 블렌더의 활약으로 성황을 이루었다. 이들은 나중
에 그 이름을 모든 사람이 알 정도로 크게 성공했다. 해외의 중개상
들도 이들 브랜드를 전 세계에 판매하기 시작하였다. 토미 듀어가
1891~1893년 월드 투어를 하면서 듀어스 지사를 32개나 설립한 것
이 이 시기의 가장 유명한 일화라 할 수 있을 것이다.

이렇듯 사업이 번창하자 기존의 증류소는 세력을 더욱 확장하였
고 새로운 증류소들이 설립되었다. 1890년대에만 증류소가 33개 설
립되었다. 이들 중 21개는 스페이사이드에 설립되었다. 캠벨타운에는
1885년 증류소가 7개밖에 없었지만, 1899년에는 30개가 넘었다. 저
장고의 재고도 엄청나게 늘어났다. 1892년에 750만 리터였던 재고는
1898년에 3억 4,000만 리터로 늘어났다. 하지만 이러한 위스키의 대
성황은 20세기까지 이어지지 못하였다.

1898년 로버트 패티슨과 월터 패티슨이 운영하던 블렌더 회사의
부도가 위스키 산업 불황의 신호탄을 올렸다. 그들은 분식회계로 회
계부정을 저질렀을 뿐만 아니라 투명한 그레인위스키에 적당히 색만

입히고 다른 성분은 거의 섞지 않은 싸구려 위스키를 '최고의 글렌리 벳' 블렌드 위스키라며 판매하는 만행을 저질렀다. 패티슨 형제의 몰락과 함께 위스키 가격과 주가가 동시에 떨어졌고, 사기 혐의로 재판받은 패티슨 형제는 감옥으로 보내졌다. 이때부터 위스키 수요가 줄어들었다. 해외 무역과 경기 전반에 침체를 불러온 보어전쟁 또한 위스키 수요의 감소에 영향을 미쳤다. 프랑스 와인과 브랜디를 선호하던 국왕 에드워드 7세는 위스키를 거부하였고, 마침내 유행은 바뀌기 시작하였다. 여기에 '무엇이 진짜 위스키인가'를 두고 위스키 블렌더와 몰트 증류소 사이에 싸움이 벌어지기도 했다.

1905년, 이슬링턴버러 의회는 '성분이나 품질 면에서 위스키라고 볼 수 없는' 위스키를 판매한 두 사람을 기소하였다. 항소로 이어진 이 재판에 따라 1915년 '비숙성 증류주 법안Immature Spirit Act'이 만들어졌다. 이 법안은 최소 3년간 오크통에서 숙성한 것만 위스키로 인정한다. 다른 증류주에는 적용되지 않는 이 엄격한 법칙은 지금도 위스키에 적용되고 있다. 1915년의 비숙성 증류주 법안은 술을 입에도 대지 않던 영국의 재무부장관 데이비드 로이드 조지가 강력하게 추진했다. 그는 제1차 세계대전의 주된 적이 독일·오스트리아 동맹이 아닌 '술'이라고 생각했다. 그는 증류소 허가세와 위스키 주세를 상당히 증가시켰다. 이 법안은 위스키 소비를 맥주 소비로 전환시키기 위한 시도였다. 영국의 위스키계는 분노했다.

세금 인상

제1차 세계대전 기간 동안 식량용 보리 재고를 유지하기 위해 증류소는 영업을 중단하였다. 영국 정부는 1917년에 위스키 수출을 금지하였고, 1918년에는 전쟁 비용을 충당하기 위하여 위스키 세금을 두 배로 올렸다. 전쟁이 끝난 직후 증류소들은 위스키 산업을 재건하겠다는 희망을 품었지만, 1919년 국가예산안에서 세금이 더 인상됨으로써 좌절되었다. 1920년대 영국에서는 금주운동이 진행되었고, 미국은 위스키 수입을 금지하며 금주령을 제정하였다.

다행히 미국의 금주령은 위스키 산업을 침체시키는 데 그다지 효과적이지는 못했다. 바하마에 기반을 둔 밀수꾼 윌리엄 맥코이 선장은 그 시절 가장 빠른 배의 이름을 딴 라이트한 프리미엄 블렌드 위스키 '커티삭'을 미국으로 들여보냈다. 술꾼들은 밀주를 취급하는 술집을 의미하던 '스피키지'에서 커티삭을 가리키는 은어인 '리얼 맥코이Real Mccoy'를 찾았다. 리얼 맥코이는 이내 영국과 미국에서 '믿을 만한 진품'을 뜻하는 일상 어휘가 되었다. 금주령이 내려졌는데도 약용 위스키는 합법적으로 미국으로 수입되었으며, 처방전이 있으면 라프로익과 화이트호스 블렌드 위스키를 미국에서 살 수 있었다.

1899년 161개에 달하던 스코틀랜드의 증류소는 1924년에는 84개로 줄었다. 하지만 아직 최악은 아니었다. 1933년 스코틀랜드에서 가동하던 몰트 증류소는 2개뿐이었다. 그리고 제2차 세계대전과 함께 위스키 생산은 또다시 중단되었다. 1945년까지 스카치위스키 산업은 세 번의 전쟁, 미국의 금주령, 영국의 금주운동, 세금 폭등, 적대적 법안 때문에 45년간 긴 불황을 겪었다. 상황은 이보다 더 나빠질 수 없었다. 그리하여 상황은 이보다 더 좋아질 수밖에 없었다.

위스키의 부활

위스키 산업에서 1960년대는 건설과 확장, 합병의 시대였다. 오랫동안 가동되지 않던 증류소들이 재개장하거나 재건되고, 확장되고, 근대화되었다. 1958년 토모어와 글렌키스 증류소가 개장하였다. 거의 60년의 침묵을 깨고 새 증류소가 두 개 만들어진 것이다. 보리를 몰팅해서 숙성시킨 뒤 블렌딩하고 병입하는 과정은 효율적으로 진행되었다. 적절하게 운영되는 한, 마케팅 부서도 새로운 원동력이 되기도 했다.

디아지오의 전신인 증류자연합United Distillers은 60개 이상 증류소의 운영권을 얻었다. 물론 이 중에는 증류소의 창고만 숙성실로 사용하고 사실상 휴업 상태인 증류소도 많았다. 주인이 바뀌거나 페르노리카, 에드링턴 그룹, 산토리, 바카디, 모엣-헤네시 등 거대 회사에 인수된 증류소도 많았다. 증류 전문가나 몰트 처리 전문가들이 해왔던

(왼쪽)
증류 전문가의 작업은 참으로 힘들고 복잡하다. 스피릿 세이프 앞에서 언제 중류 채취를 시작해야 할지 고민하는 증류 전문가.

(오른쪽)
윌리엄 그랜트&선즈의 블렌딩 룸에서 위스키를 시음하는 글렌피딕과 발베니의 몰트 전문가 데이비드 스튜어트. 회사에서 만드는 블렌디드 위스키의 성분을 결정하고 품질을 유지하는 것은 오직 그만의 일이다.

전통적인 전문 영역은 인력을 줄이기 위해 컴퓨터로 처리하거나 기계화하거나 분업화한 팀에 의해 대체되었다.

글렌피딕과 발베니 증류소를 소유한 윌리엄 그랜트&선즈의 회장은 이러한 다국적 기업의 합병이 독립성을 훼손하게 될 지도 모른다고 고민하였다. 그리하여 1960년대에 생산된 몰트위스키 일부를 세계 시장에 싱글몰트위스키로 판매하는 방법을 고안하였다. 모든 위스키 생산자가 이제는 블렌드 위스키의 시대가 올 것이라고 생각했지만, 다행히 그랜트사는 싱글몰트에 대한 신념을 굽히지 않았다. 이 천재적 발상이 1980년대와 1990년대에 그토록 인기를 얻은 싱글몰트위스키의 부활을 이끌어냈다. 싱글몰트위스키의 전체 시장점유율은 15%가 채 되지 않지만 시장이 성숙해감에 따라 점유율이 높아지고 있다.

1975년 스카치몰트위스키협회Scotch Malt Whisky Society, SMWS가 설립되었다. SMWS는 회원들을 모아 개별 캐스크를 공동으로 구매하여 그 캐스크로부터 병입한 위스키를 회원들끼리 나누어 마시자는 열정적인 위스키 애호가들의 아이디어로 시작되었다. 이 협회의 회원이 되는 것은 미식가의 목표 가운데 하나라 할 수 있을 것이다. 협회 회원이 되면 가장 특이한 위스키에서 위대한 위스키까지 위스키의 향미를 폭넓게 즐길 수 있기 때문이다. 협회는 언제나 가장 위대한 위스키를 시음하고 고르는 일에 지대한 노력을 기울이고 있다.

WHISKY REGIONS

위스키 지역

스카치위스키협회Scotch Whisky Association는 위스키 판매를 담당하는 공식적인 무역 기구로, 국내외 위스키 정책 관련 사안에서 위스키업계를 대표해야 할 책임이 있다. 어떤 경우에 '스카치'위스키라는 단어를 사용하는지도 결정한다. 스카치위스키협회는 스코틀랜드의 싱글몰트 위스키 증류소를 하이랜드, 스페이사이드, 로우랜드, 캠벨타운, 아일레이 다섯 지역으로 나눈다. 이러한 지역 구분은 현재로서는 조금 애매할지도 모른다. 증류소 숫자만 보더라도 하이랜드에 36개, 스페이사이드에 45개, 로우랜드에 4개, 캠벨타운에 3개, 아일레이에 9개로 지역에 따라 편차가 매우 크다. 증류소가 9개 있는 아일레이 섬은 독립 지역으로 분류되지만, 아란 섬에서 오크니 섬에 이르기까지 나머지 섬에 있는 증류소 7개는 모두 하이랜드 지역으로 분류된다.

케언곰 국립공원에 있는 달위니 종류소는 스코틀랜드에서 고지대에 있는 증류소 중 하나다.

이러한 위스키 지역 구분은 '하이랜드 라인'을 기준으로 서로 다른 세율이 부과되던 1784~1816년에 만들어진 과거의 유산이므로 현대적 관점에서는 불합리해 보일 수도 있다. 32개 이상의 증류소가 운영되던 '잘 나가던' 캠벨타운은 1785년 하이랜드로부터 공식적으로 분리되면서 많은 위스키 증류소가 지하로 숨어들었다. 그래서 오늘날 캠벨타운에는 스프링뱅크, 글렌가일, 글렌 스코샤 세 증류소만 남아 있다(94쪽 참조).

어떤 몰트위스키를 '아일레이', '하이랜드', '로우랜드', '스페이사이드' 위스키라고 하는지에 대한 전통도 있다. 어떤 몰트위스키를 '스페이사이드 위스키'라고 한다는 것은 그 위스키가 다른 지역 위스키와 달리 스페이사이드에서 생산되는 위스키만의 특징을 가지고 있

다는 것을 뜻한다. 스페이사이드 지역은 스코틀랜드 위스키 증류소들이 가장 밀집되어 있는 지역이다. 역사적으로, 스페이사이드는 불법 증류소를 운영하기 좋은 외딴 시골에 있으며, 질 높은 물과 피트를 쉽게 구할 수 있는 지역이기 때문이다. 스페이 강의 지류를 형성하는 계곡물이 스페이사이드 위스키를 만든다. 피트와 헤더가 화강암과 석영으로 이루어진 주변 산들을 뒤덮고 있다. 겨울이면 몹시 추워지는 이 산의 결정암에 내린 빗물이 스페이사이드 위스키의 수원이 된다. 이 빗물은 헤더 피트 위를 흐르며 피트와 산성물질을 함유하지만 미네랄은 거의 흡수하지 않은 연수다. 흔히 피트가 덮인 화강암 위를 흘러온 연수가 위스키를 만들기에 가장 이상적이라고 한다. 스페이 계곡의 물은 이러한 이상적 조건을 충족한다. 적절한 물, 건조장에서 사용할 충분한 피트, 주위의 넓은 보리밭에서 나온 보리는 자연스럽게 스페이사이드 증류소들의 발전을 이끌었고, 증류소들에서 만드는 위스키에 성격을 부여하였다. 피트 불로 충분히 건조시킨

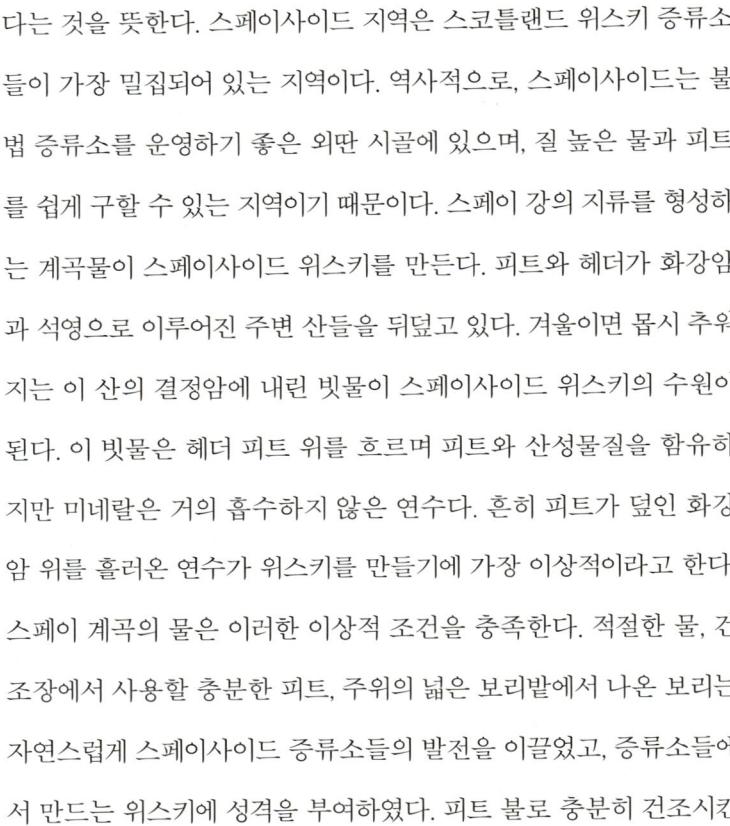

스코틀랜드 하이랜드의 산을 흐르는 품질이 우수한 물은 19세기에 왜 그토록 많은 위스키 증류소가 하이랜드에 설립되었는지를 잘 설명해준다.

보리로 만든 이곳의 위스키에서는 '강한 피트향'이 난다.

19세기 들어 석탄과 코크스가 건조작업에 사용되었고, 20세기에
와서는 전기식, 가스식, 석유식 건조 방식이 도입되면서 피트 불 방식
의 전통적인 건조 작업은 점차 사라졌다. 증류소들은 더 가벼운 피
트 처리 방식을 실험해볼 수 있었고, 실제로 많은 증류소가 더 약하
게 피트 처리한 가벼운 몰트위스키를 생산했다. 보나하벤과 토버모
리가 대표적인 예다. 많은 증류소가 보리를 전통적인 방식으로 몰트
처리해 사용하기보다는 몰트 처리 전문회사에서 파는 몰트를 사서
쓴다. 그리고 대부분의 증류소에서는 증류 과정에서 사용하는 특유
의 물이 아니라 다른 지역의 물을 섞어 위스키를 병입한다. 숙성 위스
키의 향미를 부여하는 데 캐스크 숙성 과정이 차지하는 비중도 커졌
다. 많은 생산자가 캐스크 숙성에 퍼스트 필 셰리 캐스크 등 특별한
캐스크 피니시를 도입하였다.

그리하여 '현대의 위스키 생산에서 고전적 지역 분류는 큰 의미가
없다'는 결론을 피하기 어렵게 되었다. 고전적 지역 분류는 증류소 여
행을 계획할 때나 지도에서 증류소의 위치를 찾을 때에나 유용할 것
이다. 이 책 92~95쪽에는 방문객을 환영하는 잉글랜드와 아일랜드
의 60개 정도의 증류소 지도가 있다(대부분의 증류소는 스코틀랜드에 있
다). 스코틀랜드에 있는 훌륭한 몰트 증류소의 방문자센터에 대한
자세한 정보는 A-Z 섹션에서 찾아볼 수 있다. 기회가 된다면 적어도
한 증류소 정도는 방문해보기를 추천하는 바이다. 작은 농장들에서
전 세계로 뻗어나간 위스키 산업의 분위기와 '스카치'라는 단어가 상
징하는 스코틀랜드의 정수를 흠뻑 느낄 것이다.

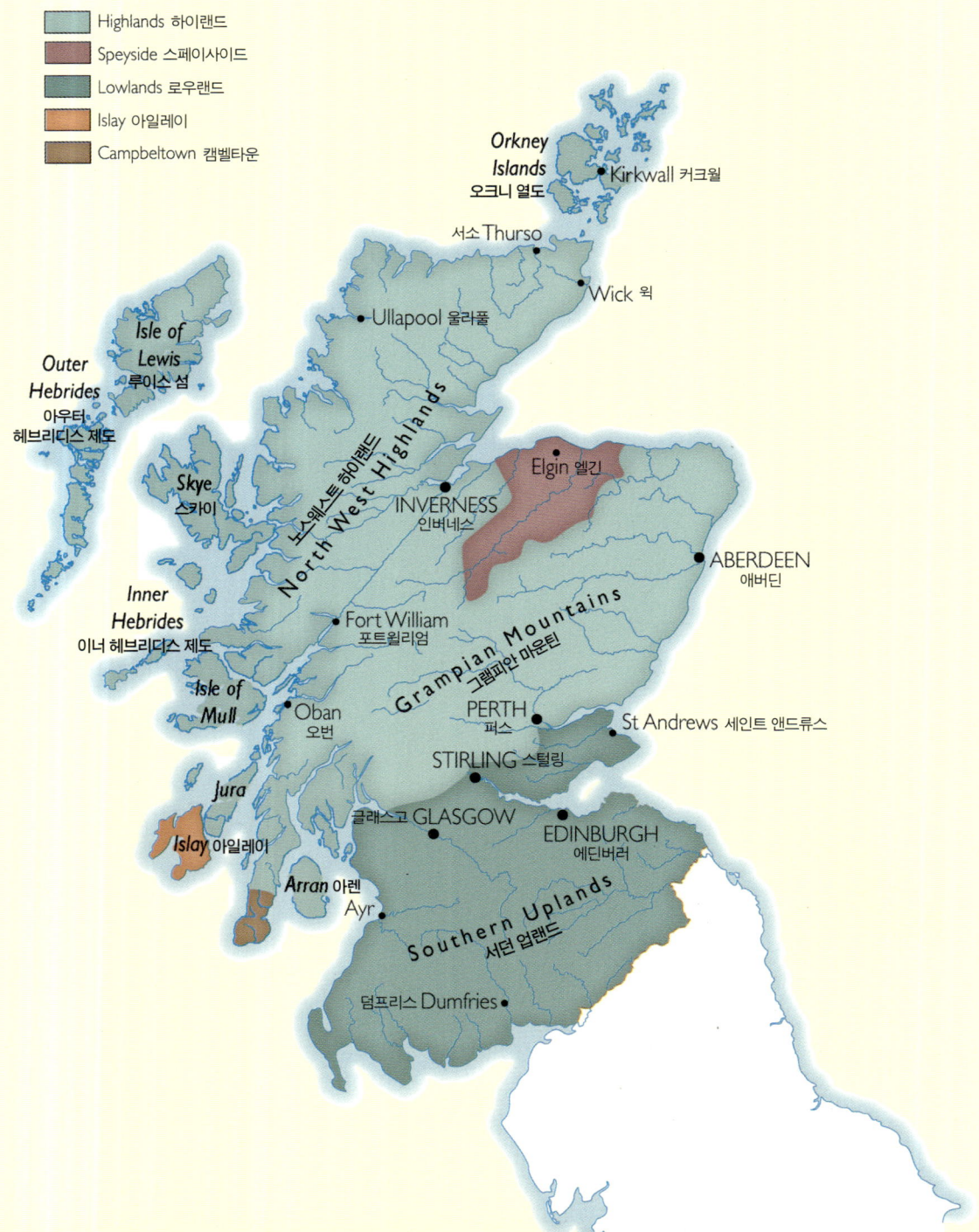

스코틀랜드의 위스키 지역

- Highlands 하이랜드
- Speyside 스페이사이드
- Lowlands 로우랜드
- Islay 아일레이
- Campbeltown 캠벨타운

Orkney Islands 오크니 열도

Kirkwall 커크월

서소 Thurso

Wick 윅

Ullapool 울라풀

Outer Hebrides 아우터 헤브리디스 제도

Isle of Lewis 루이스 섬

Skye 스카이

North West Highlands 노스웨스트 하이랜드

Elgin 엘긴

INVERNESS 인버네스

ABERDEEN 애버딘

Inner Hebrides 이너 헤브리디스 제도

Fort William 포트윌리엄

Grampian Mountains 그램피안 마운틴

Isle of Mull

Oban 오번

PERTH 퍼스

St Andrews 세인트 앤드류스

STIRLING 스털링

Jura

Islay 아일레이

글래스고 GLASGOW

EDINBURGH 에딘버러

Arran 아렌

Ayr

Southern Uplands 서던 업랜드

덤프리스 Dumfries

MAKING
WHISKY

위스키 만들기

모든 몰트위스키의 재료는 보리, 물, 이스트로 매우 단순하다. 또 모든 증류소가 당화, 발효, 증류 같은 과정을 거쳐 위스키를 만든다. 물론 각 증류소는 같은 과정 속에서 증류소 고유의 특별한 위스키를 만들기 위한 '비밀스런' 작업을 수행한다.

보리의 경우, 전분 함량이 높은 보리가 위스키를 만들기에 가장 좋다. 전통적인 골든 프로미스 보리보다는 채리엇이나 옵틱 같은 최신 품종일수록 알코올 생산성이 높다. 증류소마다 사용하는 보리 품종이 다르다. 썩지 않고 병충해가 없으며 충분히 익은 뒤 수확해 건조한 보리만 위스키 생산에 사용한다.

위스키에 사용하는 보리는 몰트 처리를 해야 한다. 몰트 처리는 곡물의 내배유를 얻기 위해 곡물을 발아시켜 낟알을 여는 작업을 뜻한다. 이 작업에서 얻은 내배유는 발효 과정에서 알코올을 만드는 재

발베니 증류소의 몰팅 플로어에서
발아 중인 보리를 섞고 있는 저자

료인 맥아당으로 바뀐다. 발아의 첫 단계는 보리를 물에 담그고 산소를 공급하는 것으로, 보통 3일간 세 번 진행한다. 증류소에서 발아시키기 위해 사용하는 물과 몰트 처리 전문회사에서 발아시키기 위해 사용하는 물이 다르다는 것은 매우 중요하다. 물에 담가 습해진 보리를 몰팅 플로어에 1주일 정도 널어두고 상하지 않도록 정기적으로 섞어준다. 부어오른 보리에서는 어린 뿌리나 싹이 돋아나며, 부드럽고 끈적끈적해진다. 이 과정에서 보리의 전분은 당분으로 바뀌며, 자연 디아스타제 효소가 발산된다. 쉬일이라는 나무삽으로 몰트 플로어의 '생맥아'를 섞는 것이 전통적인 방식이다. 발베니, 킬호만, 라프로익, 하이랜드 파크, 스프링뱅크 등 몇몇 증류소에서는 여전히 이러한 전통 방식을 엄격하게 지킨다. 플로어 몰팅은 노동 집약적인 작업이다 보니 많은 증류소에서는 이 작업을 몰트 처리 전문회사에 맡긴다. 몰트 처리 전문회사는 발아된 보리를 천천히 돌아가는 커다란 기계식 드럼을 이용하여 섞는다.

건조장에서 이 몰트 보리를 불로 건조한다. 건조장의 연료로 피트를 사용하면, 피트 연기의 기름과 페놀 성분이 곡물의 표면에 달라붙어 위스키에 스모키한 향미를 준다. 생맥아를 건조장에서 24시간 정도 건조하면 바삭거리고 달콤한 건조맥아가 된다.

산업혁명 이후 코크스와 석탄이 피트 대신 건조장의 연료로 사용되면서 더 가벼운 위스키를 생산할 수 있게 되었다. 20세기 중반 전기력이 도입되면서 글렌고인이나 오큰토샨 같은 증류소는 화석연료를 완전히 폐기하고 뜨거운 바람으로 보리를 건조하여 '피트 처리하지 않은' 위스키를 생산한다.

몰트 처리 전문회사

현재 증류소는 대부분 언제나 주문에 대비하고 있는 몰트 처리 전문회사에서 몰트 처리된 보리를 구입한다. 몰트 처리 전문 회사로부터 건조 작업에서 사용하는 피트의 양을 구체적으로 맞춤 주문할 수 있으므로 위스키 향미를 일관성 있게 유지할 수 있다. 또 피트의 양을 몰트 보리 주문별로 각각 조절할 수 있어 페놀 함량과 피트 함량이 다양한 위스키를 쉽게 생산할 수 있다. 이러한 회사들은 가볍게 피트 처리된 몰트(1~5ppm)는 물론 중간 정도 피트 처리된 몰트(5~15ppm), 무겁게 피트 처리된 몰트(15~50ppm 이상)를 모두 취급한다. ppm은 페놀 함량을 100만분의 1로 환산한 단위다. 아드벡 슈퍼노바나 브룩라디 옥토모어 같은 무겁게 피트 처리된 위스키는 페놀 함량이 100ppm을 넘는다.

가정 연료로는 땅속 깊은 곳에서 채취한 피트를 선호하지만 증류소들은 아래쪽에 깔린 피트보다는 위쪽에 쌓인 피트를 선호한다. 위쪽에 쌓인 피트에 식물성 퇴적물이 더 풍부하여 연기가 많이 나기 때문이다. 가장 위쪽의 피트를 '포그Fog'라 하며, 식물성 퇴적물이 어느 정도 있는 그 아래층을 '야피Yarphie'라 하고, 가장 아래쪽의 피트를 '모스Moss'라 한다.

피트의 종류 또한 다양하다. 하이랜드 파크 증류소가 사용

여전히 소수의 증류소는 몰트 건조실에서 몰트를 건조하는 연료로 피트를 사용한다. 이는 위스키에 스모키한 향미를 부여한다.

하는 오크니 섬의 피트는 나무숲이 없는 오크니 섬의 특성상 대부분 스위트 헤더가 분해된 퇴적물로 이루어져 있다. 반대로, 라가불린 증류소가 사용하는 아일레이 피트는 주로 섬 안쪽에 있는 숲의 퇴적물로 이루어져 있고, 라프로익 증류소가 사용하는 아일레이 피트는 해안의 해초와 헤더의 퇴적물로 이루어져 있다. 아일레이 해안의 피트를 적시는 소금이 풍부한 바닷물이 라프로익 위스키 특유의 약학적 향을 부여한다.

당화

이러한 단계를 거친 보리를 기계로 깨끗하게 씻은 뒤 제분기에 넣고 그리스트^{Grist}라는 거친 가루로 빻는다. 그리스트는 대략 보리 껍데기 20%와 굵은 입자 70%, 고운 가루 10%로 되어 있다. 몰트의 속성과 당화조의 종류(전통적 방식/라우터 방식)에 따라 이 비율은 약간 달라질 수 있다. 이러한 그리스트를 뜨거운 물이나 이전 당화작업에서 얻은 액체와 섞어 당화조에 담는다. 이 작업을 할 때 증류소에서는 대부분 연수를 사용하지만 글렌모렌지나 스코틀랜드 북동쪽에 있는 증류소들은 경수를 사용한다. 증류소들에서는 이 작업에 사용하는 물의 수원을 매우 세심하게 관리한다. 물의 경도가 위스키 향미 전체에는 크게 영향을 미치지 않지만, 발효 과정에서는 중요한 문제가 될 수 있기 때문이다.

증류소에서는 대부분 그리스트가 담겨 있는 당화조에 물을 세 번 붓는다. 단계별로 더 뜨거운 물을 사용한다. 이 과정에서 그리스트에 있는 전분이 물에 녹고, 효소에 의해 맥아당으로 변하여 워트^{Wort}라

43

불리는 달콤한 액체가 된
다. 다양한 효소가 활성화
되는 온도가 다 다르므로
맥아당을 최대한 추출하려
면 물의 온도를 잘 조절해
야 한다. 당화가 끝날 때마

브룩라디 증류소는 여전히 갈퀴가
장착된 고전적인 19세기 철제
당화조를 운용한다.

다 생성된 워트액은 당화조 아래쪽에 난 구멍을 따라 한곳으로 모인
다. 글렌킨치 증류소의 방식처럼 당화를 천천히 진행할 경우 워트액
은 투명해진다. 빠른 당화 방식으로 생성된 워트액은 필터로 채 걸러
지지 않은 그리스트 성분이 섞여 탁하지만 맥아 특유의 곡물향을 낸
다. 이 특유의 향은 워트액을 증류·숙성하여 위스키가 완성될 때까
지 유지되면서 위스키에 몰트 향미를 준다. 워트액을 만들고 당화조
에 남은 껍질과 곡물인 술지게미draff는 농부들에게 소 먹이용으로 제
공한다. 위스키 증류소들은 찌꺼기까지 재활용하는 것을 자랑스럽
게 생각한다.

발효

달콤한 워트액을 식혀 발효조washback에 넣고 이스트를 넣어 발효시킨
다. 증류소에 따라 미송나무Oregon pine나 시베리아잎갈나무Siberian larch 같
은 나무로 된 발효조도 사용하지만 스테인리스스틸로 된 발효조
도 사용한다. 몇몇 증류소는 위스키의 성격을 유지하려고 나무 발효
조를 사용한다. 나무 발효조에 발효액의 향미를 더 맛있게 해주는
박테리아가 기생한다고 믿기 때문이다. 하지만 대부분의 증류소는

44

스테인리스스틸의 효율성과 명료함을 선호한다. 보모어 증류소는 1980년대에 스테인리스스틸 발효조를 시도했다가 1990년대에 나무 발효조로 회귀했다. 증류액의 향미가 바뀐다고 판단했기 때문이다.

액체가 거품과 함께 부글거리고 이산화탄소가 다량 발생하는 발효는 위스키 생산 과정에서 상당히 격한 과정에 속한다. 그래서 발효조에는 대부분 거품을 억제하기 위한 회전형 거품 절단기가 붙어 있다. 거품 절단기가 없으면 거품이 흘러넘쳐 버려지는 재료가 많아지기 때문이다. 몇몇 증류소는 발효 작업을 컴퓨터로 통제한다.

환기팬으로 이산화탄소를 제거하는 방식 역시 미묘한 부분이다. 환기팬으로 이산화탄소를 제거하면 발효액의 특성이 줄어들고 힘이 약해진다. 발효 과정에서 이스트는 워트액의 당분을 이산화탄소와 알코올로 변환시킨다. 이러한 성분은 몰트의 산과 반응하여 과일과 꽃의 향미를 부여하는 에스테르와 알데히드를 형성한다.

아세트산은 에탄올과 반응하여 라즈베리향과 유사한 에틸아세테이트를 형성하고, 아밀알코올과 반응하여 파인애플향과 비슷한 아밀아세테이트를 형성한다. 위스키에서 나타나는 꽃이나 과일의 향은 발효 과정에서 형성되는 다양한 에스테르의 조합으로 만들어진다. 위스키를 화학적으로 분석해보면, 100종류 이상의 다양한 에스테르가 발견된다.

발효가 이틀 정도 진행되면 속도가 느려지다 결국 멈춘다. 어떤 생산자들은 2차 박테리아 발효로 발생하는 향미로 증류액의 '성격'을 강화하기 위해 발효를 60시간이나 그 이상 진행한다. 발효 시간이 길어질수록 더 가볍고 과일향이 강한 증류액이 만들어진다. 가장 긴 발효 시간을 자랑하는 스카파 같은 경우가 대표적인 예다. 발효 시간이 짧아질수록 워트의 몰트적 성격이 강하게 유지된다.

증류

발효 과정이 끝나면 7~9%짜리 싸구려 맥주 같은 발효액이 만들어진다. 첫 증류는 대형 1차 증류기$^{wash\ still}$에서 이루어진다. 이 과정에서 알코올, 에스테르, 알데히드, 산성 성분이 이스트와 다른 불순물, 물에서 분리된다. 1차 증류기의 내부 온도가 알코올의 끓는점인 섭씨 78도가 될 때까지 가열하면 이 과정이 시작된다. 증류액을 이 온도까지 가열하면 알코올이 증발하는데, 이러한 증기는 증류기의 목 부분으로 올라온다. 알코올 증기는 증류기 목 부분에 달린 라인 암$^{lyne\ arm}$을 따라 냉각기로 흘러간다. 증류기의 크기와 형태는 위스키 향미를 결정하는 데 중요한 구실을 한다. 증류기의 크기와 형태는 증류액이 증류기 성분인 구리에 얼마나 노출되는지 결정하기 때문이다.

글렌드로낙 증류소의 증류실에 있는 땅딸막한 구리 증류기 4개. 넥에는 보일 볼이 장착되어 환류작용을 촉진한다.

증류기의 구리 성분은 발효 과정에서 만들어진 알코올을 산성 물질이나 알데히드, 에스테르로 바꾸는 촉매 역할을 하며, 발효 과정에서 생성된 몇몇 불순물을 제거해준다. 그렇기에 증류소에서 증류기를 새로 구해야 할 때는 이전 증류기와 같은 형태를 만들어 사용하게 된다. 증류액의 특성을 일관되게 유지하기 위해서다. 목이 긴 증류기는 더 순수하고 가벼운 증류액을 만들어낸다. 목이 긴 증류기를 사용하면, 알코올 증기 중 무거운 부분은 증류기의 라인 암까지 올라가지 못하고 증류기 내부에서 다시 액화된다. 증류기 내부에서 계속 생성되는 알코올 증기 가운데 가벼운 알코올 증기만 증류기 꼭대기까지 올라가 냉각기로 흘러들어 증류액을 형성한다.

스코틀랜드의 증류소 가운데 가장 긴 증류기를 사용하는 곳은 글렌모렌지 증류소로, 5m(17피트)짜리를 사용한다. 맥캘란과 발메낙 증류소같이 짧은 증류기를 사용하는 경우, 무거운 알코올 증기도 증류기 끝으로 올라가 증류액을 이룸으로써 더 풍부하고 충만한 증류액을 만들게 된다. 2차 증류기는 일반적으로 1차 증류기보다 작다. 물론 글렌로시스 증류소처럼 1차 증류기보다 2차 증류기가 더 큰 경우도 있다.

글렌고인 증류소는 증류기의 목에 보일 볼boil ball을 설치하여 사용한다. 보일 볼은 증기를 냉각시켜 무거운 휘발성 물질을 다시 액화한다. 아드벡과 글렌 그랜트 증류소는 같은 목적으로 정화기를 사용한다. 보일 볼과 마찬가지로 정화기도 무거운 증기를 다시 액체로 냉각해 오직 가벼운 증기만 냉각기로 흘러가게 한다. 페터카렌 증류소는 증류기 목 부분에 작은 샤워기를 설치하여 증기를 냉각시킨다.

달모어 증류소는 증류기에 구리 냉각판을 설치하였고, 클리넬리시 증류소는 증류 작업을 매우 천천히 진행한다. 더 가볍고 섬세한 증류액을 만들기 위해 이러한 기술이 사용된다. 이와 달리 빠르게 증류할 경우 구리에 노출되는 시간이 짧아 나중에 버터스카치향으로 전환되는 유황의 향미를 증류액에 넣게 된다. 달위니 증류소가 이러한 빠른 증류 방식을 사용한다.

현재 사용되는 증류기는 대부분 내부 코일에 고열의 증기를 순환시키는 간접 가열 방식으로 운영되지만 글렌피딕, 글렌파클러스, 스프링뱅크 같은 몇몇 증류소는 여전히 증류기 아래를 직접 가열하는 직접 가열 방식으로 더 무게감 있는 증류액을 생산한다. 전통적인 직접 가열 방식은 증류액과 구리의 접촉에 간접적인 영향을 준다. 불로 증류기 아래를 직접 가열하면, 증류 과정에서 제거해야 할 단백질 침전물이 증류기 안에 빠르게 쌓인다. 증류기 안에서 회전하는 커다란 사슬인 뒤지개Rummager가 증류기 내부 구리 표면에 붙은 이러한 침전물을 제거한다. 이는 결과적으로 발효액이 구리와 더 많이 접촉하게 함으로써 증류액의 향미를 강화한다. 글렌피딕 증류소는 증기식 간접 가열 방식을 실험적으로 사용하다가 다시 직접 가열 방식으로 바꾸었다. 뒤지개를 사용하는 직접 가열 방식이 간접 가열 방식보다 더 훌륭한 증류액을 생산한다고 믿기 때문이다.

라인 암의 각도도 증류액의 무게감을 결정하는 데 중요하다. 올트 아바냐, 브라이발, 글렌카담 증류소에서 사용하는 수평축보다 더 높이 기울어진 라인 암은 무거운 알코올 증기를 환류하게 함으로써 냉각기로 들어가지 않게 한다. 스트라스아일라와 라가불린 증류소에서 사용하는 아래로 기울어진 라인 암은 증류된 모든 증기를 냉각기로 들어가게 한다. 오스러스크, 글렌고인 증류소에서는 수평형의 라인 암을 사용한다. 토버모리 증류소는 S형태의 라인 암을 사용하며 탈리스커 증류소는 U형태의 라인 암을 사용한다. 이러한 특수한 형태의 라인 암은 환류작용을 강화한다.

냉각기의 형태는 증류액의 성격을 결정하는 데 중요하다. 전통적인 형태의 냉각기는 물통에 담긴 '벌레Worm'라고 불리는 구리 나선으로 되어 있다. 현대적인 셸&튜브형 냉각기는 냉각수가 흐르는 작은 파이프 여러 개로 되어 있다. 셸&튜브형 냉각기는 증류액과 구리가 더 많이 접촉하게 하므로 가벼운 증류액을 만드는 데 좋다. 구리 나선 방식의 전통적 냉각기는 구리와 덜 접촉하므로 촉매 반응 역시 줄어들어 더 무거운 증류액을 만든다. 전통적 냉각기는 이러한 과정을 거쳐 '위대한 성격'이라 할 만한 무엇이 부여된 무거운 증류액을 만들어낸다. 1990년대 달위니 증류소는 전통적 구리 나선 방식의 냉각기를 현대적인 셸&튜브형 냉각기로 교체하였다. 하지만 이런 방식으로 만들어진 위스키의 특성은 이전과 너무나 달랐다. 결국 달위니 증류소는 현대적 냉각기를 폐기하고 전통적인 구리 나선 방식의 냉각기를 다시 설치하였다.

1차 증류기의 증류 과정을 거쳐 '로우 와인'이라 불리는 거칠고 끈적끈적한 17도짜리 증류액이 생산된다. 로우 와인은 최종 증류를 하기 위해 2차 증류기로 보내진다. 증류 전문가가 이 중요한 과정을 세심하게 통제한다. 증류소에서는 대부분 이중 증류법을 사용하지만 오큰토샨, 부시밀, 미들턴 같은 곳은 삼중 증류법을 사용한다. 스

증류 전문가가 적절한 시점에 중류를 채집하려고 스피릿 세이프를 통해 알코올 도수와 투명도를 체크하고 있다. 아드모어 증류소의 사진이다.

프링뱅크와 벤리니스처럼 부분적으로 삼중 증류법을 사용하는 곳도 있다. 증류 전문가는 2차 증류기에서 진행되는 두 번째 증류 과정에 혼신의 노력을 기울인다. 이 과정은 위스키의 심장이라 할 수 있는 '중류Middle Cut'를 만들어내는 직접적인 과정이기 때문이다. 증류 전문가들은 1823년 주세법 개정 때 도입된 스피릿 세이프(증류되어 나온 위스키 원액의 품질을 살펴볼 수 있는 유리관)를 통해 증류 과정 '중간 부분'에서 나오는 고품질 위스키만을 채집한다. 증류 초기에 생성되는 초류는 불순물이 많아 다른 로우 와인과 섞어 재증류한다. 힘 있고 품질 좋은 증류액이 증류되기 시작되면, 증류 전문가는 이를 증류 수거통에 옮겨 담는다. 이 과정에는 상당한 판단력이 필요하다. 증류되어 흘러나오는 위스키를 언제부터 언제까지 끊어 수거할지에 따라 위스키의 최종 품질이 달라지기 때문이다. 수거 타이밍은 증류소마다 다르다. 글렌킨치 증류소처럼 수거 타이밍이 빠른 증류소에서는 가볍고 향이 강한 위스키를 생산한다. 라프로익 증류소처럼 수거 타이밍이 늦은 증류소에서는 더 풍부하고 무거운 위스키를 생산한다.

증류기에서 증류액이 계속 나옴에 따라 증류기 온도도 올라간다. 증류액의 도수가 60도 아래로 떨어지면 후류라 불리는 끈적끈적한 성분이 다양하게 섞인 증류액이 만들어진다. 후류가 위스키에 섞이면 위스키 본연의 향미가 망가지고 희석되므로 후류는 초류와 같이 따로 모아 다른 로우 와인과 섞어 재증류 재료로 사용한다. 증류 전문가는 증류기에서 흘러나온 액체 중 오직 중류만을 취하여 위스키 원료로 사용한다. 수집된 중류는 저장고로 옮겨져 냉각된 뒤 오크 캐스크에 채워진다.

숙성

위스키를 오크통에서 숙성하기 시작한 것은 비교적 최근의 일이다. 19세기 중엽에 와서야 이러한 방식이 대중적으로 사용되었다. 그 이

캐스크를 고정하기 위해서 철제 틀을 사용한다. 키스의 아일라 쿠퍼리지의 사진.

전까지 판매되던 위스키는 모두 증류기에서 바로 꺼낸 60~75도짜리 증류주였다. 물론 위스키를 셰리와인이나 포트와인 같은 달콤한 와인 나무통에 보관하면 더 부드러워지고 다양한 향미를 갖추게 된다는 사실이 알려진 것은 오크 캐스크 숙성이 대중적

으로 사용되기 훨씬 이전의 일이다. 숙성에 필요한 캐스크는 완성된 위스키의 향미에 지대한 영향을 끼친다. 버번 캐스크, 셰리 캐스크, 와인 캐스크, 위스키 숙성을 한 번 진행한 캐스크, 새로 만든 캐스크 등 다양한 캐스크가 사용된다. 오크 나무는 갓 증류된 원액의 강렬함을 누그러뜨리고 몇 가지 향미 요소를 첨가한다. 맥캘란 같은 증류소는 캐스크 선택을 예술의 영역으로 승화시켰다. 맥캘란 증류소는 스페인의 헤레스 지방에서 생산되는 드라이 올로로소 셰리를 2년간 숙성한 특제 오크 캐스크를 사용한다.

1915년, 영국 연방과 아일랜드는 오크 캐스크에서 최소 3년 이상 숙성된 증류주만 위스키로 인정하는 법령을 제정했다. 2009년, 영국 연방은 스코틀랜드에서 생산·숙성되어 병입된 몰트위스키만 '스카치'몰트위스키로 인정하는 법령을 제정했다. 세상의 모든 증류주 중

리처드 아크라이트가 1785년에 건립한 면직공장의 방직실을 개조하여 만든 딘스톤 증류소의 위스키 저장고. 고전적인 더니지 저장고의 전형이라고 할 수 있다.

에서 오직 위스키만 법으로 지정된 숙성 기간이 있다.

위스키 숙성에 사용되는 오크 캐스크의 종류와 크기는 매우 중요하다. 라프로익 쿼터 캐스크처럼 작은 캐스크를 쓰면 위스키가 나무에 닿는 표면적 비율이 높아져 위스키가 빠르게 숙성된다. 미국의 백참나무American white oak/Quercus alba는 다공성 구조인 유럽의 떡갈나무European oak/Quercus robur보다 결이 더 조밀하고 단단하다. 그래서 백참나무 통을 위스키 숙성에 사용하면 위스키와 나무 사이의 상호작용이 비교적 줄어들고 증류주 자체의 성격이 강해진다. 떡갈나무는 더 빨리 자라고 결이 넓은 다공성 구조를 갖는다. 색이 진하고 달콤한 와인인 페드로 히메네즈 셰리를 숙성시킨 캐스크를 사용하기도 하는데, 이 캐스크에서 숙성된 위스키는 깊은 황금빛에 달콤한 셰리 향미를 지닌다. 셰리를 숙성시켰던 캐스크에 위스키를 숙성시키면 나무에 배인 셰리향이 숙성 초기부터 위스키에 배어들고 나무 자체의 성격은 숙성이 어느 정도 진행된 뒤 위스키에 배어든다. 위스키를 서너 번 정도 숙성했던 통은 셰리나 나무 자체의 성격이 대부분 사라져 숙성을 진행해도 증류주의 성격이 크게 바뀌지 않는다. 이러한 '재사용' 캐스크에서 숙성된 위스키는 대체로 블렌디드 위스키 재료로 사용된다. 좋은 캐스크가 부족해짐에 따라 위스키 생산자들은 한번 사용한 캐스크에 탄화제거/재탄화 작업을 해서 새 생명을 불어넣은 뒤 다시 사용한다. 재탄화 작업은 기계식 도리깨로 캐스크 내부의 불활성 탄소를 긁어내고, 그 부분에 불태운 나무를 덧대는 것이다. 496쪽의 스페이사이드 쿠퍼리지 증류소에 자세히 설명되어 있다.

캐스크는 누수를 막기 위하여 철저하게 봉인하지만 오크 자체가 다공성 구조이기에 증발에 따른 손실이 있을 수밖에 없다. 숙성 과정에서 1년에 2% 정도의 위스키가 이렇게 사라진다. 8년산 위스키의 경우 약 15% 정도의 손실이 발생하며, 20년산 위스키의 경우 3분의 1 이상이 숙성 도중 증발한다. 숙성실에 기분 좋은 향기를 감돌게 하면서 사라지는 이 위스키는 '천사의 몫'이라고 불린다. 위스키 산업 말고는 가만히 두기만 해도 생산품이 상당 부분 공기 중으로 사라지는데도 '일정 기간' 가만히 둬야 한다고 법으로 정해진 산업이 있기는 한가? '가만히 두는' 동안에도 지속적으로 감독하고 관리해야 하며 넓은 공간까지 필요하다는 것은 두말할 나위가 없다. 특별한 품질과 향미가 만들어지는 이 중요한 숙성 과정에 모든 증류소가 엄청난 열정을 쏟는다는 것은 놀랄 일도 아니다. 오래 숙성되는 위스키일수록 열정이 더 필요하다. 위스키 유통사인 고든&맥페일은 위스키를 구입해서 숙성시키며 100년을 버텨왔다. 2011년, 고든&맥페일은 1840년 글렌리벳 증류소에서 증류된 글렌리벳 70년산 싱글몰트위스키를 한 병당 1만 3,000파운드에 판매하였다.

위스키 숙성고의 가장 전통적 형태는 저지대 흙바닥에 지은 석실 형태의 더니지 숙성고Dunnage Warehouse다. 위스키 숙성고에서는 캐스크를 3개 이상 겹쳐 쌓는 것을 금한다. 바다 근처에 있는 숙성고의 경우, 습하고 소금기 있는 공기가 캐스크에 스며들어 숙성 중인 위스키에 소금의 향을 더한다. 해수면보다 낮은 바위땅을 파고 만든 보모어의 1번 보세 창고는 보모어 레전드 몰트위스키에 특유의 성격과 이름을 부여한다. 기후 변화가 심한 내륙의 숙성고는 숙성 과정에 지장을 주는 많은 요소에 시달린다. 전통적인 방식의 더니지 숙성

고든&맥페일의 피오나 우쿠하트는
2011년, 1940년에 증류된 글렌리벳
70년산 디캔터를 발매했다.

55

고에서 숙성시킬 경우, 숙성 과정이 느리게 진행되며 산화와 증발의 피해를 덜 받는다. 더니지 숙성고에서 위스키를 숙성하는 글렌파클러스 캐스크는 1년간 손실률이 0.5% 정도밖에 되지 않는다. 이는 업계의 평균 손실률인 2%보다 아주 낮은 수준이다.

현대적 숙성고의 경우, 위스키 캐스크를 팔레트 위에 12개까지 겹쳐 쌓으며, 온도를 일정한 수준으로 유지하고, 폐쇄적인 공기 순환 방식을 사용한다. 이러한 방식은 위스키의 숙성에 악영향을 줄 수 있기에 증류소들은 두 형태의 숙성고를 조합하여 사용한다. 증발된 알코올을 양분으로 삼는 목이버섯이 숙성고 벽에서 자라는 것은 일반적인 일이다. 이 버섯은 심지어 숙성고 근처의 나무에서도 자란다. 증류소에 갈 일이 있으면 주의 깊게 관찰하기 바란다. 숙성고가 검은 목이버섯으로 뒤덮여 있지 않다면 그곳은 보여주기용 가짜일 뿐이고 그 증류소의 위스키는 다른 곳에서 숙성되고 있다는 이야기니까.

피니시

최근 많은 증류소가 숙성의 마지막 단계에서 향미를 추가하는 새로운 '피니시' 방식이나 더블우드 방식을 도입하고 있다. 캐스크에서 10년에서 15년 정도 숙성된 위스키는 셰리 와인, 포트와인, 마데이라 와인 등 주정 강화 와인이나 럼, 코냑, 칼바도스 등 다른 증류주, 심지어 프리미어 크뤼 프렌치 와인을 숙성했던 특별한 캐스크로 옮겨진다. 사실 이렇게 위스키 숙성의 마지막 9~12개월만 셰리 캐스크로 숙성하는 방식은 시중에 셰리 캐스크가 부족했기에 개발되었다.

1990년대에 글렌모렌지는 업계 최초로 포트와인, 마데이라 와인, 셰리 와인을 숙성시켰던 캐스크를 사용한 '우드 피니시' 라인업을 발표하였다. 그 뒤 라산타(드라이 올로로소 셰리), 소날타(스위트 페드로 히메네즈 셰리), 퀸타 루반(포트), 넥타도르(소테른), 꼬트 드 뉘 버건디 우드 피니시를 발표하였다. 글렌드로낙, 글렌파클래스와 일군의 증류소가 셰리 캐스크를 사용하는 맥캘란의 숙성 방식을 따라 하기 시작하였다. 글렌피딕 15년산 위스키는 서로 다른 캐스크에서 15년 이상 숙성된 몰트위스키 원액을 솔레라 뱃$^{Solera\ Vat}$이라는 초대형 오크통에 담아서 만든 셰리 몰트위스키다. 이 새로운 캐스크 피니시 방식에는 와인 애호가들에게 위스키를 더 직접적으로 어필한다는 마케팅적 강점이 있다.

라벨 결정

싱글몰트위스키는 문자 그대로 '하나의' 증류소에서 생산된 위스키를 뜻한다. 위스키에 쓰여 있는 나이는 이 위스키가 몇 년 동안 숙성되었는지를 나타낸다. 증류와 병입이 이루어진 날짜가 명확하게 기재된 위스키도 있지만, 일반적으로 '10년산$^{10\ years\ old}$' 하는 식으로 단순히 나이만 표기한다. 여기서 중요한 것은, '10년산'이 그 위스키가 정확히 10년 동안 숙성되었다는 것을 뜻하지 않는다는 점이다. 법적으로 개별 위스키 병에 표기된 숙성 연한은 그 위스키 병을 구성하는 위스키 중 가장 어린 위스키의 오크 캐스크 숙성 연한의 최저치를 뜻한다. '10년산 위스키'는 최소 10년 이상 숙성된 위스키로 만들었다는 뜻이다. 10년산 위스키를 만들기 위하여 최소 10년 이상 지난 위스키 캐스크를 '결혼'시키는 것은 흔한 일이다. 향미가 복잡하고 섬세한 위스키 한 병을 만들기 위해 숙성 연한에 따라 각기 다른 향미를 가지는 위스키들을 잘 고르는 것이 매우 중요하다 일반적으로 몰트위스키를 병입하기 전에 여러 캐스크에서 꺼낸 원액을 커다란 통에 넣고 몇 주나 몇 달 정도 섞는다. 블렌디드 위스키의 원액이 되는 재사용 캐스크의 원액도 '캐스크의 결혼'이 이루어진다. 어떤 캐스크의 위스키가 특별히 훌륭할 경우 몰트 전문가나 증류소는 그 캐스크의 위스키를 '캐스크 스트랭스(병입할 때 물을 섞지 않고 캐스크에서 숙성된 원액 자체)'로 병입하여 '싱글 캐스크'나 '특별판'으로 판매한다.

브룩라디, 쿨라이, 에드라도어, 글렌피딕, 미들턴, 스프링뱅크 등 극소수 증류소만이 증류소에서 위스키를 직접 병입할 뿐 대부분 공장에서 병입한다. 병입 과정에서 캐스크 스트랭스 위스키를 보틀 스트랭스(병입 알코올 도수)의 위스키로 만들기 위해 물을 첨가한다. 위스키 도수를 낮추기 위해 사용하는 이 물은 위스키 제조 과정에 증류소에서 사용하는 물과 달리 맛을 완전히 없앤 탈이온화수다.

위스키를 마실 때 일반적인 물이나 얼음을 섞는 일은 주의해야 한다. 그것은 자칫 위스키를 '오염'시키는 일이 될 수 있기 때문이다.

냉각 여과

날이 더울 때는 위스키에 얼음을 넣어 마시는 경우가 많다. 얼음을 넣으면 위스키가 시원해지면서, 경우에 따라 뿌연 연무가 생기기도 한다. 보기에 좋지 않은 뿌연 위스키를 달가워할 사람은 많지 않다.

이러한 현상을 방지하기 위하여 위스키 생산자들은 냉각 여과 방식을 도입하였다. 위스키가 0도 정도로 냉각되면 지방성 에스테르가 위스키에 연무를 일으킨다. 위스키 생산자들은 위스키를 병입하기 전에 냉각하여 연무가 일어난 위스키를 세밀한 필터로 걸러 지방성 에스테르를 제거한다. 이것이 바로 냉각 여과 과정이다.

냉각 여과는 연무 현상을 방지하지만 향미에 약간의 손실을 준다. 따라서 기회가 된다면 냉각 여과를 거치지 않은 위스키를 한번 접해보기를 추천한다. 연무가 생기면 좀 이상하게 보일지도 모른다. 하지만 그것이야말로 바로 순수한 몰트위스키의 충만한 향미가 보장된 위스키라 할 수 있다. 냉각 여과를 하지 않은 대표적 위스키로는 안녹, 아드벡, 아드모어, 브룩라디, 보나하벤, 딘스톤, 글렌드로낙, 킬호만, 킬케란(글렌가일), 롱몬, 펜데린, 세인트조지스, 스프링뱅크, 토버모리가 있다.

**WHISKY
FLAVOURS**

위스키 향미

여기 수록된 몰트위스키 향미 분류는 필자가 지금까지 기록한 무수한 시음 기록을 검토하여 만든 것이다. 향과 향미에 관련된 형용사와 동사를 비롯해 500개 이상의 어휘를 이 분류에 사용하였다(부록 참조).

필자의 작업은 펜틀런드 스카치위스키연구소(스카치위스키연구소의 전신)의 화학자들이 1979년에 개발한 펜틀런드 향미 원형체계에서 시작되었다. 이 체계는 원형을 14등분으로 쪼개 위스키에 들어 있는 향미와 향을 분류하는 언어 체계를 정리한 것이다. 이는 원미, 보디, 향, 페놀, 잡미(후류), 곡물, 알데히드, 에스테르, 달콤함, 나무향, 기름짐, 시큼함, 유황, 퀴퀴함으로 이루어진다.

펜틀런드 향미 원형체계는 위스키 산업 분야에서는 유용하나 실제 위스키 소비자들에게는 조금 어렵고 복잡하다는 문제가 있다. 그리하여 1980년대 존 라몬드와 아버라워 증류소는 이것을 간략하게 한 아버라워 시음 원형체계를 만들어냈다. 이 개념을 바탕으로 맥린, 뉴턴, 스완이 3단계 시음 원형체계를 만들어낸다. 이 체계는 일상의 관능용어를 8개의 '주요 향 집단'으로 분류한다. 이 8개 집단은 와인, 곡물, 에스테르, 꽃, 피트, 잡미(후류), 유황, 나무로 이루어진다.

이 책이 몰트위스키의 향미를 분류하는 체계와 점수표는 65쪽에 샘플이 제시되어 있다. 증류소별로 위스키 향미를 분석하는 장에서는 기본적으로 그 증류소를 대표하는 위스키를 분류 대상으로 삼았다. 이 책의 목표는 모든 몰트위스키를 분석하는 것이 아니라 바, 레스토랑, 슈퍼마켓에서 적절한 가격에 살 수 있는 대표적인 몰트위스키를 분류하는 것이기 때문이다. 물론 84~89쪽에서 소개하는 위

글렌파클러스 몰트위스키는
기본적으로 올로로소 셰리
캐스크에서 숙성된다.

61

스키 애널리스트를 이용해 모든 위스키를 분석해보는 것도 가능하다.

이러한 명확한 목적의식을 바탕으로, 이 책은 증류소별로 10년에서 15년 정도 숙성된 대표적 위스키를 선정하였다. 물론 이러한 기준도 언제나 적용될 수 있는 것은 아니다. 라가불린이나 모틀락 증류소처럼 16년 숙성 위스키가 증류소의 대표작인 경우도 있고, 아드모어 트래디셔널 캐스크, 코네마라 피티드, 페터카렌 피오르, 글렌 기어리 파운더스 리저브, 글렌 머레이 클래식, 글렌로시스 셀렉트 리저브, 로크 로몬드처럼 숙성 연한을 표기하지 않는 경우도 있기 때문이다. 이처럼 10년 숙성 위스키를 병입하지 않는 증류소의 경우, 증류소의 가장 인기 있는 위스키를 대표로 선정하였다. 즉, 독자들은 이 책에서 다룬 증류소별 위스키 향미 분류가 해당 증류소의 모든 위스키를 설명하는 것이 아니라 그 증류소의 '대표 위스키'만 서술한 것이라는 점을 잊으면 안 된다. 당연한 말이겠지만, 한 증류소에서 나온 모든 위스키의 성격이 비슷하지는 않다. 숙성 연한, 캐스크, 피니시 등에 따라 한 증류소에서도 개성이 다양한 위스키를 생산한다. 독자들은 이를 잊지 않아야 한다.

이 책에서는 위스키의 몇 가지 주요 향을 바탕으로 어느 향이 얼마나 강한지 점수를 매기는 방식으로 위스키를 분류한다. 이는 기본적으로 맥린의 8개 주요 향 집단에 기반을 두지만 이를 그대로 사용하지는 않았다. 위스키 산업 전문가들과 논의하면서 맥린 분류의 몇 가지 한계를 극복하려고 시도하였다. 이를테면, 맥린 분류의 '피트향'은 '스모키함, 피트함, 톡 쏘는 느낌'의 향미 집단과 '약내음, 요오드, 해초'의 향미 집단의 느낌을 전체적으로 포괄한다. '스모키함, 피트함, 톡 쏘는 느낌'의 향미는 보리를 피트로 건조할 때 생기고, '약내음, 요오드, 해초'의 향미는 바다 근처에서 위스키를 숙성할 때 나오는 짭짤하고 씁쓸한 향미에 가깝다. 물론 이 두 느낌은 같이 가는 경우가 많다. 아일레이 위스키가 대표적이다. 하지만 아일레이 위스키에서 볼 수 있듯이, 이 두 향미가 서로 섞이는 것은 위스키 증류나 숙성과 관련한 본질적 문제라기보다는 역사성과 지역성에 기인하는 어떤 우연적 사건에 가깝다고 할 수 있다.

이와 마찬가지로, '셰리향'도 맥린 분류에서는 애매한 개념일 수 있다. 맥린 분류의 '와인향'은 숙성에 사용된 오크 캐스크에서 나오는 초콜릿과 견과류의 느낌을 포괄한다. 즉, 맥린 분류의 '와인향'은 캐스크의 목재와 관련된 '초콜릿, 견과류, 바닐라'의 향과 '무엇으로 캐스크 피니시를 했는지, 위스키 이전에 무엇을 숙성시킨 캐스크였는지'와 관련된 '셰리, 포트' 등의 향을 동시에 포괄한다. 익스 버번 캐스크는 바닐라, 크렘브륄레, 소나무, 스파이스, 코코넛의 향을 내며, 익스 셰리 캐스크는 말린 과일, 호두, 정향, 타닌의 향을 낸다.

그리하여 이 책은 맥린 분류가 지나치게 포괄적으로 접근한 몇몇 분류를 좀 더 세분하여 사용한다. 방금 예로 든 '피트향' 같은 경우 '스모키'와 '약내음'으로 분류하고, '와인향'을 셰리, 와인 특유의 향미인 '와인향', 초콜릿과 견과류의 향미인 '견과류'로 분류하였다. 각각의 향은 위스키를 분석하는 데 매우 중요한 느낌이기에 따로 분류한 것이다.

성냥을 긁을 때 또는 고기의 특유한 향과 같은 위스키의 '유황 향미'는 증류 과정에서 자연히 발생한다. 때로는 위스키를 숙성시키는 셰리 캐스크를 소독하는 유황이 녹아들어서 생기기도 하지만, 최근에 생산되는 위스키의 유황 향미는 대부분 증류 과정에서 자연스럽게 발생한 것이다. 이러한 유황 향미는 숙성을 거쳐 부드러운 버터스카치향으로 변한다. 그러므로 맥린 분류의 유황 향미 개념을 좀 더 넓혀서 유황 향미와 버터스카치 향미를 포괄하는 개념으로 사용한다. 잡미는 증류 과정의 후류에서 발생하는 플라스틱, 치즈, 비누, 땀, 퀴퀴함 등 그다지 유쾌하지 못한 향미를 통칭한다. 이러한 잡미는 증류 과정에 혼입된 후류와 캐스크 마개의 부식 등으로 생긴다. 오늘날 증류 기술자들은 증류 과정의 후류를 잘 솎아내며, 몰트 기술자들은 캐스크 관리를 철저히 하므로 최근의 위스키에는 이러한 잡미가 거의 없는 편이다. 하지만 모든 '잡미'가 불쾌한 것은 아니다. 인기 있는 몇몇 위스키를 설명할 때 빠지지 않고 등장하는 '담배, 가죽, 헤센, 차의 향' 등도 이러한 잡미에 포함된다. 그렇기에 위스키를 분류하는 데 '잡미'라는 개념은 반드시 필요하다.

'나무향'의 경우, 명칭만 보면 이해가 잘 안 될 것이다. 더 구체적으로 설명하면 이는 캐스크 특유의 스파이스향, 또는 아메리칸 버번 캐스크의 '바닐라', '꿀'향, 유로피언 오크 캐스크의 '말린 과일, 호두, 정향'의 향 등을 뜻한다.

위스키의 달콤함(혹은 시큼함)과 보디감 개념은 많은 위스키 관련 서적에서 각각 자의적으로 사용한 느낌이 있다. 어떤 위스키가 달콤하거나 드라이하다는 것은 그 위스키의 가장 핵심적인 성격을 보여준다. 이는 와인이나 다른 술에서도 마찬가지다. 하지만 혼란스러운 것은, 노즈와 보디는 엄청나게 달지만 피니시는 매우 드라이한 위스키도 있다는 것이다.

위스키의 '보디감'은 엄밀히 말하면 '향미'의 영역은 아니지만 위스키를 고를 때 중요한 고려대상이 된다. 예를 들면, 가볍고 향이 풍부한 위스키는 미뢰의 긴장을 풀어주므로 식전주로 적절하다. 강하게 피트 처리된 아일레이 위스키처럼 개성이 강하고 보디감이 무거운 위스키는 식후에 향이 강한 치즈를 곁들여 마시기 적절하다.

이 책에서는 이러한 다양한 점을 바탕으로 12개 향미 요소를 이용해 위스키 향미를 분류한다. 부록(507~509쪽)에 몰트위스키 향미를 묘사하는 400개 이상의 형용사와 명사를 12항목으로 분류해두었으니 참고하기 바란다.

실제로 어떤 위스키의 향미를 분석할 때 위스키에 특정한 향미 요소가 있는지 없는지를 단순하게 논의하는 것은 별 의미가 없다. 위스키 평론가들이나 증류업자들은 위스키의 성격, 핵심 노트, 가벼운 노트와 향취의 기색을 엄밀하게 분류하여 서술하기 때문이다. 이 책은 12개 범주를 강도에 따라 0에서 4점의 점수로 서술한다. 물론 이렇게 한다 해도 위스키 평론가들과 증류업자들에게 향미의 강도는 언제나 논쟁을 불러올 수밖에 없다. 점수에 따른 향미의 강도는 다음 표를 참조하면 된다.

이 책에서는 싱글몰트위스키를 독자적 향미 분류 방식에 따라 소개한다. '하이랜드 파크 12년'의 향미 소개를 살펴보자. 이 표에 따르면 하이랜드 파크 12년은 전체적으로 향미가 다양하지만 어떤 것도 지배적인 느낌을 주지는 않는다. 스모키한 느낌이 그중에서는 가장 강렬하다고 할 수 있는데, 이 스모키함이 위스키의 개성이 된다. 균형 있는 향미 분류표는 어떤 위스키가 복잡하고 고급스러운 싱글몰트위스키라는 것을 뜻한다. 몇몇 독자는 이 책이 제시하는 향미 분류표에 동의하지 않을지도 모른다. 하지만 바로 이런 점이 위스키를 마시는 즐거움 아닌가. 보리와 나무가 만든 마법을 하나하나 탐구하고 맛보며 평가하고, 그렇게 내 입맛에 딱 맞는 위스키를 찾아 떠나는 여행 말이다.

65

향미의 강도

0 ⚪⚪⚪⚪⚪	존재하지 않음
1 🔴⚪⚪⚪⚪	가볍게 느껴짐
2 🔴🔴⚪⚪⚪	중간 정도로 느껴짐
3 🔴🔴🔴⚪⚪	강하게 느껴짐
4 🔴🔴🔴🔴⚪	확고하고 명백함

하이랜드 파크 12년의 향미 도표

프로필	특징
보디감	🔴🔴⚪⚪⚪
달콤함	🔴🔴⚪⚪⚪
스모크	🔴🔴🔴⚪⚪
약내음	🔴⚪⚪⚪⚪
담배	⚪⚪⚪⚪⚪
꿀	🔴🔴⚪⚪⚪
스파이스	🔴🔴⚪⚪⚪
와인	🔴🔴⚪⚪⚪
견과류	🔴⚪⚪⚪⚪
몰트	🔴⚪⚪⚪⚪
과일	🔴🔴⚪⚪⚪
꽃	🔴⚪⚪⚪⚪

향미 분류표

보디감 위스키의 무게감이나 충만함을 뜻한다. 증류기의 크기나 캐스크의 종류에 따라 변한다. 가벼운 보디감, 중간 정도의 보디감, 충만한 보디감 등으로 표현한다.

달콤함 발효 과정과 증류 과정에서 알코올로 변환되지 않고 잔류한 당이나 숙성에 사용되는 캐스크에서 추출된 글루코스에 따라 결정된다. 드라이한, 중간 정도로 달콤한, 달콤한 등으로 표현한다.

스모키함 건조장에서 사용한 피트, 피트 지대를 흐르는 위스키 용수에 담겨 있는 피트의 양에 따라 결정된다. 모닥불, 태운 헤더, 페놀향, 톡 쏘는 듯한, 훈제 청어, 흙, 잔디, 고기잡이용 그물 느낌의 향미 등을 뜻한다.

약내음 소금, 요오드의 향미로 주로 해안에서 숙성된 위스키에서 느낄 수 있다. 소금물 같은, 요오드, 멘솔, 짭짤한, 해풍, 해초, 테레빈유 같은 향미를 뜻한다.

담배 증류 과정과 숙성 과정에서 발생하는 후류 중 불쾌하지 않은 잡미를 말한다. 차 상자, 도서관, 고서, 가죽, 가죽세공품, 자동차 시트, 말안장, 정원 창고, 헤센 느낌의, 퀴퀴한 향미 등을 뜻한다.

꿀 증류 과정에서 발생한 알데히드나 숙성 과정에서 캐스크의 오크에서 배어나오는 향미다. 특히 버번 캐스크에서 강하게 느낄 수 있다. 밀랍, 헤더 꿀, 벌꿀주, 버터스카치, 캐러멜, 퍼지, 토피, 당밀, 바닐라의 향 등 향미를 뜻한다.

스파이스 숙성되는 동안 오크나무에서 추출되며, 새 오크통일 경우 더 강하게 드러나는 향미다. 월계수, 향나무, 계피, 정향, 생강, 육두구, 오크 느낌, 후추, 소나무, 백단향, 타닌, 나무향 등의 향미를 뜻한다.

와인 위스키를 숙성하는 캐스크에 무엇이 담겨 있었는지에 따라 결정된다. 세리, 포트, 마데이라 등이 일반적으로 사용된다. 버건디, 샤도네이, 세닌 블랑, 피노 세리, 포도향, 리큐르 느낌, 마데이라, 올로로소, 포트, 세리 등의 향미를 뜻한다.

견과류 숙성 과정에서 캐스크로부터 추출된 오크 락톤이 주요 성분이다. 유로피언 오크 캐스크 숙성 위스키에서 강하게 드러난다. 발효 과정에서 박테리아가 생성하는 지방산이 이 향미에 영향을 미치기도 한다. 아몬드, 헤이즐넛, 기름진, 호두, 버터, 초콜릿, 크림 등의 향미를 뜻한다.

몰트 발효 과정에서 제거되지 않은 몰트, 이스트의 성격과 관련되어 있으며, 숙성되지 않은 위스키에서 강하게 드러난다. 보리, 비스킷, 곡물, 매시액, 건조한, 익힌 야채, 몰트 추출물, 곡물 껍질, 구운 토피, 케이크, 구운 커피, 감초, 빵, 이스트 등의 향미를 뜻한다.

과일 발효 과정과 증류 과정에서 생성되는 알코올과 알데히드, 에스테르가 많을수록 강렬해진다. 숙성 과정에서 캐스크의 오크 목재와 반응해 생성되는 경우도 있다. 시트러스, 에스테르, 레몬, 라임, 오렌지, 타르트, 멜론, 복숭아, 배즙, 딸기, 과자점, 구운 사과, 크리스마스 푸딩, 과일케이크, 말린 과일, 건포도, 술타너, 풍선껌, 솔벤트 등의 향미를 뜻한다.

꽃 발효 과정과 숙성 과정에서 생성되는 에스테르, 알데히드와 관련된 향미다. 아로마, 향수, 인동덩굴, 제비꽃, 설탕 두른 아몬드, 온실, 민트, 셔벗, 보리, 풀, 나뭇잎, 수액, 식물적인 느낌, 건초, 헤더, 허브, 목초지의 향미를 뜻한다.

**WHISKY
TYPES**

위스키 타입

여러 몰트위스키를 향미 프로필로 분석하면 향미를 더 쉽게 비교할 수 있다. 비슷한 향미 프로필로 분석된 위스키는 '얼추' 비슷한 위스키라고 분류할 수 있다. 몇몇 위스키 애호가는 "이건 말도 안 되는 일이야. 모든 몰트위스키는 자신만의 개성이 있거든"이라고 반론할지도 모르겠다. 이는 분명 정당한 반론이다. 하지만 위스키를 더 쉽게 이해하기 위해서는 이러한 '향미의 유형화' 작업을 하는 것도 나쁘지 않다. 특히 위스키 소비자로서 이러한 유형화는 방금 내가 사서 마신 위스키가 어떤 유형에 속하는지 궁금하고, 다음에는 어떤 위스키를 사서 마실지 고민하는 상황에서 크게 도움이 된다.

이 유형화 작업은 위스키를 누가 만들었는지, 어떻게 만들었는지, 어디서 만들었는지, 얼마에 팔리는지와 상관없이 '향미'만 기준으로 한다. 이렇게 만들어진 위스키의 향미 프로필은 생물학의 동식물 분류학에서 사용하는 과학적 방법론인 '군집 분석'의 기초 자료로 사용된다. 이로써 위스키의 과학적 유형화가 진행되는 것이다. 간단하게 말하면, 각각의 향미 요소에서 비슷한 점수를 받은 위스키를 하나의 위스키군으로 유형화하는 것이다. 하나의 위스키 군에 속한 위스키들은 향미 프로필 면에서 비슷하다. 위스키 군집 사이에는 향미 차이가 명확하다.

이번 작업에서는 영국 전역과 아일랜드에서 생산되는 250개 이상의 싱글몰트위스키를 유형화하였다. 다음에서 몰트위스키를 10가지로 유형화한 간단한 몰트 향미 분류표(MFI)를 볼 수 있다. 이 유형화는 기본적으로 몰트위스키의 향미를 분류하는 컴퓨터 프로그램인 위스키 애널리스트Whisky Analyst의 분류에 기반을 둔다(83~89쪽 참조).

위스키의 유형화 : 10개 유형, 6개 유형, 4개유형

10개 유형	6개 유형	4개 유형
유형 예시	유형 예시	유형 예시
A 맥캘란 셰리 오크 10년	A 글렌드로낙 12년	A 아버라워 아부나드
B 글렌파클러스 10년	B 펜데린 마데이라	B 툴리바딘 포트 1993
C 아버라워 10년	C 로얄 로크나가 12년	C 하이랜드 파크 18년
D 에드라도어 10년	D 글렌피딕 리치 오크 14년	
E 글렌리벳 12년	E 달모어 12년	D 크라간무어 12년
F 보나하벤 12년	F 토버모리 10년	E 오큰토샨 12년
G 글렌피딕 12년		F 딘스톤 12년
H 달위니 15년	G 글렌고인 10년	G 브룩라디 클래식
I 하이랜드 파크 12년	H 카두 12년	H 발블레어 2000
J 라프로익 10년	I 보모어 12년	I 탈리스커 10년
	J 아드벡 10년	J 라가불린 16년

　　몰트위스키와 친숙한 독자라면 이 유형 분류의 양극간이 강한 셰리향과 과일향을 내는 A유형과 아일레이 몰트의 강한 피트향을 내는 J유형으로 되어 있다는 것을 한눈에 알아챘을 것이다. 이러한 양극단 사이에 적당한 셰리향과 달콤함, 과일향을 내는 B유형과 C유형, 스파이스향이 나며 피트감이 중간 정도인 I유형이 있다. D유형은 견과류와 과일, 사탕과 꽃의 느낌을 지니며, E와 F유형은 중간 정도

의 보디감에 몰트, 과일의 느낌을 지닌다. 남은 두 유형인 G와 H유형은 대체로 피트 처리되지 않은 가벼운 몰트위스키를 포괄한다.

이러한 10개 유형을 서로 유사한 유형과 묶어 6개나 4개 유형으로 분류할 수도 있다(표 참조). 이를테면 '셰리향'이라 묶일 수 있는 A, B, C유형을 하나로 묶고, 가볍고 달콤하며 균형 잡힌 식전주 스타일의 G와 H유형을 하나로 묶는 식으로 말이다. 피트가 강하지만 서로 다른 강렬한 개성을 지닌 I와 J유형은 6개 분류에서는 다른 유형으로 분류되지만, 4개 분류에서는 하나로 묶일 수 있다.

향미 도표

이러한 적절한 기준을 바탕으로 250종류 이상 몰트위스키의 향미를 분류한 뒤에 이를 하나의 도표로 구성할 수 있다. 이러한 도표를 그리기 전에 먼저 이전에 언급한 위스키 향미의 12차원을 더 단순하고

넓은 피트 늪을 보유한 아일레이 섬은 피트향이 강렬한 몰트위스키로 유명하다. 피트를 잘라서 채집하는 일은 전문가적 지식이 필요한 중노동이다.

핵심적인 몇 가지 축으로 요약해야 한다. 물론 이러한 요약 작업은 복잡하고 섬세한 위스키의 향미를 지나치게 단순하게 분류하는 위험성이 있다. 하지만 12차원의 향미 가운데 핵심적인 네 축을 바탕으로 위스키를 분류해보는 작업만으로도 현존하는 위스키 디부분의 핵심 성격을 집어낼 수 있다. 심지어 두 축만으로도 현존하는 위스키의 반 이상을 분류할 수 있다. 이 결과는 73쪽에서 확인할 수 있다.

250종류가 넘는 몰트위스키의 개성 있는 향미 프로필을 가장 핵심적인 두 축을 이용해 살펴보자. 가로축은 '와인향이 나는 과일 케이크 같은' 왼쪽 부분과 '스모키하고 피트한 매캐함'을 지닌 오른쪽 부분을 양극단으로 한다. 세로축은 '섬세하고 상쾌하며 꽃향기 나는' 아랫부분과 '풍부하고 보디감 강한' 윗부분을 양극단으로 한다.

표로 정리하지 않은 나머지 두 축은 '담배/몰트향-허브향'의 축과 '스파이시함-달콤함'의 축으로 구성된다. '담배/몰트향-허브향'의 경우 증류 과정의 잡미, 알데히드의 작용, 캐스크 숙성 과정을 반영해 구성되며, '스파이시함-달콤함'의 경우 숙성에 사용되는 캐스크의 신선도와 반응도에 따라 결정된다.

물론 전술한 주요 향미 4개 말고도 다른 향미를 두 축으로 사용하여 몰트위스키를 구분할 수 있다. 하지만 위스키의 향미 정보를 통계적인 방법으로 분석해보면, 옆에 제시한 두 축을 이용해 위스키를 분류하는 것이 과학적으로 가장 타당하다는 결론이 나온다. 이러한 몰트위스키 향미에 대한 자료와 분석은 2009년 영국 왕립통계학회서에 발표되었으며, 이를 바탕으로 작성된 논문이 학회지『시그니피컨스』에 게재되었다.

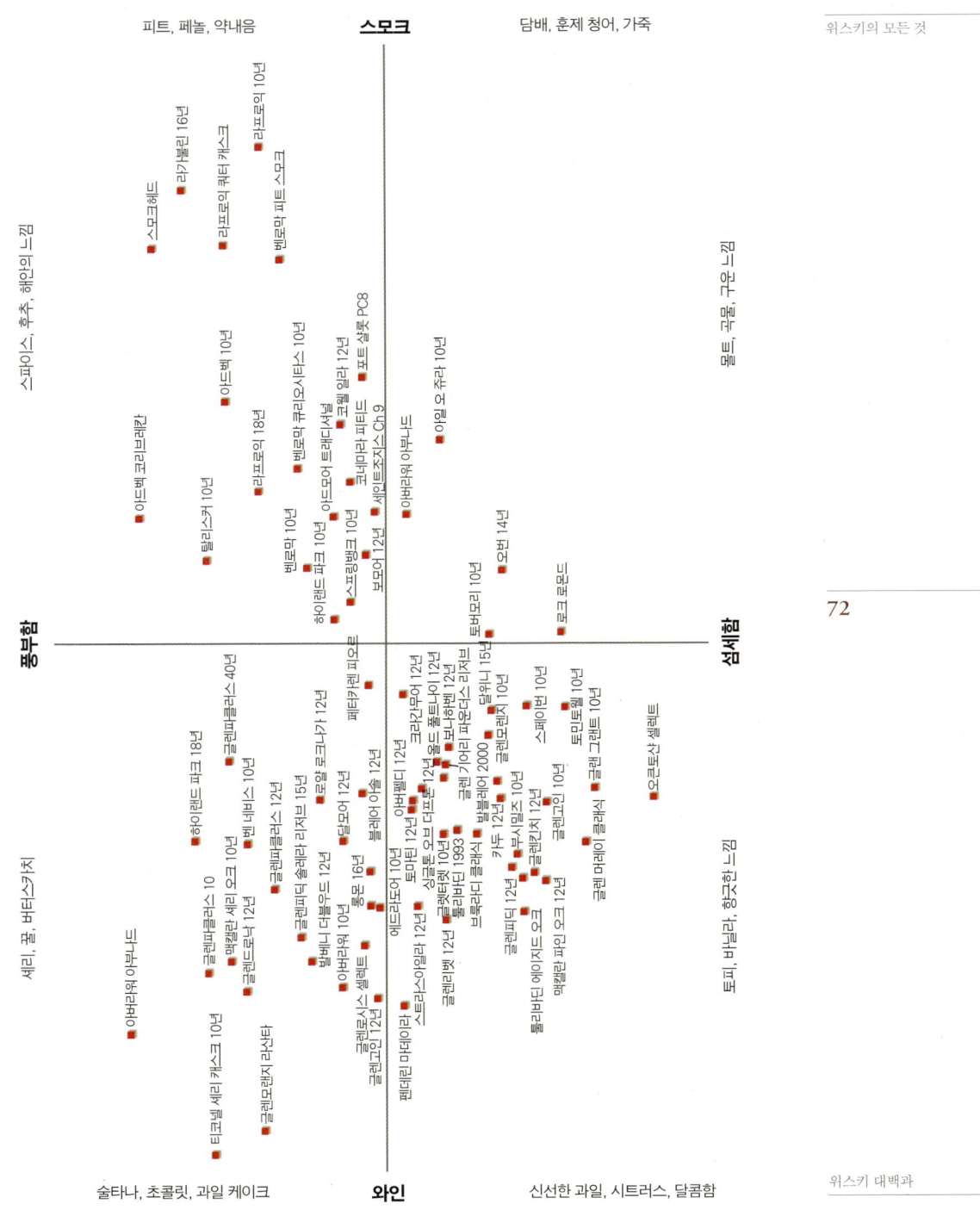

피트, 페놀, 약내음   **스모크**   담배, 훈제 청어, 가죽

스파이스, 후추, 해안의 느낌

몰트, 곡물, 구운 느낌

풍부함   **섬세함**

72

세리, 꿀, 버터스카치

토피, 바닐라, 향긋한 느낌

술타나, 초콜릿, 과일 케이크   **와인**   신선한 과일, 시트러스, 달콤함

유형 분류
Cluster Groups

A유형 강한 무게감과 달콤함을 지니며, 과일, 꿀, 스파이스의 향을 바탕으로 강한 세리향을 내세우는 위스키.
아버라워 아부나드, 오큰토샨 쓰리 우드 10년, 발베니 더블우드 12년, 에드라도어 올로로소 10년, 에드라도어 1984 페드로 히메네즈, 에드라도어 1983 포트, 페터카렌 30년, 글렌드로낙 12년, 글렌피딕 15년, 글렌글라소 26년, 글렌리벳 1973 셀라, 글렌모렌지 라산타, 맥캘란 셰리 오크 10년, 맥캘란 이스터 엘치스 2009, 펜데린 41, 티코넬 셰리 10년

B유형 강한 무게감과 달콤함을 지니며, 과일, 꽃, 몰트의 느낌과 약간의 꿀, 스파이스의 향을 바탕으로 강한 세리향을 내세우는 위스키.
오큰토샨 18년 올로로소, 오큰토샨 21년, 발베니 뉴 우드 17년, 발베니 포트우드 21년, 글렌파클러스 10년, 글렌파클러스 15년, 글렌파클러스 17년, 글렌고인 12년, 글렌고인 17년, 글렌고인 21년, 글렌토처스 1991, 펜데린 마데이라, 토마틴 30년, 툴리바딘 포트 1993

C유형 강한 무게감과 중간 정도의 달콤함을 지니며 과일, 견과류, 꿀, 스모크한 향을 바탕으로 강한 세리향을 내세우는 위스키.
아버라워 10년, 벤 네비스 10년, 벤리네서 F&F 15년, 블레어 아솔 12년, 보나하벤 18년, 달유인 F&F 16년, 에드라도어 1995 보르도, 에드라도어 1996 슈퍼 투스칸, 페터카렌 40년, 글렌파클러스 105, 글렌파클러스 12년, 글렌파클러스 21년, 글렌파클러스 25년, 글렌파클러스 30년, 글렌파클러스 40년, 글렌 기어리 21년, 글렌모렌지 시그넷, 하이랜드 파크 18년, 라프로익 25년, 롱몬 16년, 모틀락 F&F 16년, 로얄 로크나가 12년, 토마틴 18년

D유형 상당한 무게감과 달콤함을 지니며 과일, 꽃, 견과류의 향을 바탕으로 강렬한 스파이스와 약간의 스모크함을 내세우는 위스키.
아렌 14년, 발블레어 1389, 벤리악 20년, 보나하벤 25년, 크라간무어 12년, 에드라도어 10년, 에드라도어 1985 샤토 디켐, 페터카렌 24년, 글렌카담 15년, 글렌피딕 리치 오크 14

년, 글렌피딕 그랑 리제르바 21년, 글렌피딕 30년, 글렌리벳 30년, 글렌리벳 나두라 16년, 싱글톤 오브 글렌 오드 12년, 인치머린 12년, 맥캘란 파인 오크 15년, 맥캘란 파인 오크 18년, 맥캘란 파인 오크 21년, 맥캘란 파인 오크 25년, 맥캘란 파인 오크 30년

E유형 중간 정도의 무게감과 중간 정도의 달콤함을 지니며 과일, 꽃, 와인향을 중심으로 약간의 스모크함과 스파이스함을 지닌 위스키.
아버펠디 12년, 오큰토샨 12년, 오큰토샨 18년, 오스러스크 F&F 10년, 달모어 10년, 싱글톤 오브 더프톤 12년, 에드라도어 1996 코트 드 프로방스, 글렌버기 10년, 글렌 데버론 10년, 싱글톤 오브 글렌둘란 12년, 글렌둘란 F&F 12년, 글렌 엘긴 12년, 글렌리벳 12년, 글렌로시스 셀렉트 리저브, 글렌로시스 1985, 글렌로시스 1989, 글렌로시스 1991, 글렌로시스 1992, 글렌로시스 1994, 맥캘란 파인 오크 10년, 밀톤더프 10년, 몽키 숄더, 올드 풀트니 12년, 레드브레스트 12년, 로즈뱅크 1991, 스카파 16년, 스페이사이드 쿠퍼리지, 스트라스아일라 12년, 토마틴 12년, 토마틴 15년, 토민토웰 올로로소 12년, 툴라모어 듀 10년, 툴리바딘 소테른 1993, 툴리바딘 셰리 1993

F유형 상당한 무게감을 지니며 과일, 스파이스, 스모크향을 곁들인 달콤한 몰트향을 지닌 위스키.
벤로막 트래디셔널, 보나하벤 12년, 클리닐리시 14년, 크라이겔라키 14년, 딘스톤 12년, 글렌 기어리 10년, 글렌 기어리 12년, 글렌 기어리 15년, 글렌킨치 디스틸러스 1995, 글렌리벳 프렌치 오크 15년, 글렌 오드 12년, 올드 풀트니 17년, 올드 풀트니 21년, 로얄 브라클라 10년, 치나닉 F&F 10년, 토버모리 10년, 토마틴 25년

G유형 가볍고 달콤한 꿀향을 중심으로 꽃, 과일, 스파이스의 향을 지닌 위스키. 대체로 피트 처리되지 않은, 식전주 스타일의 위스키들이다.
아렌 10년, 오큰토샨 버번 16년, 벤리악 12년, 블라드녹 7년, 브라이스 오브 글렌리벳 10년, 부라이발 10년, 브룩라디 12

년, 브룩라디 라디 클래식, 부시밀즈 10년, 글렌알라키 1992, 글렌피딕 12년, 글렌 기어리 파운더스 리저브, 글렌고인 10년, 글렌킨치 12년, 글렌로시 F&F 10년, 글렌 머레이 클래식, 글렌 머레이 12년, 글렌모렌지 10년, 글렌터렛 10년, 킬베건 리저브, 킬케런 2010, 녹칸두 12년, 맥캘란 파인 오크 12년, 마노크모어 F&F 12년, 스트라스밀 F&F 12년, 토민토웰 10년, 토민토웰 14년, 토모어 12년, 툴리바딘 1998, 툴리바딘 1993, 툴리바딘 에이지드 오크

H유형 매우 가볍고 달콤하며, 몰트, 과일, 꽃의 느낌을 간직한 식전주 스타일의 위스키.
올트 아바냐 12년, 안녹 1991, 안녹 12년, 오큰토샨 10년, 오큰토샨 클래식, 오큰토샨 셀렉트, 올트모어 12년, 발블레어 2000, 발메낙 12년, 블라드녹 라이틀리 피티드 8년, 카두 12년, 달위니 15년, 드럼거시, 더프톤 F&F 15년, 글렌카담 10년, 글렌 엘긴 F&F 12년, 글렌 그랜트 10년, 글렌 스페이 F&F 12년, 인치고워 F&F 14년, 링크우드 F&F 12년, 로크 로몬드, 스페이번 10년, 스페이사이드 12년, 탐두, 톰나불린 12년

I유형 중간 정도의 무게감과 달콤함을 지니며, 강렬한 스모크함을 중심으로 약간의 약, 스파이스, 과일과 견과류의 느낌을 간직한 위스키.
아드모어 트래디셔널 캐스크, 발블레어 10년, 벤리악 큐리오시타스 10년, 벤로막 10년, 벤로막 오가닉, 보모어 12년, 코웰 일라 12년, 코네마라 피티드, 에드라도어 발레친, 페터카렌 피오르, 글렌 스코샤 12년, 하이랜드 파크 12년, 아일 오 쥬라 12년, 아일 오 쥬라 수퍼스티션, 라프로익 코디아스, 레드칙 10년, 롱로우 10년, 오번 14년, 올드 발란트루안 피티드, 포트 샬롯 PC8, 세인트 조지스 Ch 9, 스프링뱅크 10년, 탈리스커 10년

J유형 강한 무게감과 건조함을 지닌, 피트스모크와 약의 향을 중심으로 한 위스키. 가죽이나 고서의 향을 내기도 한다.
아드벡 10년, 아드벡 코리브레칸, 아드벡 우가달, 벤로막 피트 스모크, 킬코만 윈터 2010, 라가불린 16년, 라프로익 10년, 라프로익 10년 캐스크 스트랭스, 라프로익 15년, 라프로익 18년, 라프로익 쿼터 캐스크, 라프로익 트리플 우드, 스모크헤드, 토민토웰 피티 탱

TASTING
WHISKY

위스키 시음

위스키를 시음할 때 흥미로운 사실 중 하나는 혀나 입보다 코에 더 의존한다는 점이다. 시음은 크게 코로 향을 맡는 과정과 혀로 그 향이 감도는 맛을 보는 두 가지 과정으로 되어 있다. 코에 있는 자극 수용기는 혀에 있는 미뢰보다 1만 배 정도 많아서 코가 혀보다 더 민감하다. 마스터 블렌더들이 위스키의 질을 파악할 때 위스키를 직접 마시지 않고 코로 향만 맡는 데는 다 이유가 있는 것이다.

위스키를 간단하게 품평하는 데는 코만 있으면 충분하다. 물론 위스키 '시음가'들에게 향만 맡고 끝내라는 것은 그리 재미있는 일이 아닐 것이다. 하지만 위스키 대여섯 종류를 준비하여 간단한 시음회를 할 때, 위스키를 직접 마시기 전에 준비한 모든 위스키의 향만 간단하게 감상하는 것은 큰 도움이 될 것이다. 시음회를 하기 위해 준비하면 좋을 위스키와 위스키 시음 순서는 나중에 천천히 이야기하도록 하자.

(왼쪽)
전통적인 위스키 글라스는 향을 충분히 담아내기 위해 입구가 좁게 되어 있다.

(오른쪽)
애버펠디의 몰트 마스터이자 듀어스의 마스터 블렌더인 스테파니 맥레오드와 함께 시음하는 저자.

시음회에서 가장 먼저 고려해야 할 것은 적절한 글라스를 고르는 것이다. 일반적인 위스키 텀블러는 위스키의 향을 감상하기에 썩 좋지는 않다. 위스키업계에서 사용되는 향 시음용 글라스는 셰리 글라스처럼 튤립 모양으로, 입구가 좁고 바닥이 넓으며, 눈금이 적혀 있다. 입구가 좁아야 위스키에서 발산되는 향이 입구에 모여 위스키 전체의 향을 맡을 수 있다. 원칙적으로는 위스키를 따라둔 잔을 워치 글라스나 덮개로 덮어두는 것이 좋지만 이는 좀 귀찮을 것이다. 시음용 잔이 적절하지 않을 경우, 튤립형의 작은 와인글라스를 사용해도 된다. 아니면 상을 받을 정도로 훌륭한 위스키 잔인 글렌캐런 위스키 글라스를 구하는 것도 괜찮다.

두 번째로 고려해야 할 것은 도수가 적절한 위스키를 고르는 일이다. 몰트위스키는 제각기 다른 도수로 판매된다. 기본적으로 40%가 가장 많지만 43%, 46% 위스키도 있으며, 55~60%의 캐스크 스트랭스 위스키도 존재한다.

서로 다른 위스키를 공정하게 비교하려면 도수를 맞추어 시음해야 한다. 위스키업계 사람들이 위스키를 시음할 때는 보통 도수를 20% 정도로 맞추고 시음한다. 위스키에 물을 섞기 싫어하는 사람들에게는 환영받지 못할 일이겠지만, 도수가 너무 높으면 코와 혀의 감각기관이 마비되기 때문이다. 20%는 향을 담당하는 에스테르가 최대로 발산되어 향을 쉽게 감지할 수 있는 최적의 알코올 도수다. 취하지 않아야 할 특별한 이유가 있다면 더 낮은 도수로 희석하는 것도 괜찮다. 스코틀랜드 서부에서는 위스키에 레모네이드를 섞기도 하고, 미국이나 다른 더운 지방에서는 얼음을 넣기도 한다. 하지만 물을 제외한 다른 것을 몰트위스키에 섞는 일은 그다지 추천하지 않는다. 이러한 첨가물은 몰트위스키 고유의 향미를 바꿔놓는다.

향을 느끼는 단계에서, 먼저 위스키를 병입된 그대로 잔에 따른 뒤 그 향을 음미하고 떠오른 느낌을 짧게 정리하자. 너무 심하게 들이마시면 코가 따끔거리는 느낌이 들 수도 있다. 알코올 증기를 너무 들이마셨기 때문이다. 이럴 때는 잠시 시음을 멈추고 기다렸다가 위스키향을 천천히 음미하는 것이 좋다. 향은 세부적으로 분석하며 음미하는 것이 좋다. 병입된 그대로의 위스키향을 음미한 뒤에는 물을 섞어 도수를 20%로 낮춘 다음 다시 한 번 향을 음미한다. 시판되는 시음용 글라스에는 일반적으로 눈금이 두 개 있다. 아래쪽 눈금만큼 위스키를 따르고 위쪽 눈금만큼 물을 채우면 된다. 이 눈금은 기본적으로 40% 위스키를 기준으로 하기에 위스키 도수가 다르다면 물의 양을 조절해야 한다.

위스키의 맛을 시음할 때는 먼저 충분한 양을 입에 머금고 보디와 입의 느낌을 짧게 정리한다. 부드러운가? 크림 느낌이 드는가? 기름진가? 알코올 자체의 향이 강한가? 위스키를 입안에서 이리저리 굴리며 달콤함, 시큼함, 짠맛, 쓴맛 등 혀로 느낄 수 있는 여러 가지 맛의 밸런스를 체크하라. 위스키를 시음하는 과정에서도 코로 느껴지는 다양한 향을 놓치지 말자. 향미 용어집을 안내자로 삼아 각각의 향미가 얼마나 강하게 느껴지는지 체크하는 것도 도움이 된다. 입안의 위스키를 삼키고 난 다음에는 위스키 향미가 혀에 얼마나 남아 있는지, 위스키를 마시고 난 뒤 느낌이 어떤지 여운을 감상하자. 일반적으로 여운이 긴 위스키일수록 미식가들의 평가를 높게 받는다.

몰트위스키를 처음 마시는 사람들은 주로 식전주로 마실 만한 가벼운 위스키를 선호한다. 어느 정도 견문을 쌓은 사람들은 깊고 복잡하며 균형 잡힌 위스키를 선호한다. 위스키의 다양한 평점은 주로 이러한 미식가들이 만들었는데, 균형감, 깊이, 여운이 점수의 주요 근거가 된다. 그렇기에 이러한 평점은 위스키를 처음 접하는 이들의 관점과 다를 수 있다. 균형 잡힌 위스키의 경우 확실한 한 가지 향미를 가지기보다는 다양한 향미가 마치 양파껍질처럼 켜켜이 쌓여 있어 복잡한 느낌을 준다.

위스키 저술가들이 위스키를 묘사할 때 색, 향, 혀에 닿는 느낌, 여운 순서로 쓰는 이유는 이것이 위스키를 시음하는 일반적 순서이기 때문이다.

연습 시음

이제 실제로 시음을 연습할 단계다. 향미 용어집을 바탕으로, 다양한 위스키 스타일을 모두 커버할 수 있는 위스키를 고르는 것이 중요하다. 하지만 다양한 위스키 스타일이 단순한 선형적 모델로는 분류할 수 없는 복잡한 것이라는 데 문제가 있다. 가장 단순한 향미 모델은 2차원 모델로, 한 축은 피트향으로, 다른 한 축은 셰리나 와인향으로 되어 있다. 이러한 2차원 모델은 피트 처리하지 않은 글렌고인이나 무겁게 피트 처리한 라프로익, 셰리향이 강한 맥캘란 등의 위스키를 분류하는 데는 도움을 줄 수 있다. 하이랜드 파크(65쪽 참조) 등 다양한 위스키는 이러한 극단의 사이 어딘가에 배치될 것이다(82쪽을 참조하라). 이러한 2차원 모델은 가운데에 가장 가벼운 몰트위스키를 놓고 양극단에 각각 와인 향이 강한 위스키와 피트향이 강한 위스키를 분류하는 식으로 1차원 모델로 압축할 수 있다. A부터 J로 분류한다면, 와인향이 강한 맥캘란은 왼쪽의 A가 될 것이고 피트향이 강한 라프로익은 J가 될 것이다.

연습용 위스키 시음회를 할 때면 필자는 보통 이러한 1차원 모델로 분류된 6개 분류에서 각각 위스키를 하나씩 고른다. G와 H군에 있는 위스키는 향이 가장 가벼운 것으로, 피트 처리나 특별한 캐스크 숙성 등의 과정을 거치지 않았다. 어떤 의미에서 이 분류에 속한 위스키는 위스키 원액의 향을 가장 잘 살렸다고 할 수 있다. 그렇기에 이 분류의 위스키를 가장 먼저 시음하는 것이 좋다. 이 분류의 위스키를 시음한 뒤에는 특별한 캐스크 숙성을 통해 위스키 향미를 살린 왼쪽의 위스키를 시음한다. 마지막으로, 피트를 사용해 위스키 향미를 살린 오른쪽 분류의 위스키를 시음한다.

이러한 위스키 시음 순서는 위스키가 생산되는 과정과 반대라고 할 수 있다. 시음 순서는 특별한 캐스크 숙성 위스키에서 시작해 피트 처리가 강하게 된 위스키로 끝난다. 위스키가 생산되는 과정은 반대로 피트 처리에서 시작해 캐스크 숙성으로 끝난다. 먼저 보리가 피트 처리되고, 이후 당화 과정에서 피트가 들어간 물을 사용할지 말지 결정한다. 이후에 발효와 증류 과정에서 증류액의 성질이 결정되고, 그러한 증류액은 최종적으로 숙성되어 위스키로 완성된다. 특정한 증류소의 경우 이러한 숙성 과정에서 자신들만의 독창적인 향미를 만들어낸다. 즉, 위스키 시음 과정과 위스키 생산 과정은 반대라고 할 수 있다. 시음을 이러한 순서로 하는 이유는 단순하다. 피트향이 강한 J군의 위스키는 반드시 맨 마지막에 시음해야 하기 때문이다. J군의 위스키들을 먼저 시음하면, 강한 피트향이 가운데에 있는 세심한 위스키의 시음을 망쳐버린다.

즉, A-C군의 위스키와 I-J군의 위스키는 특유의 복잡함과 보디, 대표적 향미 덕분에 편하게 시음할 수 있는 위스키다.

몰트위스키의 복잡함과 즐거움을 충분히 탐사했다면, 그 위스키를 만든 사람들을 위해 잔을 들고 건배하자. 몰트위스키를 만드는 과정은 예술인 동시에 과학이다. 몰트위스키를 만드는 과정은 극도로 과학적이다. 과학은 보리를 몰트화하는 과정에서 어떤 페놀이 얼마만큼 들어가야 하는지, 당화와 발효 과정에서 무엇을 어떻게 통제해야 하는지, 증류 과정에서 어떠한 방식을 사용해야 하는지, 어떠한 캐스크를 선택해야 하는지 결정하는 데 도움을 준다. 위스키는 이렇듯 다양한 과정의 산물이기에, 위스키를 마시는 것은 모든 사람의 영혼과 손길을 공유하는 것이다. 이 모든 과정은 좋은 위스키를 만들기 위한 필수 과정이기 때문이다.

위스키는 미래에 대한 약속이기도 하다. 오늘 증류한 위스키를 오늘날을 사는 세대가 맛본다는 보장은 없다. 오늘 증류한 위스키는 적어도 10년 동안 캐스크 속에서 숙성된 뒤 병입될 것이고, 또 얼마간

81

시간이 지나야 당신에게 닿을 수 있다. 그리고 10년은 위스키 원액을 만든 증류소의 운영권이 다른 사람에게 넘어갈 수도 있는 그런 시간이다. 그렇기에 위스키란 어떤 의미에서 전 세대의 선물이다. 언젠가 우리는 과거 세대가 만들어낸 위스키로 건배하게 될 것이니.

이 모든 위스키 생산 과정에서 가장 드라마틱하며 위스키 품질에 결정적 역할을 하는 과정은 역시 증류 과정에서 중류를 추출하는 과정이다. 위스키 증류소는 대부분 24시간 근무하기에 증류는 한낮에 이루어질 수도 있고 한밤중에 이루어질 수도 있다. 바로 지금도 증류 전문가들은 캐스크 깊은 곳에서 숙성되어 언제 우리에게 올지 모를 위스키 원액을 고독하게 증류하고 있다. 그들을 위해 건배.

10개 유형별 위스키 선정의 예시

A	B-C	D-F	G-H	I	J
발베니 더블우드 12년	아버라워 10년	아버펠디 12년	발블레어 2000	보모어 12년	아드벡 10년
글렌드로낙 12년	벤 네비스 10년	오큰토샨 12년	부시밀즈 10년	코웰 일라 12년	벤로막 피트 스모크
글렌피딕 솔레라 15년	글렌파클러스 10년	글렌리벳 12년	글렌피딕 12년	하이랜드 파크 12년	라가불린 16년
맥캘란 셰리 10년	롱몬 16년	싱글톤 오브 더 프톤 12년	글렌고인 10년	스프링뱅크 10년	라프로익 10년

WHISKY
ANALYST

위스키
애널리스트

가끔 독자들에게서 "이 책에 나온 위스키 향미 분류를 이 책에서 다루지 않은 희귀 위스키나 고숙성 위스키, 독립 병입 위스키나 신규 위스키에 어떤 식으로 적용해야 하나요?" 하는 질문을 받는다. 마침 새로운 위스키의 스타일과 향미 유형을 분석해 그 위스키를 다른 위스키와 함께 유형화할 수 있는지를 파악할 수 있게 도와주는 컴퓨터 프로그램인 '위스키 애널리스트'가 개발되었다. 이는 DNA 동형성 파악과 유사한 메커니즘을 사용하여 싱글몰트위스키의 관능 자료를 기반으로 위스키를 분류하는 프로그램이다.

이 프로그램 사용자는 12개 향미 카테고리에 해당하는 강도를 입력하는 방식으로 새 몰트위스키의 향미 프로필을 입력할 수 있다. 이 시스템은 2억 4,000만 종류가 넘는 다양한 향미 프로필을 구분할 수 있게 해준다. 위스키 애널리스트는 사용자가 입력한 프로필을 바

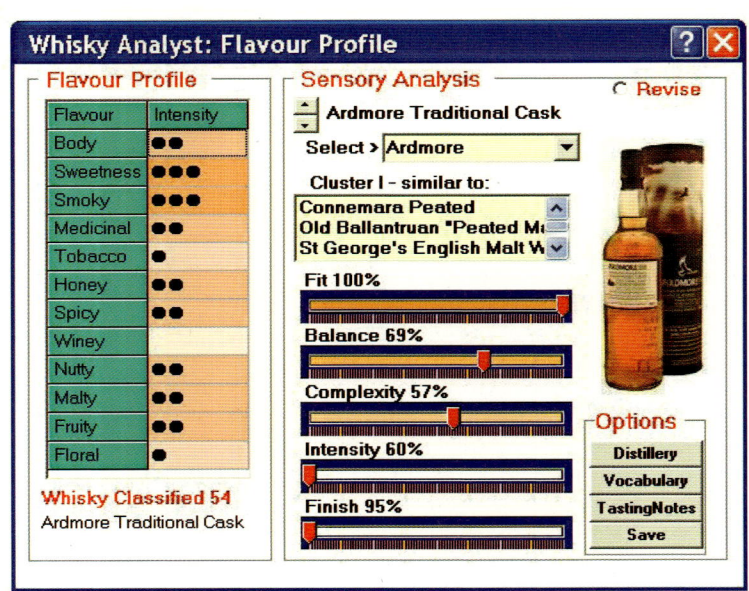

위스키 애널리스트와
함께라면 당신도 몰트
전문가가 될 수 있다. 위스키
시음을 계획할 때나 새로
발매된 위스키의 스타일을
파악할 때나 그 위스키를
다른 위스키와 비교할 때나
이 프로그램은 유용하게
사용할 수 있다.

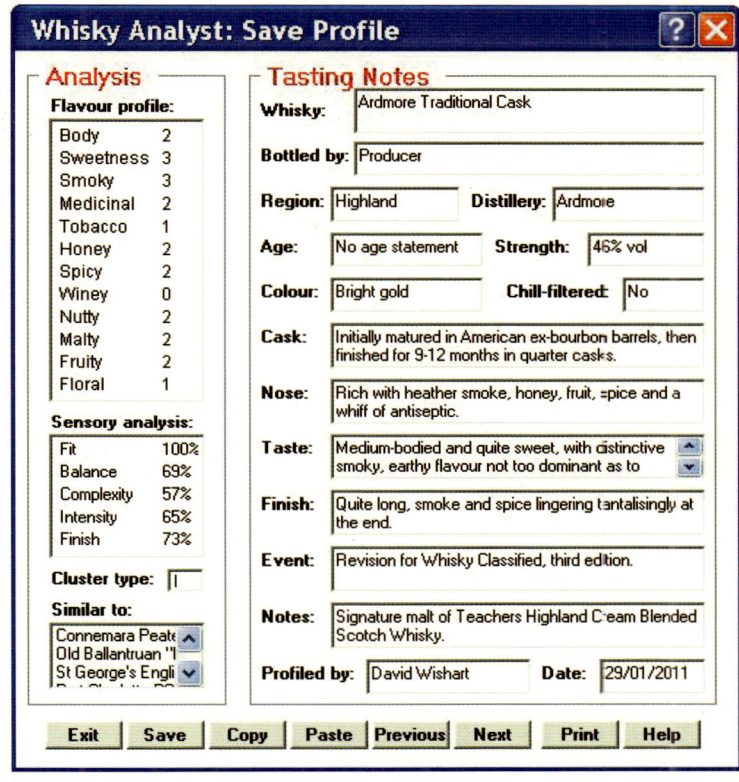

85

탕으로 데이터뱅크를 검색해 이 위스키가 이 책에서 분류하는 10개 유형의 위스키 중 어디에 속하는지 보여준다. 그러고 나서 그 유형에 속하는 위스키 가운데도 특히 어떤 위스키와 유사한지 보여준다.

위스키 애널리스트와 함께라면 누구나 몰트 전문가가 될 수 있다. 이 프로그램은 몰트위스키를 시음하려고 계획을 세울 때는 물론 새로운 몰트위스키를 증류할 때도 유용하다. 물론 위스키의 향미를 제대로 느끼고 입력하려면 어느 정도 기술이 필요하지만 말이다. 다음은 이 프로그램을 활용하는 데 도움이 많이 될 것이다.

색   투명한 글라스에 위스키를 따르고 색을 관찰하는 것이 시음의 첫 단계다. 물론 '색'이라는 요소는 향미와 직접 관계는 없다. 그럼에도 이 요소는 위스키의 근원과 유형을 파악하는 데 단서를 많이 준다. 색이 연한 위스키는 일반적으로 숙성 연한이 오래되지 않았거나 리필 캐스크에서 숙성되었거나 캐스크보다는 증류액 자체의 향미에 집중했을 것이다. 색이 진한 위스키는 셰리 숙성의 영향을 받았을 것이며, 나무의 향미가 위스키 전체에서 중요한 역할을 할 것이다. 그러나 몇몇 위스키 생산자들이 위스키에 색소를 첨가하는 경우가 있기에, 명확한 방법은 아니다.

다리   글라스에 담긴 위스키를 이리저리 돌려보면 잔의 구석구석으로 잠깐 위스키가 머무르는 것을 볼 수 있다. 이것을 위스키의 '다리'라고 한다. 다리가 천천히 움직이는 위스키는 끈적끈적한 풀보디를 갖추었으며 일반적으로 완전히 숙성되었다. 가벼운 위스키는 다리의 움직임이 좀 더 빠르다.

노즈   한 종류가 아니라 여러 종류를 동시에 시음한다면, 마시기 전에 모든 위스키의 향을 맡아보는 것이 좋다. 향을 맡을 때 느낀 향의 모든 요소와 강약을 간단하게 메모하자. 몇몇 몰트위스키는 그 위스키를 상징하는 강한 향을 가지고 있다. 지배적인 향 아래에 깔려 있는 미세한 향도 찾아낼 수 있도록 훈련하자. 코는 바로 이런 일을 하기 위해 있는 기관이다. 시간을 넉넉하게 가지고 향을 음미하자. 향미는 보통 복잡한 층위로 되어 있다. 그렇기에 전문적인 몰트 마스터들은 몰트위스키를 생산할 때나 블렌딩할 때 오직 코만 사용하는 경우도 적지 않다.

희석되지 않은 향미　　위스키를 처음 시음할 때는 본래 도수 그대로 시음해야 한다. 위스키를 한 모금 입에 머금고 몇 초 동안 음미한 뒤 침과 섞어서 씹듯이 맛보는 식으로 음미하고는 찾아낸 향미를 기록하면 된다. 훌륭한 몰트 마스터 리처드 패터슨은 위스키의 숙성 연한에 맞춰 1년마다 1초 정도 씹는다는 느낌으로 음미하기를 권장한다. 즉, 30년산 몰트위스키를 음미하려면 위스키를 삼키기 전에 30초 정도 씹는 느낌으로 음미해야 한다. 쉬운 일은 아니지만 지배적인 향미 아래에 숨어 있는 미세한 향미를 잡아내려면 반드시 해야하는 작업이다.

희석된 향미　　위스키를 물에 희석할 때는, 상온의 미네랄워터에 위스키를 섞는 것이 가장 좋다. 얼음이나 찬물을 섞으면 안 된다. 라벨에 붙어 있는 도수를 참조하여 20% 정도로 희석하라. 가볍고 꽃향기가 나는 위스키를 먼저 시음하고 풀보디의 셰리향이나 와인향, 피트향 위스키를 마지막에 시음한다. 시음 과정에서 찾아낸 향미 요소와 강도를 메모하자. 위스키의 향미를 다른 음료나 음식의 향과 비교하는 작업을 할 수 있는 단계다. 찾아낸 모든 요소를 기록해서 친구들과 비교하는 것도 도움이 된다. 음식과 함께 위스키를 맛본다면 향미가 비슷한 위스키와 음식을 연결해서 기억하는 것도 좋다.

피니시　　마지막으로, 위스키를 삼킬 때 향미를 기록하자. 위스키를 삼킨 뒤에도 여운이 길게 느껴지면 피니시가 긴 것이며, 순식간에 사라지면 짧은 위스키다. 위스키 맛이 계속 느껴지는가? 내일 아침까지도 남아 있을 것 같은가? 기본적인 피니시를 느낀 다음에는 시간에 따라 혀에 남는 느낌을 기록하자. 이때 위스키 잔에 뚜껑을 닫는 것을 잊지 말자. 그리고 피니시의 향미에 다각적으로 접근하자. 지배적인 느낌 외에 어떤 미세한 느낌이 숨어 있는지 찾아보자.

친구들과 시음 기록을 비교해보자. 라벨에 쓰여 있는 시음 기록이나 위스키 관련 책에 나와 있는 시음 기록과 비교하는 것도 재미있다. 인터넷에서 다른 사람과 비교하는 것도 흥미로운 일이다. 여러 위스키 판매 사이트에서 잘 정리된 시음 기록을 쉽게 찾을 수 있다.

507~509쪽에 있는 향미 어휘집을 활용하여 시음한 위스키의 향미를 12개로 분류하고 강도를 기록하자. 향이 가볍다면 1점, 중간 정도이면 2점, 명확하게 느낄 수 있다면 3점, 지배적이거나 매우 강렬하다면 4점을 준다. 각 항목에 매긴 점수를 위스키 애널리스트에 입력하자. 위스키 애널리스트는 그 위스키가 어떤 위스키 유형에 속하는지, 분류가 얼마나 타당한지 예측해줄 것이다. 이 정보를 바탕으로 나만의 향미 프로필을 만들 수도 있다.

www.whiskyanalyst.com에서 위스키 애널리스트 프로그램과 다양한 이들이 축적한 방대한 양의 데이터를 내려받을 수 있다. 나만의 위스키 시음 결과를 레퍼런스로 저장할 수도 있다. 이 프로그램의 궁극적 목표는 병입되는 모든 몰트위스키의 향미를 기록하는 것이다. 이를 기반으로 미래의 위스키 애호가들이 참조할 수 있는 과학적이고 객관적인 자료를 만드는 것이다.

이 책과 프로그램 위스키 애널리스트에서 위스키를 분류하기 위해 사용하는 과학적 방법론은 완성도가 높다. 이 책의 저자인 데이비드 위셔트 박사는 분류 이론 박사학위가 있으며, 사회과학과 생물학에서 광범위하게 사용되는 군집 분석 프로그램인 클러스탄을 개발했다. 위셔트 박사의 군집 분석 방법론에 대한 논문은 2005년에 출간된『행동 통계 대백과』와 2009년에 출간된 왕립통계학회의 학술지『시그니피컨스』에 게재되어 있다.

89

스코샤의 황금

밤새 홀로 증류기를 어루만지는
증류가의 현란한 기술에 건배
발효주를 넣고 불을 때면
구리 코일에 이슬이 맺히네

이슬은 이내 줄기가 되고
뿌연 초류가 모습을 드러내지.
알코올 도수와 색채를 확인하면
엿기름에서 나온 투명한 증류액

유리관이 덜컹대며 시간을 알리니
보리꽃의 정수를 채취하네
유리관의 투명한 위스키, 심장을 두드리고
증류가는 혼신의 힘으로 증류를 채취하네

혼신의 기술로 드러낸 위스키의 영혼이
잔 속에서 기개를 뽐내고 있으니
그러니 잔을 들게, 동지여
스코샤의 황금으로, 위대한 건배

distillery
directory

2부
—
싱글몰트위스키 증류소

증류소 지도

스페이사이드

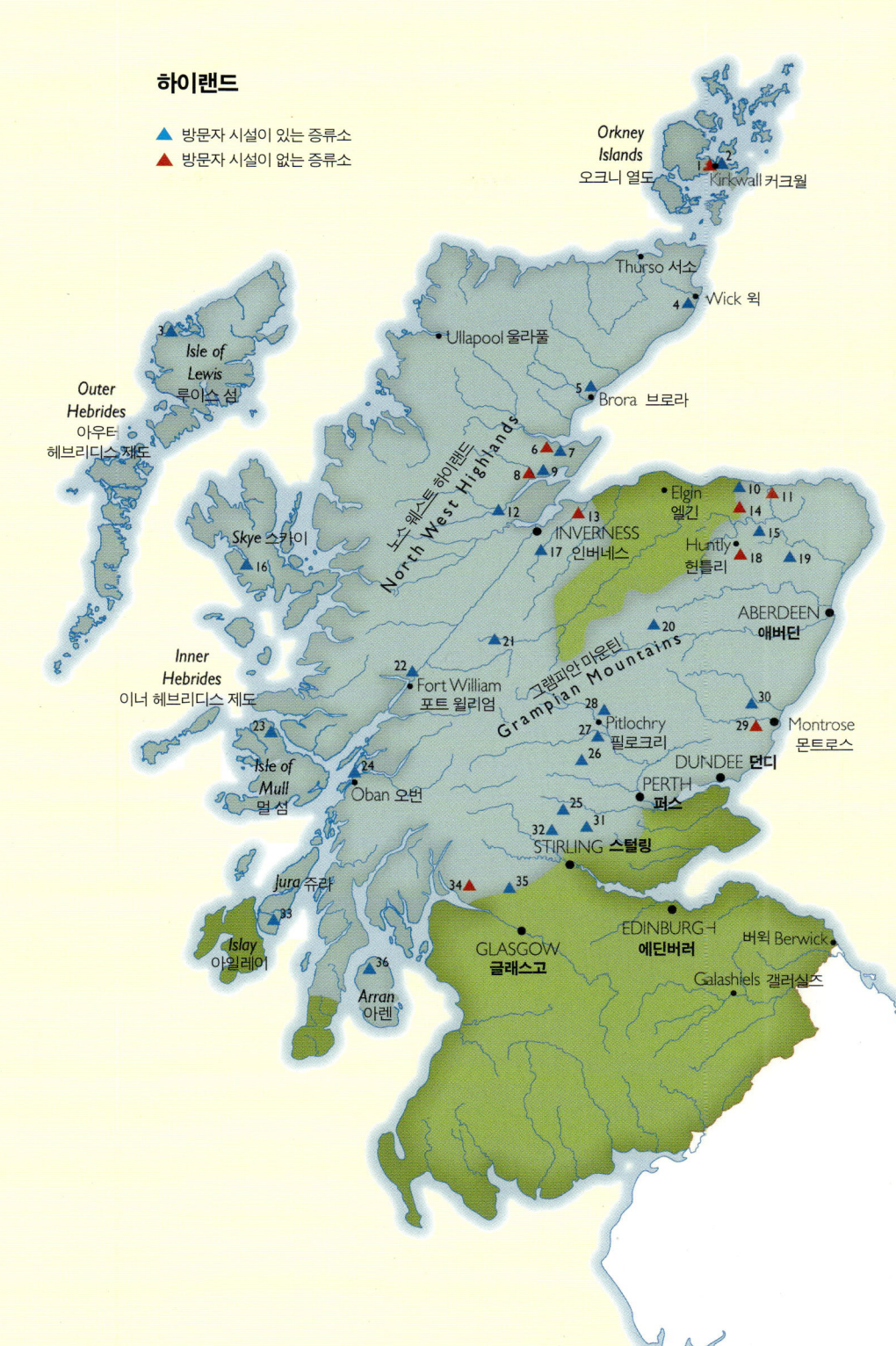

하이랜드

▲ 방문자 시설이 있는 증류소
▲ 방문자 시설이 없는 증류소

Orkney Islands
오크니 열도

1 2
Kirkwall 커크월

Thurso 서소

4 Wick 윅

Ullapool 울라풀

3
Isle of Lewis
루이스 섬

Outer Hebrides
아우터 헤브리디스 제도

5 Brora 브로라

6 7
8 9

10 11
14
Elgin 엘긴

15

13

12

North West Highlands
노스 웨스트 하이랜드

INVERNESS 인버네스
17

Huntly 헌틀리
18 19

Skye 스카이

16

20

ABERDEEN 애버딘

Inner Hebrides
이너 헤브리디스 제도

21

Grampian Mountains
그램피안 마운틴

22
Fort William
포트 윌리엄

23

28
27 *Pitlochry* 필로크리

30
29 Montrose 몬트로스

26

DUNDEE 던디

24
Oban 오번

25
31

PERTH 퍼스

Isle of Mull
멀 섬

32
STIRLING 스털링

Jura 쥬라

34 35

EDINBURGH
에딘버러

버윅 Berwick

33

Islay
아일레이

GLASGOW
글래스고

Galashiels 갤러실즈

36

Arran
아렌

퍼스 PERTH
세인트 앤드류스
St Andrews
▲ 3
▲ 4
STIRLING 스털링
Firth of Forth
퍼스 오브 포스
▲ 2
▲ 1
GLASGOW 글래스고
EDINBURGH
에딘버러
▲ 5
Berwick
버윅
Galashiels 갤러실즈
Firth of Clyde
퍼스 오브 클라이드
Ayr
Southern Uplands
서던 업랜드
Girvan
거반 ▲ 6
Dumfries
덤프리스
▲ 8
▲ 7

로우랜드

1 오큰토샨
2 폴커크
3 다프트밀
4 킹반스
5 글렌킨치
6 알리사 베이
7 블라드녹
8 안난데일

Campbeltown Loch
캠밸타운 로크
▲ 1
▲ 2
▲ 3
Campbeltown
캠벨타운
Davaar
Island
다바 아일랜드
Crosshill
Loch
크로스힐
로크
Beinn Ghuilean Mt ▲
페이튼 길리안

캠밸타운

1 글렌 스코샤
2 글렌가일
3 스프링뱅크

아일레이

1	보나하벤	4	브룩라디	7	라프로익
2	코웰 일라	5	포트 샬롯	8	라가불린
3	킬호만	6	보모어	9	아드벡

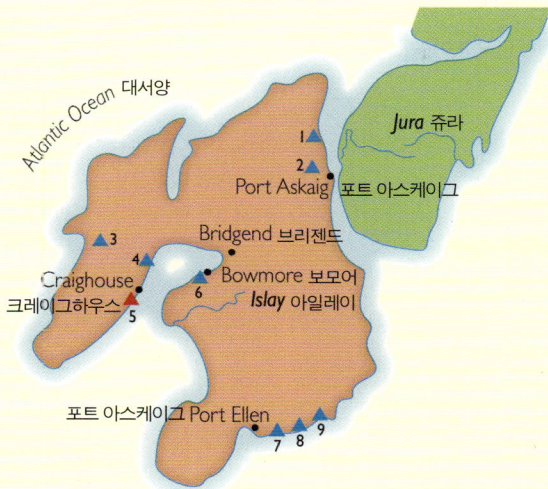

아일레이의 증류소들은 모두 바다와 인접해 있다.

브리튼과 아일랜드의 다른 증류소

1 부시밀즈
2 쿨라이
3 킬베건
4 미들턴
5 펜데린
6 세인트조지스

▲ 방문자 시설이 있는 증류소
▲ 방문자 시설이 없는 증류소

아버펠디

E

Aberfeldy Distillery
Aberfeldy, Perthshire PH15 2EB
Tel : +44 (0) 1887 822010
www.dewars.com

퍼스의 와인과 증류주 회사 듀어&선즈의 설립자 존 듀어의 큰아들
존 알렉산더 듀어가 1898년 설립한 아버펠디 증류소는 테이 강 주
변에 있다. 이곳은 퍼스와 연결된 빅토리아 철도와의 연결성과 좋은
수원에 대한 접근성을 두루 고려한 위치다. 알렉산더 듀어의 동생
토미 듀어는 카리스마와 정열을 갖춘 탁월한 세일즈맨이었다. 그는
1891~1893년에 26개국을 순방하며 듀어스 대리점을 32개 설립하
는 위업을 이루었다. 토미 듀어의 기지는 전설적이다. '듀어리즘'이라
고도 하는 그의 짧은 명언을 한번 감상해보자. "혁신? 우리는 낡은
것을 선호합니다. 적어도 그게 위스키라면 말이죠." "세월 속에 남겨
진 발자국은 가만히 앉아서 그려낸 게 아닙니다." "정신은 낙하산과
똑같죠. 열리고 펼쳐져야 제대로 기능합니다."

증류소 뒤쪽으로 지나가는 1939 바클리 스팀 기차 '달유인 No. 1'

은 증류소에 필요한 석탄과 곡물을 싣고 와서 돌아갈 때는 숙성된 위스키 캐스크를 담아갔다. 아버펠디의 몰팅 하우스는 전통적인 빅토리아 스타일 건축물의 아름다움을 간직하고 있다. 나머지 건물들은 1970년대 증류소 확장 과정에서 특유의 멋을 조금 잃기는 했지만 말이다.

아버펠디 증류소는 19세기 중반까지 피틸리 증류소의 수원으로 사용된 피틸리 번의 물을 수원으로 사용하며, 피트를 적절히 활용하여 건조한 스코틀랜드 보리를 주 재료로 쓴다. 컴퓨터로 통제되는 스테인리스스틸 여과조 1개, 시베리안 라크 발효조 8개, 스테인리스스틸 발효조 2개, 전구형 단식 증류기 4개를 운용한다. 팬으로 이산화탄소를 걸러내면서 진행하는 60~80시간의 오랜 발효 과정은 이 증류소의 특징 중 하나다. 증류된 위스키는 스패니시 오크 캐스크나 아메리칸 오크 캐스크에 담겨 증류소 안에 있는 저장고에서 숙성된다.

아버펠디 증류소의 선선하고 습한 더니지 저장고에서 숙성되고 있는 캐스크들.

아버펠디 몰트위스키의 주요 라인업은 12년산과 21년산 그리고 캐스크 스트랭스 등으로 이루어진다. 아버펠디 위스키는 100년이 넘도록 미국에서 가장 잘 팔리는 블렌디드 스카치위스키인 듀어스 화이트 라벨의 키 몰트로 사용된다. 고든&맥페일을 포함한 여러 독립 병입업체에서도 아버펠디의 위스키를 병입하여 판매한다.

고전적인 몰트 처리소를 '듀어스 월드 오브 위스키'라는 이름의 훌륭한 방문자센터로 개조하여 사용한다. 방문자센터에서 듀어 가문과 듀어스 사 그리고 세계적으로 유명한 듀어스 화이트 라벨의 역사를 자세히 알 수 있다. 편안한 관람실에서 10개 국어로 자막을 넣은 동영상을 관람할 수도 있다. 방문객들의 위스키 지식을 시험할 수 있는 훌륭한 전시관도 마련되어 있다.

방문자센터의 입장료에 가이드 투어가 포함되어 있다. 기프트 숍에서 위스키와 선물, 기념품 등을 살 수도 있다. 방문자센터는 연중 무휴로 운영되며, 방문자들은 편하게 쉬며 듀어스 화이트 라벨 위스키를 무료로 시음할 수 있다. 증류소 뒤편으로는 아름다운 산책로가 마련되어 있는데, 방문자들은 이 길을 따라 산책하며 증류소 엠블럼인 희귀한 빨간 다람쥐를 구경할 수 있다.

아버펠디 12년

도수	40도
향	헤더 꿀과 스파이스를 느낄 수 있는 향긋한 향
맛	중간 정도의 무게감과 단맛. 세비야 오렌즈 , 스파이스, 오크와 꿀의 맛
피니시	스파이스와 세비야 오렌지로 이루어진 중간 정도 길이의 피니시
T유형	로즈뱅크 1991, 에드라도어 1996 코트 드 프로방스, 글렌로시스 1992, 밀톤더프 10년, 토마틴 12년

프로필 특징

무게감	●●○○
달콤함	●●○○
스모크	●●○○
약내음	○○○○
담배	○○○○
꿀	●●●○
스파이스	●●○○
와인	●●○○
견과류	●○○○
몰트	●●○○
과일	●●○○
꽃	●●○○

99

Aberlour

모든 아버라워 아부나드 위스키는 수공 작업으로 병입되고, 붉은 밀랍으로 봉인된다.

아버라워

C

Aberlour Distillery
Aberlour, Banffshire Ab38 9PJ
Tel : +44 (0) 1340 881249
www.aberlour.com

101

게일어로 '요란스러운 강어귀'를 뜻하는 아버라워 증류소는 매우 고풍스럽고 아름다운 곳에 있다. 6세기경 드루이드들이 모여 살던 이 곳은 폭포수 근처의 늙은 오크나무에서부터 페어리 힐의 신비스러운 선돌에 이르기까지 주변의 모든 것이 역사의 흐름을 품고 있다.

독지가 제임스 플레밍이 1879년 설립한 아버라워 증류소는 루어번이 스페이 강과 접하는 곳에 있는 아버라워 마을 가운데에 있다. 아버라워의 위스키 라벨에는 모두 제임스 플레밍의 서명이 표기되어 있다. 증류소에는 성 골룸바의 사도 중 하나이자 960년에 캔터배리의 대주교가 되는 성 드로스탄의 우물이 있다. 1898년 대화재를 겪고 나서 유명한 건축가 엘긴의 찰스 도이그가 재건축한 이후 1920년대와 제2차 세계대전 직후, 1960년대와 1970년대에 추가로 개량이 이루어졌다.

아버라워 증류소는 벤리니스의 석회 구릉과 피트 지대를 따라 흘러와 루어 글렌의 샘으로 솟구치는 매우 깨끗한 연수를 사용하며, 외부에서 주문한 가볍게 피트 처리된 몰트를 재료로 쓴다. 석유 가열 방식을 사용하며, 세미 라우터 스테인리스스틸 여과조 1개, 스테인리스스틸 발효조 6개, 단식 증류기 5개를 운용한다. 최근 올로로소 셰리 캐스크 숙성을 광범위하게 사용하기 시작하였다. 이를 버번 캐스크 숙성과 혼합하는데, 위스키 향미의 복잡성을 한층 부각한다.

아버라워 10년산 위스키는 국제주류박람회 금메달을 포함해 수많은 박람회에서 수상한 경력을 자랑한다. 이 밖의 주요 라인업으로는 아버라워 12년산, 올로로소 우드 피니시 16년산, 18년산과 숙성 연한이 표기되지 않는 매우 인기 있는 위스키, 아버라워 아부나흐가 있다. 아버라워 위스키가 몰트위스키 판매량 1위를 고수하는 프랑스 시장을 겨냥한 특별 병입본으로 셰리 캐스크 아버라워 10년과 냉각 여과하지 않은 캐스크 스트랭스 위스키 퀴베 마리 데코세 15년 등 흥미로운 위스키도 생산한다.

아버라워 증류소의 기프트 숍과 방문자센터에서 방문객들은 동영상 관람과 투어, 시음으로 이루어진 2시간짜리 프로그램에 참여할 수 있다. 미식가를 위한 특별 코스로, 창립자 플레밍의 방에서 이루어지는 VIP코스와 저장고의 샘플 시음을 포함한 3시간짜리 '파운더스 투어' 프로그램도 준비되어 있다. 아버라워 증류소에 흥미가 있는 독자는 이메일로 뉴스레터를 받아볼 수 있다.

ABERLOUR

103

아버라워 10년

도수	40도
향	스파이스, 에스테르, 세리, 배, 민트 사탕
맛	중간 정도 무게감과 단맛. 꿀, 과일, 시나몬과 스모크의 다채로운 맛
피니시	꿀, 시나몬, 초콜릿 민트, 세리와 스모크로 이루어진 길고 건조한 피니시
C유형	롱몬 16년, 에드라도어 1995 보르도 피니시, 보나하벤 18년, 글렌파클러스 21년, 글렌모렌지 시그넷, 페터카렌 40년

프로필 특징

무게감	●●●○
달콤함	●●●○
스모크	●○○○
약내음	○○○○
담배	○○○○
꿀	●●●○
스파이스	●●○○
와인	●●○○
견과류	●●●○
몰트	●●●○
과일	●●●○
꽃	●●○○

Allt-a-Bhainne

증류가는 스피릿 세이프를 통해 도수와 투명도를 체크하면서 언제 '중류'를 채집할지 결정한다.

올트 아바냐

H

Allt-a-Bhainne Distillery
Glenrinnes Dufftown, Moray AB55 4DB
Tel : +44 (0) 1542 783200 [Glenlivet]

올트 아바냐는 게일어로 '우유 강'을 뜻한다. 올트 아바냐 증류소는 예전에 농부들이 젖소의 젖을 짜던 개울인 '우유 강'에 있다. 시그램사가 1975년 설립하였으며 1989년 시바스 리갈 블렌디드 위스키의 원액을 생산하기 위해 확장되었다. 더프톤 인근 벤리니스의 낮은 경사면이 갑자기 솟아오르는 곳에 있는 증류소는 효율적으로 가동하기 위한 매끈한 단층형 건물로 이루어져 있다.

올트 아바냐 증류소는 벤 리니스의 샘물을 위스키 용수로 사용하며, 피트 처리되지 않은 몰트를 재료로 쓴다. 갈퀴와 쟁기가 달린 전통적인 형태의 스테인리스스틸 여과조 1개, 스테인리스스틸 발효조 8개, 증류기 4개를 운용한다. 라인 암은 기이할 정도로 위로 높게 뻗어 있고, 2차 증류기 2개의 넥에는 보일 볼이 장착되어 있다. 이러한 설비들은 환류작용을 강화해 무거운 증기가 넥에서 액화되어 다시 증류되게 해서 가벼운 증류액만 증류해낸다.

여과조만 수동으로 운용하고 그 밖의 모든 설비는 컴퓨터로 통제하므로 혼자서도 증류소의 모든 작업을 진행할 수 있다. 그럼에도 생산량은 1년에 450만 리터에 달한다. 저장고를 운영하지 않으므로 생산된 증류액은 탱크에 담겨 키스에 있는 저장고로 보내진다. 증류액은 대부분 익스 버번 아메리칸 오크 리필 캐스크에 담겨 숙성되며, 스페셜 몰트 에디션을 위한 일부는 셰리 버트에 담겨 숙성된다.

올트 아바냐 증류소는 싱글몰트위스키를 직접 병입하지 않는다. 생산량은 대부분 시바스 리갈과 100 파이퍼스 등 블렌디드 위스키 원액으로 사용된다. 독립병입본을 통해서만 이 증류소의 싱글몰트위스키를 접할 수 있다. 대표적으로는 디어스토커 12년, 고든 맥페일 코노세어 초이스의 12년산 익스 버번 리필 배럴 숙성 위스키, 카덴헤드의 빈티지 위스키 등이 있다.

방문자센터를 따로 운영하지 않는다.

107

디어스토커 올트 아바냐 12년

도수	46도, 비냉각여과
향	파인애플, 풍선껌, 풀, 소나무와 감초의 가벼운 향
맛	식전주 스타일의 가벼운 무게감과 상당한 단맛. 셔벗, 바닐라 커스터드, 가벼운 스파이스와 토스트 향
피니시	과일, 스파이스와 감초로 이루어진 매우 짧고 간결한 피니시
H유형	스페이번 10년, 로크 로몬드, 글렌 스페이 F&F, 안녹 12년, 링크우드 F&F, 스페이사이드 12년, 글렌카담 10년, 드럼귀시, 발메낙 12년, 카두 12년

프로필	특징
무게감	● ○ ○ ○
달콤함	● ● ● ○
스모크	● ○ ○ ○
약내음	○ ○ ○ ○
담배	○ ○ ○ ○
꿀	● ○ ○ ○
스파이스	● ● ○ ○
와인	○ ○ ○ ○
견과류	● ○ ○ ○
몰트	● ● ○ ○
과일	● ● ○ ○
꽃	● ● ○ ○

아드벡

Ardbeg Distillery
Port Ellen, Isle of Islay PA42 7EB
Tel : +44 (0) 1496 302244
E-mail : oldkiln@ardbeg.com
www.ardbeg.com

Ardbeg

아드벡 증류소는 아일레이 섬 남단의 한적하고 아름다운 해안에 있다.

존 맥도갈이 1815년 세운 아드벡 증류소는 18세기 밀수꾼이 배를 대던 상륙지에 있다. 이 증류소는 아름답고 거친 시골 풍경을 따라 굽이굽이 난 좁은 길을 지나 도달할 수 있는 아일레이 섬의 남동쪽 해안의 한적하고 바람이 잦은 만에 있다. 6세기 켈트인의 유적인 킬달턴 크로스는 아드벡의 신비감과 은밀함을 한층 강화해준다.

우가달 호에서 바위와 초탄 사이를 흘러온 아름답고 부드러운 물이 아드벡을 만든다. 스테인리스스틸로 만든 세미 라우터 여과조, 미송나무 발효조 6개, 증류기 2개를 운영한다. 방아로 맥아를 빻고 증류기는 정화기를 거쳐 무거운 증기를 제거한다. 아드벡 위스키는 대부분 익스 버번 아메리칸 오크 캐스크로 숙성되지만 일부 특수 제품들은 셰리 캐스크에서 숙성된다.

아드벡 싱글 아일레이 몰트 스카치위스키는 냉각·여과하지 않은 10년산으로 판매된다. 아드벡 코리브레칸, 우가달, 탄화 느낌을 강렬하게 간직한 '엘리게이터'와 가볍게 피트 처리한 '순수한' 블라스다 아드벡이 주요 라인업을 구성한다. 때로 한정판 싱글 캐스크를 출시한다.

1998년 낡은 건조실과 몰트 저장고를 방문자센터로 개조하였다. 독특하고 고전적인 분위기를 자아내는 방문자센터는 아일레이 관광객에게 반드시 들러야 하는 장소가 되었다. 증류소를 여행하고 위스키를 시음하는 것뿐 아니라 부설 레스토랑인 '올드 킬른 카페'에서 가볍게 점심을 먹거나 차를 한잔하고, 기프트 숍에 들러 즐겁게 구경할 수도 있다.

증류소를 직접 방문하기 힘든 사람들을 위해 ardbeg.com에서는 가상여행을 제공한다. 아드벡의 팬을 위하여 아드벡 커미티도 운영한다. 커미티 회원들은 정기적으로 뉴스를 제공받으며, 2010년 아드벡 커미티 10주년을 기념하기 위해 출시된 아드벡 롤러코스터나 2011년의 아드벡 슈퍼노바 같은 특별 병입본을 살 수 있다.

111

아드벡 10년

도수	46도, 비냉각여과
향	강한 스모크, 소금향, 시트러스, 바나나, 풀, 코코아 향에 가려진 몰트향 약간이 어우러진 복잡한 향
맛	강한 무게감과 강한 단맛. 강렬한 피트와 요오드향, 코코아, 후추, 감초로 이루어진 크리미한 느낌
피니시	약과 소금, 후추로 이루어진 피트향을 중심으로 한 길고 풍부하고 복잡한 피니시
J유형	벤로막 피트스모크, 토민토웰 피티 탱, 킬호만 윈터 2010, 스모크헤드, 라프로익 10년

프로필 특징

무게감	●●●●○
달콤함	●●○○○
스모크	●●●●○
약내음	●●●○○
담배	○○○○○
꿀	●●○○○
스파이스	●●○○○
와인	○○○○○
견과류	●●○○○
몰트	●●○○○
과일	●●○○○
꽃	●○○○○

Ardmore

아드모어 증류소는 2001년까지 석탄불로 기열되는 증류기 4쌍을 운영했다.

아드모어

Ardmore Distillery
Kennethmont, Huntly, Aberdeensh re AB54 4NH
Tel: +44 (0) 1464 831213
www.ardmorewhisky.com

1898년 월리엄 티처&선즈의 애덤 티처가 보리와 애버딘앵거스 소고기로 유명한 보기 강변에 아드모어 증류소를 설립하였다. 1955년과 1975년에 확장된 아드모어 증류소는 규모 면에서 상당히 큰 증류소에 속하며, 티처스 블렌드 위스키의 키 몰트로 사용되는 몰트위스키를 생산한다. 노컨디 힐의 물을 사용하며, 스페이사이드 위스키 중 가장 강하게 피트 처리된 보리를 쓴다. '보디 투 하이 밀'이라는 특이하게 구리로 덮인 주조 철제 여과조 1개, 개솔송나무 발효조 14개, 1차 증류기 4개, 환류와 촉매작용을 강화하기 위한 보조 냉각기가 설치된 2차 증류기 4개를 운용한다. 발효 과정에서는 54시간 동안 살아 있는 특수한 세 가지 효모를 사용한다. 2001년 기존의 석탄 가열 방식 증류기를 증기 가열 방식 증류기로 대체하면서 연간 생산량이 500만 리터로 늘었다. 증류된 위스키 원액은 아메리칸 오크 버번 캐스크와 리필 캐스크에서 숙성된다. 생산량은 대부분 티처즈 하이랜드 크림을 만드는 데 원액으로 사용된다. 몇 달간 블렌딩용으로 아들레어 위스키를 생산하기도 하였다.

아드모어 증류소의 대표작은 아드모어 트래디셔널 캐스크로, 숙성 연한이 따로 표기되지 않는다. 아드모어 트래디셔널 캐스크는 특별한 피니시를 위해 숙성 마지막 1년 동안 쿼터 캐스크에서 숙성된다. 면세점에서 아드모어 25년산을 취급하며, 미국에서는 30년산을 판매한다. 고든&맥페일과 시그내토리에서 다른 다양한 빈티지를 판매한다.

증류소 주변의 따뜻한 공기를 타고 활강하는 스코틀랜드 검독수리를 증류소의 엠블럼으로 사용한다. 아드모어 트래디셔널 캐스크는 현재 다양한 위스키 가게에서 쉽게 구할 수 있다. 방문자센터와 투어 프로그램을 따로 운영하지 않는다. 하지만 몰트위스키를 잘 갖춰 둔 가게를 찾는다면 아드모어 트래디셔널 캐스크를 쉽게 만나볼 수 있을 것이다.

115

아드모어 트래디셔널 카스크

도수	46도, 비냉각여과
향	헤더스모크, 꿀, 과일, 스파이스와 소독약향이 약간 느껴지는 풍부한 향
맛	중간 정도의 무게감과 강한 단맛. 스모크한 맛과 흙의 맛이 두드러지지만 이 느낌이 꿀과 말린 과일에서 오는 단맛과 오크에서 오는 스파이스한 맛을 해치지 않는 선에서 잘 조화된 느낌
피니시	스모크와 스파이스로 이루어진 매우 긴 피니시가 감칠나게 이어짐
I 유형	코네마라 피티드, 올드 발란트루안 피티드, 세인트조지스 Ch 9, 아일 오 쥬라 수퍼스티션, 포트 샬롯 PC8, 글렌 스코샤 12년, 오번 14년, 롱토우 10년, 코웰 일라 12년 스프링뱅크 10년

프로필 특징

무게감	●●●○○
달콤함	●●●○○
스모크	●●●○○
약내음	●●●○○
담배	●●○○○
꿀	●●●○○
스파이스	●●○○○
와인	○○○○○
견과류	●●○○○
몰트	●●●○○
과일	●●●○○
꽃	●○○○○

아일 오브 아렌

Isle of Arran Distillery
Lochranza KA27 8HJ
Tel: +44 (0) 01770 830264
E-mail : visitorcentre@arranwhisky.com
www.arranwhisky.com

Isle of Arran

아렌 증류소는 아렌 섬 북쪽 로크란자의 한적하고 아름다운 계곡에 있다.

아일 오브 아렌 증류소는 1995년, 스코틀랜드에서 아름다운 곳 중 하나인 아렌 북부의 로크란자 마을에 설립되었다. 증류소 주변에는 붉은 사슴이 돌아다니고, 글렌 칼마데일의 바위 위로는 점박이 검독수리가 날아다닌다.

아렌은 유구한 위스키 제조의 역사를 지닌다. 19세기 세무관의 눈을 피할 수 있는 아렌의 오지 곳곳에 50개 이상 불법·비인가 증류소가 운영되었다. 그러니 스코틀랜드인들이 위스키를 꽤로 '아렌의 물'이라는 별명으로 부르는 것도 이상한 일은 아니다. 한때 아렌 위스키가 스코틀랜드 최고 위스키로 꼽혔다는 사실 역시 전혀 이상한 일이 아니다. 하지만 섬 특유의 격리성 때문에 발생한 운송료의 문제로 위스키 생산자들이 점점 위스키 생산을 포기하게 되었다.

몰락하던 아렌 위스키의 전통을 부활시킨 것은 이 증류소의 창립자 해럴드 커리의 고무적인 리더십이었다. 그의 지휘 아래 1995년에 개장한 증류소는 고전적인 파고다형 굴뚝과 현대적·기능적 건축 양식이 잘 어우러진 아름다운 증류소이다. 증류소 건물도 아름답지만 방문자센터의 아름다움도 뒤지지 않는다.

로크 나 다비의 피트가 포함된 연수를 사용하는 이 증류소는 스테인리스스틸 여과조 1개, 미송나무 발효조 4개, 특별하게 설계된 구리 증류기 2개를 운용한다. 증류된 위스키 원액은 아메리칸 화이트 오크 버번 배럴과 리필 배럴, 신선한 셰리 유로피언 오크 캐스크 등에서 숙성된다.

주요 라인업은 10년산과 14년산이다. 버번, 셰리, 포트나 소테른, 이탈리안 아마로네 와인 배럴 등으로 피니시를 한 다양한 캐스크 스트랭스 위스키도 생산한다. 14ppm 정도로 가볍게 피트 처리한 맥리 무어 위스키, 특별한 빈티지인 '아이콘즈 오브 아렌' 시리즈도 생산한다. 아이콘즈 오브 아렌 시리즈는 올로로소 셰리 버트로 피니시한 1997 '로완 트리', 1998 '웨스티', 2011년부터 판매하는 오스트리아 블로우프랭키시 레드 와인 배럴로 피니시한 2000 '슬리핑 워리어' 등은 물론 다양한 프리미엄 버번 피니시, 셰리 싱글 캐스크 등을 라인업으로 갖추었다. 싱글몰트뿐 아니라 로크란자와 로버트 번즈 같은 블렌디드 위스키, 아렌 싱글몰트위스키에 신선한 크림을 블렌딩한 아렌 골든 크림 리큐르도 생산한다.

1997년, 영국 여왕의 로얄 요트 브리타니아 여행 중에 방문자센터를 공식 개장하였다. 3월에서 10월까지 운영되는 방문자센터는 가이드 투어와 비디오 가이드를 제공한다. 18세기 마을 여관을 흉내 내 만든 방문자센터에는 밀수꾼의 통로와 아름다운 폭포 등 다양한 볼거리를 갖추고 있다. 방문자센터 부설 카페와 숍 역시 훌륭하다.

119

아렌 몰트 10년산

도수	46도
향	시트러스, 타르트 애플, 바닐라 아이스크림으로 이루어진 편안하고 크리미한 향
맛	크리미한 사탕, 오크, 레몬, 건포도, 육두구가 균형을 이룬 부드럽고 편안한 맛
피니시	약간의 레몬향, 오크, 새콤한 과일로 이루어진 중간 정도의 피니시
G유형	맥캘란 파인 으크 12년, 토모어 12년, 글렌터렛 10년, 블라드녹 8년

프로필 특징

무게감	●●○○○
달콤함	●●○○○
스모크	○○○○○
약내음	○○○○○
담배	○○○○○
꿀	●●○○○
스파이스	●●○○○
와인	●○○○○
견과류	●●○○○
몰트	●●○○○
과일	●●●○○
꽃	●●○○○

Auchentoshan

거친 보리 가루를 뜻하는 그리스트에 뜨거운 물을 섞어 당분과 녹말을 용해한다.

오큰토샨

Auchentoshan Distillery
Dalmuir Clydebank Glasgow G8l 4SJ
Tel : +44 (0) 1389 878 561
www.morrisonbowmore.co.uk

121

오큰토샨은 게일어로 '들판의 구석'을 뜻한다. 1823년 첫 허가를 받은 오큰토샨 증류소는 킬패트릭 힐의 초입, 달무어에 있다. 달무어는 유구한 항해의 역사를 지닌 곳이다. '커티삭' 같은 스쿠너(돛대가 2개 이상인 범선)도 이곳에서 출항했고, '퀸 엘리자베스 2세'호도 이곳에서 처녀 출항을 하였다. 1875년에 재건된 이 증류소는 제2차 세계대전 때 폭격당해 파괴되었다가 1949년에 수리되었고, 1974년 증축되었으며, 1980년 후반에 또 한 번 증축되었다.

현재 로우랜드에는 증류소가 5개 운영 중이고 3개 증류소가 개장을 앞두고 있다. 로우랜드 증류소의 전통에 따라 오큰토샨 증류소는 삼중증류방식을 사용한다. 1차 증류액이 다른 곳보다 두 배 더 증류된 증류 원액은 더 가볍고 정제되어 있다. 오큰토샨 위스키는 '로우랜드 몰트'의 대표 중 하나라고 할 수 있을 것이다.

오큰토샨 증류소는 로크 카트린의 물을 용수로 사용하며 제2차 세계대전 때 폭격으로 만들어진 작은 호수의 물을 냉각수로 사용한다. 피트 처리되지 않은 몰트를 주문하여 사용한다. 구리 덮인 스테인리스스틸 여과조 1개, 미송나무 발효조 4개, 증류기 3개를 사용한다. 1차 증류기에서 얻어진 증류액은 알코올 도수가 18%에 불과하지만, 중계 증류기를 거치면 알코올 도수는 54%까지 올라가고 2차 증류기를 통해 최종적으로 81%까지 올라간다. 이는 스카치위스키 원액 중 가장 높은 도수다. 이렇게 증류된 원액은 기본적으로 아메리칸 버번과 스패니시 셰리 캐스크에서 숙성된다. 피니시하기 위해 스페인에서 직수입된 올로로소 캐스크나 스위트 페드로 히메네즈 셰리 캐스크를 사용하기도 한다.

주요 라인업은 숙성 연한이 표기되지 않은 클래식과 셀렉트 몰트 두 종류로 이루어진다. 이 밖의 라인업으로는 12, 16, 18, 21년산이 있다. 특별한 라인업으로는 아메리칸 버번 혹스헤드에서 12년간 숙성하고, 올로로소 셰리 캐스크에서 12개월, 스위트 페드로 히메네즈 캐스크에서 12개월간 숙성한 '쓰리 우드'가 있다. 캐스크 스트랭스로는 1977 피노 셰리, 1988 버번, 1988 보르도, 1998 피노 셰리 캐스크 등이 있다. 오큰토샨에서 생산된 위스키 중 숙성 연한이 가장 긴 것은 1957년에 증류된 오큰토샨 50년산이다. 세계위스키협회를 비롯해 다양한 곳에서 수상한 경력이 있다. 연중무휴로 운영되는 훌륭한 방문자센터를 운영한다. 투어와 시음, 동영상을 제공하고 회의실 등 다양한 편의 시설이 준비되어 있다. 해마다 개장기념일에는 특별한 병입 행사 등 다양한 행사를 진행한다.

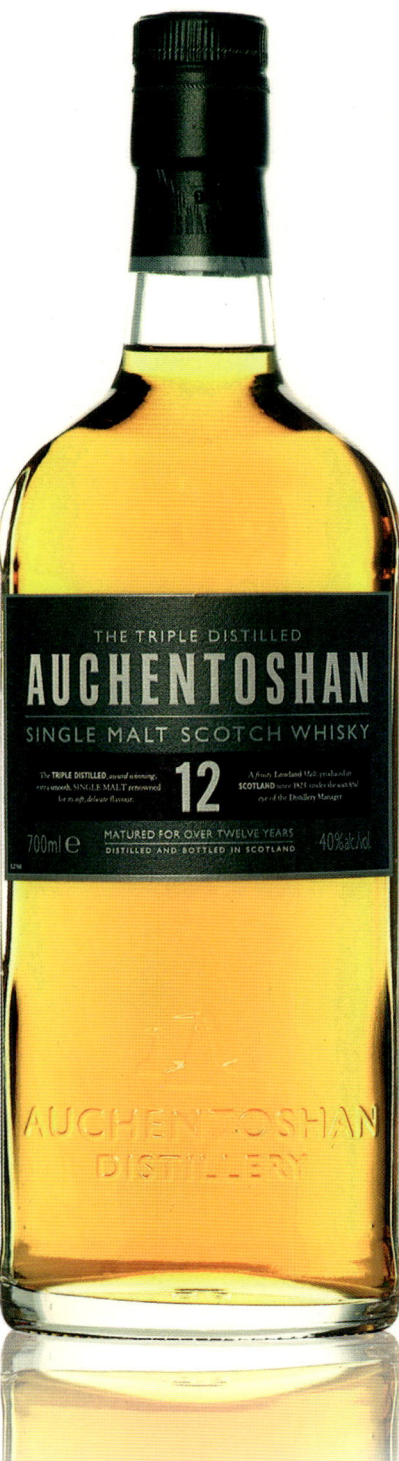

오큰토샨 12년

도수	40도
향	토피, 시트러스, 꿀, 셰리, 구운 아몬드
맛	중간 정도 무거감과 중간 정도 단맛. 오렌지, 무화과, 스파이스와 스모크 약간
피니시	견과류, 셰리, 세비야 마멀레이드로 끝나는 긴 피니시
E유형	툴리바딘 1992, 밀톤더프 10년, 글렌둘란 F&F, 올드 풀트나이 12년, 툴라바딘 마르살라 1993, 글렌로시스 1992, 글렌 엘긴 12년

프로필 특징

무게감	●●○○○
달콤함	●●○○○
스모크	●○○○○
약내음	○○○○○
담배	○○○○○
꿀	●●○○○
스파이스	●○○○○
와인	●●○○○
견과류	●●○○○
몰트	●●○○○
과일	●●○○○
꽃	●●○○○

123

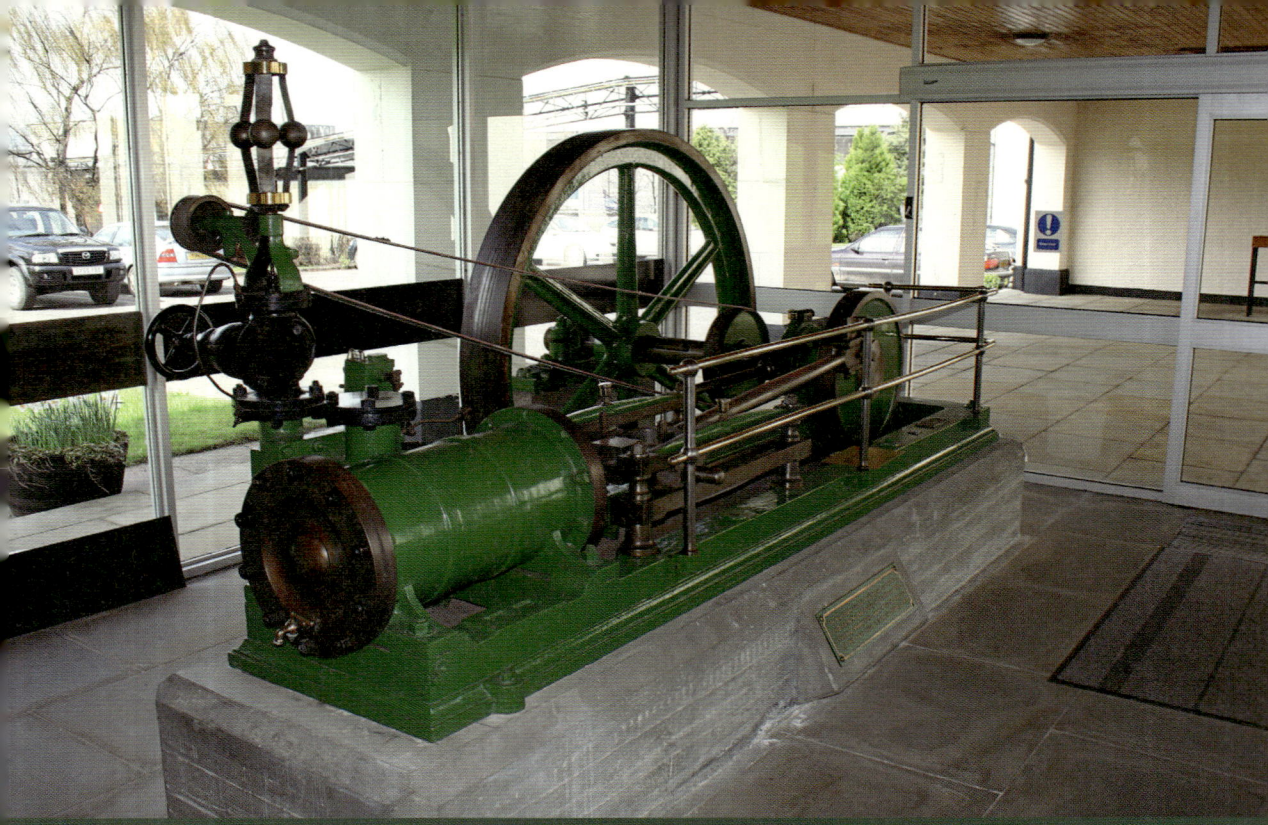

Auchroisk

스트라스밀 증류소의 현관에는 빅토리아식 증기 엔진이 전시되어 있다.

오스러스크

Auchroisk Distillery
Auchroisk Distllery, Mulben, Banffshire AB55 3XS
Tel : +44 (0) 1542 860333

오스러스크 증류소는 1974년 모델 증류소로 지어졌다. 쇼케이스로 만들어진 증류소 건물 안에는 2열로 정리된 랜턴형 단식 증류기 8개가 자리 잡고 있다. 게일어로 '붉은 강을 건너다'를 뜻하는 '오스러스크'는 발음이나 의미나 조금 복잡한 느낌을 주어 예전에는 '오스러스크 위스키' 대신 '싱글톤 위스키'라는 이름으로 위스키를 생산했다.

오스러스크 증류소는 도리즈 웰의 물을 사용하는데, 이 물은 미네랄이 거의 들어 있지 않은 연수로 품질이 매우 훌륭하다. 도리즈 웰은 오스러스크 증류소 위치 선정의 핵심 이유이다. 스테인리스스틸 여과조 1개, 스테인리스스틸 발효조 8개, 증류기 8개를 운용한다. 여기서 사용되는 증류기는 목이 매우 길고, 라인 암이 거의 수평이다. 이는 J&B 블렌디드 위스키의 가볍고 우아한 키 몰트를 생산하기 위해 특별히 고안된 것이다. 오스러스크 증류소는 여전히 J&B 위스키의 핵심을 담당하며, 다양한 블렌드 위스키의 원액용 위스키를 생산한다. 증류된 원액은 기본적으로 아메리칸 오크 버번 캐스크에서 숙성되지만, 단순히 버번 캐스크만 사용되는 것은 아니다. 오스러스크 증류소는 몰트위스키에 셰리 피니시를 도입한 최초의 증류소로 유명하다. 셰리 피니시는 숙성 마지막 해를 셰리 캐스크에서 숙성하는 방식으로 만들어진다.

디아지오의 플로라&파우나 시리즈의 오스러스크 싱글 스페이사이드 몰트위스키 10년산이 이 증류소의 대표작이라 할 수 있을 것이다. 20년산 스페셜 릴리즈와 매니저스 초이스 1999 빈티지도 이 증류소의 라인업을 구성한다. 또한 오스러스크 위스키에는 고든&맥페일의 12년산, 던컨 테일러의 1999 빈티지 등 다양한 독립병입본이 있다. '싱글톤 위스키' 시절에는 기본적으로 '싱글톤 10년산'으로 병입되었는데, 이는 다양한 국제대회에서 많은 상을 수상한 명품 위스키였다. 증류소 건물의 처마 아래 둥지를 짓고 생활하는 칼새를 엠블럼으로 사용한다. 방문자센터나 투어를 운영하지 않는다.

127

오스러스크 10년

도수	43도
향	시트러스와 약간의 스모크함으로 이루어진 향긋한 꿀의 향
맛	중간 정도의 두께감과 강한 단맛. 으깬 사과, 레몬, 바닐라의 단맛과 소금맛 약간
피니시	곡물 비스킷과 시트러스로 이루어진 중간 정도 길이의 건조한 피니시
E유형	글렌 엘긴 12년, 글렌로시스 1991, 토마틴 12년, 몽키 숄더, 오큰토샨 12년

프로필 특징

무게감	●●○○○
달콤함	●●●○○
스모크	●●○○○
약내음	●●○○○
담배	○○○○○
꿀	●●○○○
스파이스	●○○○○
와인	●○○○○
견과류	●●○○○
몰트	●●●○○
과일	●●●○○
꽃	●○○○○

Aultmore

올트모어 증류소의 대형 구리 1차 증류기

올트모어

Aultmore Distillery
Keith Banffshire AB45 3JT
Tel : +44 (0) 1542 881 800
www.dewars.com

1896년 알렉산더 에드워드 키스가 키스 인근에 올트모어 증류소를 설립했다. 게일어로 '커다란 강'을 뜻하는 올트모어는 포기 모스 옆을 흐르는 강 이름이다. 포기 모스의 양질의 피트와 구릉을 둘러싼 질 좋은 수원들 덕에 이곳은 불법 증류가들에게 사랑받던 장소였다. 스코틀랜드 북부철도에 속한 키스-버키 노선과의 접근성 역시 이 증류소의 위치로 인한 장점이라 할 수 있다. 증류소 인근 마을은 증류소 일꾼들을 위해 건설된 일종의 계획도시다. 1960년대 중반 이곳에서 큰 사고가 일어났다. 증류소 기차의 브레이크가 파열되어 증류소의 기차가 키스 역으로 그대로 돌진한 것이다. 이 사고 직후 키스-버키 노선은 폐쇄되었다.

올트모어 증류소는 거의 70년간 10마력의 아버네시 증기 엔진을 동력원으로 사용해왔다. 라인 샤프트와 벨트로 이루어진 새로운 시스템이 도입된 이후에야 생산성이 좀 나아졌다. 증류소의 전성기 시절에 사용하던 아버네시 증기 엔진은 전력 효율성 면에서 최악이었다. 이 증기 엔진은 현재 건물 입구의 홀에 자랑스럽게 전시되어 있다. 1950년대 초에는 업계 최초로 위스키 생산의 부산물인 증류 찌꺼기와 지게미를 섞어 고단백 동물 사료로 사용하는 '다크 그레인'을 생산했다. 현재 대부분의 증류소가 올트모어 증류소의 뒤를 따라 증류 찌꺼기를 재활용하여 동물 사료로 사용한다. 이는 위스키 생산 체계를 조금 더 친환경적으로 만들어준 것이다.

1971년 증류소를 증축했다. 기능적인 건축물이 증축되고 생산량은 2배로 늘었다. 오킨데란번의 물을 용수로 사용하며, 스테인리스 스틸 라우터 여과조 1개, 시베리안 라크 발효조 6개, 증류기 4개를 운용한다. 연속적으로 균일한 양의 물을 혼입해주는 최신식 여과조를 운용하는데, 이 여과조는 내부의 갈퀴와 칼날이 상하좌우로 움직이며 보리의 당분을 최대한 추출해낸다. 생산된 위스키는 아메리칸 버번 캐스크와 리필 혹스헤드, 셰리 버트 등에서 숙성된다. 듀어스의 포트폴리오로 1998년 바카디에 인수되었다.

올트모어 싱글 하이랜드 몰트위스키의 대표작은 올트모어 12년산이며, 고든&맥페일과 던컨 테일러에서 독립병입본을 판매한다. 이 위스키는 블렌더들 사이에서 언제나 최고로 평가받으며, 생산량의 많은 부분이 듀어스 블렌디드의 원액으로 사용된다. 듀어스의 월드 오브 위스키와 아버펠디 그리고 전문적인 위스키 가게 등에서 올트모어 싱글몰트위스키를 만날 수 있다. 방문자센터를 운영하지는 않지만 예약을 통해 증류소를 방문해 볼 수 있다.

131

올트모어 12년산

도수	40도
향	비온 뒤 여름의 풀밭과 여름 과일 같은 향긋한 느낌
맛	꿀, 바닐라, 시트러스에 세리향 약간이 더해진 꽃, 풀의 달콤하고 식물적인 맛
피니시	과일향이 나는 가벼운 중간 정도의 피니시
H유형	스페이사이드 ˙2년, 탐두, 글렌 그랜트 10년, 안녹 12년, 글렌카담 10년

프로필	특징
무게감	●●○○
달콤함	●●○○
스모크	●○○○
약내음	○○○○
담배	○○○○
꿀	●○○○
스파이스	○○○○
와인	●○○○
견과류	●●○○
몰트	●○○○
과일	●●○○
꽃	●●○○

발블레어

Balblair Distillery
Edderton, Tain, Ross-shire IV19 1LB
Tel : + 44 (0) 1862 821273
www.balblair.com

1790년 존 로스가 설립한 발블레어 증류소는 스코틀랜드에 있는 상당히 오래된 증류소로서, 하이랜드에서는 가장 오래된 증류소이다. 19세기 후반까지는 로스 가문이 운영했으나 뒤에 알렉산더 코원에게 매각되었다. 코원은 발블레어 증류소를 50년간 운영하다가 로버트 버티 커밍에게 매각하였다. 알프레드 바너드는 1886년 이 증류소를 방문하고는 이렇게 기록을 남겼다. "확장된 증류소의 설비들이 언덕의 경사면을 따라 쭉 배치되었다. 중력의 힘을 활용하는 이 증류소의 독특한 구조 덕에 작업 과정에서 어떠한 펌프도 필요 없어 보인다."

발블레어 증류소는 도로노크 퍼스 해안의 에더튼 영지(피트의 본원으로 유명한 곳)로 흐르는 알트 더그 번의 강물이 스트루이 힐을 지나는 아름다운 시골에 있다. 증류소 주변에는 클라크 바이오라크라

는 픽트인의 비석이 우뚝 서 있다. 발블레어 위스키의 포장에 이것이
그려져 있다.

　1894년 버티 커밍은 기존의 증류소 근처에 새로운 증류소를
증축하고, 스코틀랜드 북부철도의 독립 지선을 만든다. 1960년
대에는 증기 가열식 증류기 3대를 증축한다. 발블레어 증류소는
스코틀랜드에서는 유일하게 리벳형 1차 증류기를 보유하고 있다.
이 1차 증류기는 1969년을 마지막으로 퇴역하였다. 스테인리스스
틸 여과조 1개, 미송나무 발효조 6개, 소형 증류기 2대를 운용한다.
증류기는 대형 가열조와 두꺼운 넥 그리고 냉각기를 향해 아래로 뻗
은 라인 암으로 이루어진 특이한 형태다. 이러한 형태의 증류기를 이
용해 발블레어 증류소는 증류 초기 단계의 과일향 에스케르와 발블
레어의 '보디감'을 책임지는 증류 후기 단계의 무거운 느낌을 모두
놓치지 않는다. 위스키 증류액의 도수는 너무 거친 느낌을 주지 않
는 60%로 맞춘다. 제2차 세
계대전 때 군용식당으로 개
조된 저장고 1개를 제외한
모든 저장고가 흙바닥으로
되어 있다.

발블레어 증류소는
도노크 퍼스 해안의
스코틀랜드 북부철도와
인접해 있다.

　발블레어 위스키가 증류
되는 도노크 퍼스 에더튼의
공기는 스코틀랜드에서 가
장 깨끗하다. 북해에서 불어
오는 바람은 위스키에 날카

로움과 깔끔함을 더해준다. 카무스커리 베이를 소용돌이치며 흘러온 이 바람은 소금기를 약간 머금고 있다. 소금기를 머금고 바닷가에 있는 해송 사이를 흘러 마침내 증류소에 도달하는 이 바람은 무척 신선하다. 발블레어 위스키에 부드러움과 가벼움, 섬세함과 신선함을 부여하는 것이 이 깨끗한 바람이다.

발블레어 싱글 하이랜드 몰트 스카치위스키는 다양한 빈티지 라인업을 갖추고 있다. 1989, 1997, 2000 같은 것은 쉽게 구할 수 있고, 1965, 1975, 1978 같은 것은 비교적 희귀하다. 발블레어 16년산은 2005년 샌프란시스코 국제주류박람회에서 금메달을 획득했다.

발블레어 증류소는 19세기의 느낌을 여전히 간직하고 있는 매력적인 소형 증류소다. 방문자센터를 운영하지는 않지만 예약을 통해 증류소를 둘러볼 수 있다.

발블레어 2000

도수	43도
향	배, 파인애플, 코코넛, 바닐라와 적당한 스모크함이 조화된 상쾌한 과일향
맛	중간 정도 무게감과 단맛. 청포도, 벌집, 바닐라, 토피와 신선한 오크의 스파이스한 맛
피니시	바닐라, 과일, 스파이스향이 느껴지는 매우 짧고 간결한 피니시
H유형	카두 12년, 올트 아바냐 12년, 스페이번 10년

135

프로필	특징
무게감	●●○○
달콤함	●●●○
스모크	●○○○
약내음	○○○○
담배	○○○○
꿀	●●○○
스파이스	●●○○
와인	○○○○
견과류	●○○○
몰트	●●○○
과일	●●●○
꽃	●○○○

발메낙

Balmenach Distillery
Cromdale, Moray PH26 3PF
Tel : +44 (0) 1479 872569
www.inverhouse.com

Balmenach

발메낙 증류소는 19세기 불법 증류의 온상이었던 한적한 구릉지에 있다.

불법 증류가 삶의 한 가지 방식이던 1800년대에 토민토웰의 한 농부 가문이 발메낙 증류소를 설립했다. 불법으로 증류소를 운영하던 농부였던 제임스 맥그레고르는 1823년 징세법이 입법되자 1824년 증류소를 허가받음으로써 스페이사이드 최초의 인가 증류소가 탄생하였다. 발메낙 증류소는 다양한 역사적 사건의 배경이 되어 준, 스페이 강의 최초 분기점 근처인 크롬달에 있다. 근처의 톰 레센드리 언덕에는 1690년 4월 크롬달 전투에서 패한 재커바이트의 잔당이 은거지로 사용하던 성의 폐허가 펼쳐져 있다.

1885년 증류소를 방문한 알프레드 바너드는 불법 증류소의 수원으로 사용되던 지저천이 흐르는 한 동굴을 방문했다. 그 동굴에는 세무관들이 불법 증류소를 습격해서 증류 시설을 파괴하는 장면을 묘사한 벽화가 그려져 있었다. 1897년 발메낙-글렌리벳이 설립되어 스트라스스페이 철도의 독자적 지선을 건설하였는데, 이 철도는 1969년까지 운행되었다. 제2차 세계대전 중에는 영국 육군 통신대가 임시 병영으로 사용하면서 증류소는 잠시 운영이 중단되었다. 1941년 폐쇄된 증류소는 1947년 운영을 재개하였고, 1962년 증류기 6개를 운영하는 규모로 확장되었으며, 1968년 당화소 건물이 새로 건설되었다. 1993년 다시 운영이 중단되었다가 1997년 인버 하우스 디스틸러가 인수하여 다시 운영을 시작하였다.

발메낙 증류소는 라스무딘 번을 수원으로 사용한다. 철로 주조하고 구리로 덮은 대형 여과조 1개, 개솔송나무 발효조 6개, 환류를 강화하기 위해 넥에 보일 볼이 장착된 소형 증류기 6개를 운영한다. 1977년 하이드 파크에서 열린 엘리자베스 여왕 즉위 25주년 기념식

에 사용된 1차 증류기 1개에는 이를 기념하는 특별한 장식물이 붙어 있다. 특유의 고기향을 내기 위해 여전히 고전적인 90m(295피트) 길이의 나선형 냉각기를 사용한다. 냉각기뿐 아니라 생산 방식에서도 대부분 고전적인 방식을 고수한다.

1998년 3월, 재개장한 이후 첫 위스키가 증류되었다. 이 위스키는 아메리칸 버번 캐스크와 리필 캐스크에 담겨 전통적인 더니지 저장고에서 숙성되었다. 아쉽게도 인버 하우스 디스틸러는 발메낙 몰트위스키를 따로 판매하지 않는다. 그렇기에 발메낙 하이랜드 싱글몰트위스키를 맛보려면 디어스토커, 고든&맥페일, 던컨 테일러 등의 독립병입본을 구해볼 수밖에 없다. 현재 맥아더, 카토, 행키 바니스터, 블레어모 등 블렌디드 위스키 원액을 생산하는 데 주력하고 있으며, 진과 보드카도 생산한다. 발메낙 증류소는 방문자센터를 따로 운영하지 않지만 예약하면 증류소를 방문할 수 있다.

138

139

디어스토커 발메낙 12년

도수	46도
향	과일, 버터스카치, 꿀이 조화되어 증류주 자체의 느낌이 살아 있는 향긋하고 깔끔한 향
맛	가벼운 무게감과 중간 정도의 단맛. 바닐라, 배, 솜사탕과 버터스카치향이 가미된 크림과 몰트의 맛
피니시	배와 크림으로 된 짧고 달콤한 피니시
H유형	글렌 그랜트 10년, 안녹 1991, 탐두, 스페이번 10년, 스페이사이드 12년

프로필 특징

무게감	●○○○○
달콤함	●●○○○
스모크	●○○○○
약내음	○○○○○
담배	○○○○○
꿀	●●○○○
스파이스	●○○○○
와인	○○○○○
견과류	●●○○○
몰트	●●○○○
과일	●●○○○
꽃	●●○○○

Balvenie

발베니 증류소는 전통적인 플로어 몰팅 방식을 고수하는 극소수 증류소 중 하나다.

발베니

Balvenie Distillery
Dufftown, Banffshire AB55 4DH
Tel : +44 (0) 1340 822210
www.thebalvenie.com

141

글렌피딕 증류소 창립자인 윌리엄 그랜트가 1982년에 설립한 발베니 증류소는 인근의 유적지인 발베니 성의 이름을 증류스 이름으로 사용한다. 전통을 중시하는 발베니 증류소는 증류에 쓰는 보리 가운데 일부를 증류소에 소속된 농장에서 직접 수확해서 사용한다. 나무삽으로 당화된 보리를 일일이 섞는 전통적인 플로어 몰팅을 고수하고 있는 몇 안 되는 증류소 중 하나다.

발베니 증류소는 매력적인 빅토리아풍 건축 양식을 한 세기 동안 고수하고 있다. 몰트 처리소는 파고다형 굴뚝을 뽑내며, 여전히 무연탄과 피트의 불로 맥아를 말리는 전통 방식을 고수하고 있다. 스테인리스스틸 여과조 1개, 개솔송나무 발효조 9개, 스테인리스스틸 발효조 5개, 1차 증류기 5개, 2차 증류기 6개를 운용한다. 콘발 힐의 개울을 수원으로 사용하며, 증류된 위스키를 아메리칸 익스 버번 배럴과 유로피언 셰리 캐스크에서 숙성시킨다. 기본적으로 가볍게 피트 처리된 보리를 사용하나 2002년부터 조금 더 무겁게 피트 처리된 보리로 만든 위스키도 생산한다. 발베니 증류소는 증류소 차원에서 통을 수선하려고 통장이를 고용하였으며, 증류기를 수선하기 위해 대장장이를 고용하였다.

주요 라인업으로는 발베니 더블우드 12년산, 시그내처 12년산, 골든캐스크 14년산(트래블 리테일 한정판), 싱글배럴 15년산, 피티드 캐스크 17년산(한정판), 포트우드 21년산, 발베니 30년산과 40년산이 있다. 발베니 더블우드는 전통적인 아메리칸 버번 캐스크에서 숙성된 뒤 셰리 오크 버트로 피니시한다. 포트우드는 포트 파이프로 피니시하였는데, 분홍 빛깔과 풍부한 과일향을 자랑한다. 골든캐스크는 골든 캐러비안 럼을 숙성한 캐스크로 피니시했다.

2005년 새롭게 개장한 방문자센터는 투어와 시음을 제공한다. 몰트 처리 기간에는 예약하면 통 작업과 플로어 몰트 처리 과정을 구경할 수 있다. 발베니 홈페이지에서 '웨어하우스 24클럽'에 가입하면 위스키 아카데미 참가, 뉴스와 특별 주문행사에 참여할 수 있다.

143

발베니 더블우드 12년

도수	40도
향	올로로소 셰리, 서비야 오렌지, 토피와 스파이스의 향이 가득한 달콤한 향
맛	상당한 무게감과 달콤함. 강렬한 셰리 느낌에 오렌지, 버터스카치, 헤더 꿀, 스파이스와 스모크가 결합된 느낌의 맛
피니시	셰리와 시나몬으로 된 따뜻하고 긴 피니시
A유형	글렌피딕 솔레라 15년, 에드라도어 1984 페드로 히메네즈, 에드라도어 1983 포트우드

프로필 특징

무게감	●●●○
달콤함	●●●○
스모크	●○○○
약내음	○○○○
담배	○○○○
꿀	●●○○
스파이스	●●○○
와인	●●●○
견과류	●●○○
몰트	●○○○
과일	●●●○
꽃	●●○○

벤 네비스

Ben Nevis Distillery
Lochy Bridge, Fort William, Highlands and Islands PH33 6TJ
Tel : +44 (0) 1397 702476
www.bennevisdistillery.com

토굴빈의 농부 존 맥도널드가 1825년 벤 네비스 증류소를 설립하였다. 그의 아들 피터 맥도널드는 근처에 제2의 벤 네비스 증류소를 건설하며 사업을 확장하였다. '롱 존스 듀 오브 벤 네비스'라는 이름의 배티드 몰트위스키를 생산하여 크게 성공을 거두었다. 1884년 위스키 생산량이 98만 4,200리터에 달했는데, 이는 당시 인근의 경쟁 증류소들이 생산하는 위스키의 거의 두 배나 되었다. '롱 존'은 여전히 블렌디드 위스키의 이름으로 남아 있다.

빅토리아 여왕이 1848년 스코틀랜드를 순방할 때 이 증류소를 방문한 적이 있다. 벤 네비스 증류소는 이에 대한 보답으로 버킹엄 궁전에 위스키를 한 배럴 보냈다. 이 위스키는 1862년 웨일스 대공의 21세 생일 기념으로 개봉되었다.

벤 네비스 증류소는 1865년 재건되었고, 로크 린네에 선착장이 세워진 1887년에 또다시 증축되었으며, 웨스트 하이랜드 레일웨이에 독자 지선을 건설한 1894년 또 한 번 증축되었다. 1955년에는 연속 증류기를 도입하였으나 1978년 퇴역되었다.

벤 네비스 증류소는 브리튼에서 가장 높은 산인 벤 네비스 산맥의 두 호수에서 흘러내려온 '방앗간 강'이라는 뜻의 알트 아 물린 강물을 수원으로 사용한다. 대형 스테인리스스틸 라우터 여과조 1개, 스테인리스스틸 발효조 6개, 미송나무 워쉬툰 2개, 목이 구부러진 단식 증류기 4개를 운용하며, 1년에 150만 리터의 증류주를 생산한다. 생산된 위스키는 익스 버번 아메리칸 오크, 익스 셰리 유로피언 오크, 리필 캐스크 등에 담겨 증류소가 운영하는 6개 저장고에서 숙성된다.

국제 품평회에서 다양한 상을 차지한 명품인 벤 네비스 10년산은 강렬한 셰리 느낌을 품고 있다. 벤 네비스 트래디션 몰트는 숙성 연한이 표기되지 않으며, 25ppm 정도로 피트 처리되었다. 프리미엄

하이랜드 소 한 쌍이 살고 있는 벤 네비스 증류소. 소의 이름은 벤과 네비스다.

싱글 캐스크로는 25년산과 40년산이 있다. 벤 네비스의 몰트위스키를 원액으로 사용하는 블렌디드 위스키로는 스페셜 리저브, 슈프림 셀렉션, 블루 라벨, 듀 오브 벤 네비스 올드 디럭스 12년 등이 있으며, 배티드 몰트위스키로는 글렌코가 있다.

1911년, 포드사의 자동차 T가 자동차 최초로 벤 네비스산 정상 등정에 성공하자 이를 기념하는 백 주년 기념판, 챌린지 1911~2011 디캔터를 생산했다. 1911년의 등정을 기념하기 위해 2011년에는 일군의 등산가들이 포드 자동차의 부품을 짊어지고 올라가 산 정상에서 포드 자동차 모형을 조립하였다(차를 직접 몰고 가지 않은 까닭은, 아쉽게도 1911년과 달리 자동차 등산 허가가 나지 않았기 때문이다). 벤 네비스 자동차 등정을 기념하는 모형 자동차와 벤 네비스 한정판 위스키는 포트윌리엄스박물관에 전시되어 있다.

1862년부터 사용되던 저장고를 개조한 방문자센터는 연중무휴로 운영되면서 투어와 시음, 전시를 제공한다. 방문자센터에는 훌륭한 카페와 숍이 운영되고 있다.

147

BEN NEVIS

Ten Years Old

DISTILLED AND BOTTLED IN SCOTLAND

SINGLE HIGHLAND MALT
SCOTCH WHISKY

BEN NEVIS DISTILLERY (FORT WILLIAM) LIMITED

70cl   46% vol

벤 네비스 10년산

도수	46도
향	아로마, 에스테르, 말린 과일, 무화과, 토피, 스파이스, 약간의 달콤한 담배와 피트 연기향
맛	상당한 무게감과 달콤함. 캐러멜, 말린 고일, 셰리, 오크, 바닐라의 맛
피니시	크리스마스 케이크, 셰리에 절인 건포도, 오크향 바닐라로 이루어진 길고 풍부하며 만족스러운 피니시로, 연기향이 길게 이어짐
C유형	글렌파클러스 25년, 로얄 로크나가 12년, 토마틴 18년, 글렌파클러스 12년

프로필 특징

프로필	특징
무게감	●●●●
달콤함	●●●○
스모크	●●○○
약내음	○○○○
담배	●○○○
꿀	●●○○
스파이스	●●○○
와인	●○○○
견과류	●●○○
몰트	●○○○
과일	●●●○
꽃	●●○○

벤리악

Benriach Distillery
Elgin, Moray IV30 3SJ
Tel: + 44 (0) 1343 862 888
www.benriachdistillery.co.uk

Benriach

엘긴의 건축가 찰스 도이그의 디자인을 따른 파고다형 굴뚝은 이 지역의 랜드마크라 할 수 있다.

벤리악은 게일어로 '붉은 사슴의 계곡'을 뜻한다. 증류소를 둘러싸고 있는 테인드랜드 숲에서 때로 붉은 수사슴들이 울부짖는다. 벤리악 증류소라는 명칭은 1898년 롱몬 증류소를 설립한 존 더프의 리악 농장에서 유래했다. 훌륭한 수원에 스코틀랜드 북부철도와의 접근성이 고려된 위치에 설립된 이 증류소는 철도로 롱몬 역과 연결되어 있다. 하지만 패티슨 사태와 위스키 산업의 불황이 겹친 탓에 생산을 시작한 지 2년 만에 폐업하여 1965년까지 위스키를 생산하지 못하였다. 이 기간에는 증류소에 부설된 플로어 몰팅 처리소만이 운영되어 롱몬 증류소에 납품하는 몰트를 생산하였다. 2002년에는 몰트 생산마저도 중단했다가 2004년 적극적인 증류가들이 이 증류소를 인수하여 새로운 미래를 구상하기 시작하였다.

벤리악 증류소는 글렌 오브 로시스의 상징이 된 파고다형 굴뚝이 달린 빅토리아풍 석재 증류소를 본관으로 사용한다. 증류소 아래의 바위를 타고 올라온 번사이드 스프링을 수원으로 사용하며, 피트 처리되지 않은 몰트와 피트 처리된 몰트를 각각의 용도에 맞게 쓴다. 스테인리스스틸 여과조 1개, 스테인리스스틸 발효조 8개, 중형 워시스틸 2개, 중형 2차 증류기 2개를 운용한다. 위스키는 아메리칸 버번 배럴과 유로피언 셰리 캐스크, 리필 캐스크 등에서 숙성된다.

현재 시판되고 있는 벤리악 위스키는 1999년 증기 가열 방식을 도입하기 이전에 전통적인 플로어 몰팅 방식으로 몰트 처리한 보리로 만든 것이다. 마노크 힐에서 채취한 피트를 사용해 전통적으로 보리를 건조했던 건조장에는 때때로 불이 나기도 했다. 이러한 전통적인 방식의 피트 몰팅이 벤리악의 '깊은 피트맛'을 가능케 했다. 생산된 위스키 가운데 일부는 블렌디드 위스키의 원액으로 사용되었지만, 대부분은 싱글몰트로 병입하기 위하여 숙성되고 있다.

벤리악 싱글 하이랜드 몰트는 클래식 스페이사이드에 포함된 라인업으로 숙성 연한이 표기되지 않은 하트 오브 스페이사이드와 12, 16, 20, 25, 30, 40년산을 보유하고 있다. 피트 처리된 벤리악 라인업으로는 숙성 연한이 표기되지 않은 버니 모스, 큐리오시타스 10, 오센티쿠스 21이 있다. 강한 피트향을 자랑하는 마데렌시스, 헤레도투스, 임포탄티쿠스, 아루마티쿠스 푸모수스도 있다. 벤리악 호라이즌 12년산은 특이하게도 3중 증류한 원액을 3년간 올로로소 셰리로 피니시한 위스키다. 벤리악 우드 피니시 시리즈로 다크럼, 마데이라, 토니포트, 페드로 히메네즈, 클라레, 소테른, 버건디, 리오하, 가야 바롤로, 모스카텔 등 다양한 피니시 라인업을 선보이고 있다. 이들은 15~18년간 숙성되었다. 이 밖에도 무척 다양한 한정판 싱글 캐스크 라인업을 자랑한다. 방문자센터는 조만간 건립될 계획이며, 예약하면 투어를 즐길 수 있다.

150

151

벤리악 12년

도수	40도
향	꿀과 과일의 가벼운 향
맛	중간 정도의 무게감과 상당한 단맛. 갱엿, 여름 과일, 토피, 사과맛에 스모크가 약간 더해짐
피니시	갱엿과 토피로 장식되는 보통 정도 길이의 피니시
G유형	글렌 머레이 12년, 글렌터렛 10년, 글렌 기어리 파운더스 리저브, 글렌킨치 12년, 토민토웰 14년, 브룩라디 라디 클래식, 스트라스밀 F&F 12년, 블라드녹 8년, 토모어 12년

프로필 특징

무게감	●●○○○
달콤함	●●●○○
스모크	●○○○○
약내음	○○○○○
담배	○○○○○
꿀	●●○○○
스파이스	●●○○○
와인	○○○○○
견과류	●●○○○
몰트	●●○○○
과일	●●○○○
꽃	●●○○○

Benrinnes

독자적 아름다움을 간직한 벤리니스 산은 하이킹의 명소다. 석회암으로 이루어진 꼭대기에서는 여덟
개 주를 내려다볼 수 있다. 이 산에는 붉은 사슴, 산토끼와 뇌조가 서식한다.

벤리니스

Benrinnes Distillery
Aberlouer, Banffshire AB38 9NN
Tel : +44 (0) 1340 872600
www.malts.com

153

벤리니스 증류소는 스페이사이드와 머레이 퍼스를 한눈에 내려다볼 수 있는 높이 840m에 달하는 벤리니스 산 위의 한적한 곳에 있다. 이 증류소는 예전에 말과 수레를 이용해 5km(3마일) 떨어진 아버라워 역에서 필요한 물자를 공급받았다. 증류소 주변의 들판에서 서식하는 장끼를 엠블럼으로 사용한다.

화이트하우스 농장의 피터 맥킨지가 1826년 증류소 허가를 받았다. 1829년의 홍수 이후 현재 위치로 이전되었다. 1842년에는 농장 겸 증류소로 운영되었다. 농장 겸 증류소 체제는 한 서기가 넘도록 유지되었다. 이 시기에는 하루에 두 번 우유 채취 작업을 했으므로 교통 문제가 자주 일어났고, 때때로 소떼가 미쳐 날뛰어 증류소 일꾼들이 무장하고 소떼를 진압하는 일도 있었다.

이러한 농장 겸 증류소 체제는 1950년까지 유지되었다. 1950년 벤리니스 증류소는 재건축을 거쳐 증류 전문 증류소로 탈바꿈하였다. 1996년에 살라딘 박스 몰팅을 도입하고(464쪽 탐두 증류소 참조), 증류기를 6개로 확장하였다. 현재 가볍게 피트 처리된 몰트를 주문하여 사용하며, 피트와 이끼를 지나치며 석회암 사이로 흘러온 물이 로완트리와 스커랜 번의 자갈을 통해 정수되어 벤리니스 산으로 솟아오른 물을 사용한다.

스테인리스스틸 여과조 1개, 라크 발효조 8개, 1차 증류기 2개, 2차 증류기 4개를 운용한다. 고전적인 웜튜브형 냉각기를 사용하여 구리와의 접촉을 줄여 촉매 작용을 최소화해 유황의 향과 다채로운 향미를 내는 위스키를 생산하는 것이 이 증류소의 특징이다.

증류된 위스키는 버번과 셰리 캐스크에서 숙성된다. 디아지오 플로라&파우나 시리즈에 벤리니스 싱글몰트 15년산, 매니저스 초이스 1996, 캐스크 스트랭스 1985 등 다채로운 라인업이 있지만, 대부분 블렌디드 위스키 재료로 사용된다.

고든&맥페일의 코노세어 초이스 1991, 카덴헤드의 오센틱 컬렉션 12년산, 이안 맥레오드의 15년산과 토카이 피니시 11년산 등 독립병입본도 다양하다. 듀어 래트리는 벤리니스 위스키를 독자적 브랜드인 스트로나키 12년, 18년으로 병입하여 판매한다. 이 증류소는 방문자센터나 투어를 운영하지 않는다.

155

벤리니스 플로라&파우나 15년

도수 40도

향 세리, 곡물, 캐러멜, 피트 연기향
약간으로 이루어진 부드럽고
약간 드라이한 향

맛 상당한 무게감과 중간 정도의
단맛. 비스킷, 달린 과일, 다크
초콜릿으로 된 약간 스모키한 맛

피니시 스파이스, 세리,
스모크의 길고 충만한 피니시

C유형 에드라도어 1995 보르도,
아버라워 10년, 롱몬 16년,
로얄 로크나가 12년,
토마틴 18년

프로필 특징

무게감 ●●●○○
달콤함 ●●○○○
스모크 ●●○○○
약내음 ○○○○○
담배 ○○○○○
꿀 ●●●○○
스파이스 ●○○○○
와인 ●●○○○
견과류 ●●○○○
몰트 ●●●○○
과일 ●●○○○
꽃 ●●○○○

벤로막

Benromach Distillery
Invererne Road, Forres, Morayshire IV36 3EB
Tel : +44 (0) 1309 675968

다양한 스페이사이드 증류소를 설계한 엘긴의 건축가 찰스 도이 그가 1898년 벤로막 증류소를 설계하였다. 1966년 현대화되었고 1974년 확장되었으며 1998년 재건되었다. 이 증류소에는 몇 차례에 걸친 소유권의 이전과 휴업, 완전한 폐업 등으로 얼룩진 복잡한 역사가 있다. 1983년 폐업 때는 증류소 내부의 모든 증류 장비가 철거되기도 하였다. 다행히 1993년 엘긴의 위스키 회사인 고든&맥페일이 인수하여 1998년부터 다시 위스키를 생산하고 있다. 빨간 벽돌로 만들어진 굴뚝이 달린 새하얀 증류소 건물은 포레스 북단의 조용한 라이크 오브 머레이 평원에서 가장 특징적인 건물이라고 할 수 있다.

가볍게 피트 처리된 몰트와 무겁게 피트 처리된 몰트를 둘 다 사용하며, 로막 힐의 물을 쓴다. 대형 스테인리스스틸 세미 라우터 여과조 1개, 라크 발효조 4개, 고전적인 증기 가열식 증류기 2개를 운용한다. 보디감이 무겁고 풍부한 위스키를 증류하기 위해 상당히 짧은 증류기를 사용하며, 연간 50만 리터를 생산한다. 벤로막 증류소는 스페이사이드에서는 가장 작은 증류소이다. 생산돤 몰트위스키는 아메리칸 오크 버번 배럴, 스패니시 셰리 캐스크, 리필 셰리 캐스크 등에 담겨 전통적인 더니지 저장고에서 숙성된다. 위스키 중 일부는 포트 파이브, 마데이라 드럼 그리고 다양한 유럽산 와인 캐스크에 담겨 숙성된다.

벤로막 '트래디셔널' 스페이사이드 몰트위스키는 2004년 재개장한 이후 최초로 생산된 몰트위스키다. 2006년에는 벤로막 오가닉 몰트위스키를 출시했는데, 단순한 형용사로서 '오가닉'이 아니라 영국 토양 연맹의 공식 인증을 받은 '오가닉 위스키'다. 2007년에는 벤로막 피트스모크를 출시했으며, 이후 피트 농도가 35~55ppm에 이르는 다양한 위스키를 지속적으로 출시하고 있다. 2009년 재개장 이후 최초로 숙성 연한이 표기된 벤로막 10년산이 출시되면서 벤로막 증류소의 얼굴로 자리 잡았다. 이 밖에도 포트, 토카이, 시사카이아, 마사야, 마데리아, 페드로 히메네즈 등 다양한 와인 피니시 제품군을 생산한다. 골든 프로미스나 옵틱 등 다양한 보리를 활용하거나, 셰리 버트나 포트 파이프만 사용하여 숙성시키는 등 다양한 숙성 방법을 활용하여 스몰 배치로 생산하는 벤로막 오리진 시리즈도 벤로막의

157

벤로막 증류소의 하얀 건물과
높다란 붉은 벽돌 굴뚝은
이 지역의 랜드마크라 할 수 있다.

특별한 라인업을 구성한다. 한정판으로는 벤로막 21년산과 25년산, 캐스크 스트랭스 1981, 빈티지 1968, 벤로막 클래식 55년산 등이 있다. 벤로막 몰트위스키는 다양한 국제 품평회에서 수상한 다.

1999년에 기존의 건조실을 개조하여 만든 방문자센터인 몰트위스키 센터는 스코틀랜드 관광국으로부터 4성 평가를 받았다. 이곳에는 몰트위스키의 역사를 보여주는 박물관과 숍, 증류소의 역사를 설명해주는 DVD 등이 구비되어 있다. 연중무휴로 운영되며, 투어와 시음을 제공한다. 방문자들은 캐스크에서 직접 꺼낸 위스키 원액을 자신만의 오리지널 벤로막 위스키로 병입할 수 있다.

159

벤로막 10년

도수	43도
향	진저 약간과 세리향이 느껴지는 짭짤하고 스모크한 향
맛	상당한 무게감과 중간 정도 단맛. 말린 살구, 스모키 치즈, 세리의 맛
피니시	짭짤하고 스모키하며 레몬 껍질 향으로 끝나는 상당히 긴 피니시
| 유형	하이랜드 파크 12년, 스프링뱅크 10년, 글렌 스코샤 12년, 보모어 12년, 오번 14년, 페터카렌 피오르, 아일 오 쥬라 수퍼스티션, 발블레어 10년, 코네마라 피티드

프로필 특징

무게감	●●●○
달콤함	●●○○
스모크	●●●○
약내음	●○○○
담배	○○○○
꿀	●○○○
스파이스	●●○○
와인	●●○○
견과류	●●○○
몰트	●●○○
과일	●●○○
꽃	●○○○

Bladnoch

블라드녹 증류소의 몰트 저장고는 방문자센터의 일부로 사용된다.

블라드녹

Bladnoch Distillery
Bladnoch, Wigtʒwn DG8 9AB
Tel : +44 (0) 1988 402 605
www.bladnoch.co.uk

1817년 농부 형제 존 맥클러렌드와 토머스 맥클러렌드가 블라드녹 강가에 건설한 블라드녹 증류소는 1871년에 재건되었다. 이전에는 증류소가 직접 운영하는 수차에 운영 동력을 모두 의존했다. 1996년에 확장되었지만 이후 한동안 폐업했다. 1994년, 얼스터의 레이몬드 암스트롱과 부인 플로렌스 암스트롱이 남부 스코틀랜드에 별장을 구하다가 우연히 이 증류소 건물을 보고 한눈에 매혹되었다. 그들은 폐업한 증류소 건물과 부지를 통째로 사들였다. 이후 암스트롱 부부는 건물을 수선하고 작업장과 회관을 재개장하여 2000년 위스키 생산을 재개하였다. 강변의 건물들 중 가장 높은 파고다형 굴뚝이 달린 건물은 19세기 맥클러렌드 형제가 직접 키운 보리를 몰트로 만들던 건물이다. 로우랜드 증류소로 구분되는 증류소 중에서도 가장 남쪽에 있는 증류소 다섯 개 중 하나다. 나머지 네 개는 아직 운영되지 않으므로 사실상 이 증류소가 로우랜드에서 가장 남쪽에 있는 증류소라 해도 무방하다. 유서 깊은 스코틀랜드 오크나무 숲이 증류소 주변 강가를 아름답게 둘러싸고 있다. 블라드녹 위스키의 엠블럼인 얼굴이 검은 양과 벨티드 갤러웨이 소가 증류소 인근 방목장을 어슬렁거린다. 블라드녹 증류소는 블라드녹 강을 수원으로 하며 가볍게 피트 처리된 보리와 무겁게 피트 처리된 보리를 주문하여 사용한다. 스테인리스스틸 여과조 1개, 미송나무 발효조 6개, 넥에 보일 볼이 장착된 키가 큰 단식 증류기 2개를 운용한다. 단식 증류기에 장착된 보일 볼은 알코올 증기를 냉각해 무거운 성분을 다시 액체로 환류해 가벼운 증류액을 만드는 데 일조한다. 생산된 위스키는 익스 버번 아메리칸 오크 캐스크와 익스 셰리 유로피언 오크 캐스크에 담겨 증류소 내부의 저장고에서 숙성된다.

새로운 경영자들이 생산한 블라드녹 증류소의 첫 제품은 2008년 출시되었다. 블라드녹 싱글 로우랜드 몰트위스키는 숙성 연한이 다양한 버번 숙성, 셰리 숙성, 버번 배럴 라이트 피트 위스키를 생산한다. 기존의 경영자들이 생산한 재고품(13~20년 된) 역시 판매 중이다. 레이몬드 암스트롱은 인버고든의 희귀한 싱글 그레인위스키 등 매우 다양한 싱글 캐스크 위스키를 생산하는 증류가로 유명하므로 앞으로도 다양한 위스키를 기대할 수 있다. 투어와 시음을 해 볼 수 있는 방문자센터는 숍과 함께 연중무휴로 운영된다. 홈페이지인 블라드녹 포럼에 가입하면 사이트에서 위스키에 대한 다양한 의견을 나눌 수 있으며, 블라드녹 증류소가 병입하는 위스키를 10~30% 할인받을 수 있다.

163

블라드녹 8년

도수	55%
향	사과, 아마인유, 밀랍으로 이루어진 향긋한 풀내음
맛	중간 정도 무거감과 약간 달콤한 맛. 풋사과, 구스베리, 마지팬, 후추로 이루어진 맛
피니시	토피 애플과 스파이스가 훌륭하게 조화된 중간 정도의 피니시
G유형	글렌킨치 12년, 글렌 머레이 클래식, 토모어 12년, 글렌 머레이 12년, 글렌로시스 F&F 10년, 벤리악 12년, 브룩라디 라디 클래식, 토민토웰 14년, 마노크모어 F&F 12년, 아렌 10년

프로필 특징

무게감	●●○○○
달콤함	●●○○○
스모크	○○○○○
약내음	○○○○○
담배	○○○○○
꿀	●●●○○
스파이스	●●○○○
와인	○○○○○
견과류	●●○○○
몰트	●●○○○
과일	●●○○○
꽃	●●●○○

Blair Athol

블레어 아솔 증류소의 방문자센터에 전시되어 있는 19세기 밀수꾼들의 증류기

블레어 아솔

Blair Athol Distillery
Perth Road, Pitlochry, Perthshire PH16 5LY
Tel : +44 (0) 1796 482003
www.discovering-distillieries.ccm/blairathol

존 스튜어트와 로버트 로버트슨이 1798년 '수달강'이라는 뜻의 알트 도어 강 옆에 블레어 아솔 증류소를 설립했다. 아솔 계곡의 피트로스리 남단에 있는 담쟁이 넝쿨투성이인 이 석조 건물에서는 오랜 세월 격조 높은 위스키를 생산해왔다.

1689년의 킬리크랭키전투에서 하이랜더 전사들이 윌리엄 3세의 군대를 물리친 비결이 바로 이곳 베니브라키 선술집의 달콤한 위스키였다는 말이 있었을 정도로 이 지역은 술로 유명했다 1746년, 파스칼리의 조지 로버트슨은 자신을 잡으러 온 정부군의 눈을 따돌리기 위해 증류소 맞은편의 커다란 오크나무 뒤에 숨었다. 시련의 역사가 있는 이 땅에서 로버트슨 가문은 알도어 농장의 위스키 덕분에 부활하였고, 1798년 합법적인 증류 허가를 받게 된다. 1837년 아서 벨이 블레어 아솔 증류소를 방문하여 블렌딩 작업을 시작한 이후

블레어 아솔 증류소는 벨의 블렌디드 위스키의 원액으로 사용되어
왔다. 아서 벨&선즈는 1933년 이 증류소를 인수한 뒤 1949년 증축
한다. 오늘날 생산량의 98%를 벨의 블렌디드 위스키 원액으로 사
용하는 블레어 아솔 증류소는 '벨의 영적인 심장'으로 불린다.

블레아 아솔 증류소는 베니브라키의 높은 곳에서 흘러오는 알트
도어 강을 수원으로 사용하며, 글렌 오드 몰팅으로부터 가볍게 피
트 처리한 몰트 보리를 구해서 쓴다. 알트 도어 강변에는 위스키 병
에 그려진 수달이 서식한다. 8톤짜리 스테인리스스틸 라우터 여과
조 1개, 스테인리스스틸 발효조 6개, 구리 증류기 4개를 운용한다.
증류된 몰트위스키는 익스 버번 아메리칸 캐스크와 유로피언 오크
셰리 버트에서 숙성된다.

블레어 아솔 싱글 하이랜드 몰트위스키의 대표작은 디아지오 플
로라&파우나 시리즈의 12년산이다. 숙성 연한이 표기되지 않은 증
류소 특제 55.8% 퍼스트 필 셰리 캐스크 스트렝스 위스키 또한 유
명하다. 디아지오 매니저스 초이스 시리즈에 때때로 싱글 캐스크 에
디션이 출시되기도 하며, 고든&맥페일의 독립병입본도 있다.

스코틀랜드 중심 지구에서 가까우며 규모가 큰 증류소는 방문
자센터를 연중무휴로 운영한다. 밀주업자들의 불법 증류기를 위시
한 여러 가지 전시물과 동영상, 투어, 시음 프로그램, 숍을 갖추고
있어 매우 인기 있는 여행지로 꼽힌다.

167

블레어 아솔 플로라&파우나 12년

도수	43도
향	꿀, 캐러멜, 시트러스, 스파이스를 기본으로 셰리 약간, 가죽, ㅍ 트스모크가 가미된 매우 달콤하고 강렬한 향
맛	중간 정도 무게감과 단맛. 크리스마스 케이크, 견과류, 스파이스에 부드러운 스모크함이 곁들여진 맛
피니시	셰리, 말린 과일, 스파이스, 피트스모크ㄱ·아름다운 조화를 이루는 매우 긴 피니시
C유형	토마틴 18년, 달위니 F&F 16년, 아버펠디 12년

프로필	특징
무게감	●●○○◐
달콤함	●●○○◐
스모크	●●○○◐
약내음	○○○○◐
담배	●○○○◐
꿀	●●○○◐
스파이스	●●○○◐
와인	●●●○○
견과류	●●○○○
몰트	●●○○○
과일	●●○○○
꽃	●●○○

보모어

Bowmore Distillery
School Street, Bowmore, Islay, Argyll PA43 7JS
Tel : +44 (0) 1496 810441
www.bowmore.com

보모어 증류소는 리벳형 구리 파이프가 장착된 구리 덮인 고전적 세미 라우터 여과조를 운용한다.

아일레이 섬의 로크 인달 호숫가에 넓게 펼쳐진 보모어 증류소의 전경은 고전적인 하얀 건물, 검은 창틀, 거대한 쌍둥이 굴뚝으로 요약될 수 있다. 해안에 접한 저장고에 대문자로 'BOWMORE'라고 크게 쓰여 있는 이 증류소는 아일레이 특유의 성격을 잘 간직한, 아일레이의 기상이 서려 있는 증류소라 할 수 있다.

브리젠드의 농부 데이비드 심슨이 1779년에 설립한 이 증류소는 아일레이에서 가장 오래된 합법 증류소다. 하지만 합법 인가를 받기 100년 전, 쇼필드의 다니엘 캠벨이 보모어 마을을 건설했을 때부터 보모어에서는 위스키를 생산했을 것으로 본다. 보모어 증류소는 싱글몰트위스키를 대중적으로 판매한 초기 증류소 중 하나다. 1880년부터 브리튼, 아일랜드, 캐나다에서 보모어 퓨어 아일레이 몰트위스키를 판매되었다. 보모어 마을 가운데 언덕에는 '어떤 악마가 숨을 구석도 주지 않겠다'는 의지를 보여주는 둥근 교회 건물이 우뚝 서 있다.

보모어 경영진은 1980년대에 스테인리스스틸 발효조를 잠시 도입했지만, 1990년대 들어 다시 고전적인 목재 발효조와 플로어 몰팅 방식을 사용하였다. 증류소가 사용하는 보리의 40%는 여전히 고전적인 방식으로 몰트 처리된다. 몰팅 플로어에서 사람의 손으로 발아된 보리는 연기를 더 많이 내기 위해 잘게 부순 피트로 훈연된다. 보모어 증류소는 아일레이 증류소치고는 이례적으로 중간 정도 피트 처리된 몰트를 사용한다. 위스키의 페놀 함량은 인근 증류소 위스키의 반 정도밖에 되지 않는다.

라간 강을 수원으로 사용하는 이 증류소는 구리가 덮인 스테인리스스틸 여과조 1개, 미송나무 발효조 6개, 포트스틸 4개를 운용한다. 스패니시 오크 캐스크와 아메리칸 오크 캐스크에서 숙성되는 위스키 중 일부는 해수면보다 낮은 곳에 있는 유명한 '보모어 1번 저장고'로 보내지며, 3분의 1 정도는 올로로소 셰리 피니시를 거친다. 보모어 증류소는 특유의 열순환 시스템으로 상을 받은 적도 있다. 이 시스템은 냉각기에 수집된 물의 열에너지를 모아 당화수와 워시액, 로우 와인 등을 예열하며 리셉션 센터와 마을의 공공 수영장의 난방도 공급한다.

주요 라인업은 숙성 연한이 표기되지 않은 보모어 레전드와 12, 15, 18, 25년산이라 할 수 있다. 트래블 리테일로만 판매되는 라인업으로는 보모어 서프, 이니그마, 마리너, 캐스크 스트랭스, 17년산 등이 있다. 크래프트맨즈 컬렉션에 몰트맨 셰리 숙성 13년산이 있다. 캐스크 스트랭스 빈티지로는 보모어 1991 포트 피니시, 1992 보르도 피니시 등이 있으며, 상당히 고가의 라인업으로는 블랙, 골드, 화이트 보모어가 있다.

동영상 프레젠테이션과 투어, 시음이 준비되어 있는 훌륭한 방문자센터를 연중무휴로 운영한다. 숍에는 언제나 재고가 충분히 준비되어 있으며, 여행자 숙소로 쓸 수 있는 별채를 여섯 채 운영한다.

171

보모어 12년

도수	40도
향	레몬과 세리 약간, 해초로 이루어진 풀의 향
맛	스모크, 스파이스, 헤더 꿀, 그레이프프루트, 다크 초콜릿이 훌륭한 조화를 이루는 균형 잡힌 맛
피니시	스모크, 코코넛, 시트러스로 이루어진 상당히 긴 피니시
l 유형	하이랜드 파크 12년, 스프링뱅크10년, 롱로우 10년, 아일 오 쥬라 수퍼스티션, 세인트조지스 Ch 9, 코웰 일라 12년, 벤로막 10년, 코네마라 피티드

프로필 특징

무게감	●●○○○
달콤함	●●○○○
스모크	●●●○○
약내음	●●○○○
담배	○○○○○
꿀	●●○○○
스파이스	●●○○○
와인	●○○○○
견과류	●○○○○
몰트	●○○○○
과일	●●○○○
꽃	●●○○○

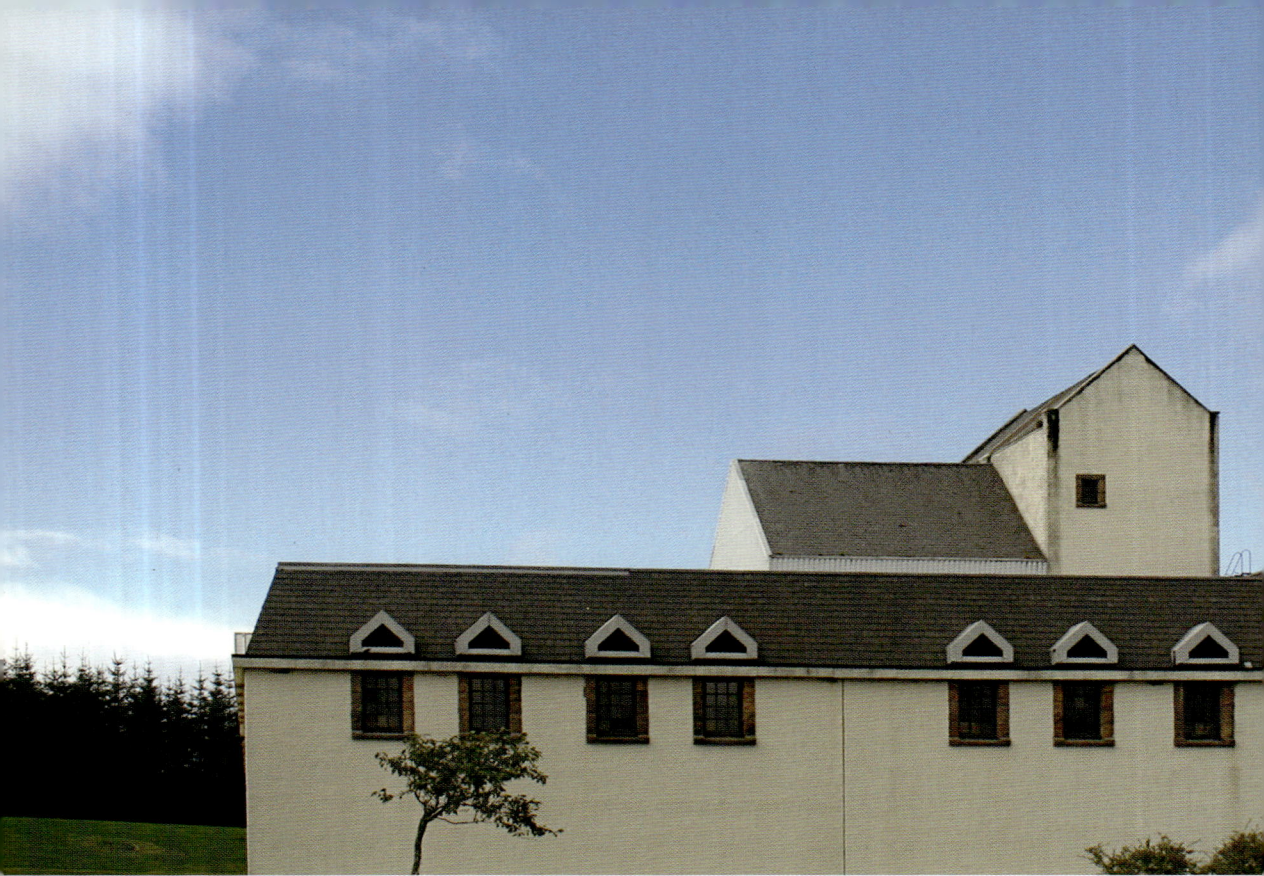

브라이발

G

Braeval Distillery
Chapletwon, Banffshire AB5 9JS
Tel : +44 (0) 1542 783 342

위스키 대백과

몰트 처리소를 운영하지 않는 초현대적 증류소인데도 브라이발 증류소는 고전적인 파고다형 굴뚝의 아름다움을 뽐낸다.

브라이발 증류소는 글렌리벳의 높은 브라이(브라이는 게일어로 '고원'을 뜻한다)에 있는 캠벨타운의 작은 마을에 있다. 1780년대부터 1830년 대까지 고립된 언덕 마을의 곳곳에서 불법 위스키 증기들이 가동되고 있었다. 여기서 생산된 위스키들은 목동들이 다니던 래더 힐 위의 옛길을 따라 남쪽과 동쪽으로 밀수되었다. 이처럼 이곳은 위스키 생산에서 유서가 깊다.

증류소는 빅토리아식 성당인 '영원한 구원의 성모 성당' 옆에 있다. 1972년 시그램 그룹에 의해 재건된 브라이발 증류소는 시바스 리갈 블렌디드 위스키의 원액인 싱글몰트를 생산하기 시작했다. 글렌리벳 브라이로 알려진 증류소 이름은 글렌리벳 증류소와 혼동을 피하기 위해 1995년 '브라이발'이라고 이름을 바꾸었다. 2002년 가동이 중단되었다가 2008년 재개장하였다. 전통적인 증류소 건물 디자인과 달리 증류소 내부는 한 명이 컴퓨터로 모든 작업을 통제할 정도로 현대적 설비를 갖추고 있다.

벤리니스 강의 물이 흘러 모이는 브리니 웰을 수원으로 사용하며, 피트 처리되지 않은 몰트 보리를 쓴다. 구리 덮인 스테인리스스틸 여과조 1개, 스테인리스스틸 발효조 15개, 1차 증류기 2개, 2차 증류기 4개를 운용한다. 다양한 설비를 갖추었지만 삼중 증류 방식을 사용하지는 않는다. 넥에 보일 볼이 장착된 소형 2차 증류기 2개로 로우 와인을 증류한다. 위로 뻗쳐 있는 긴 라인 암이 붙어 있는 소형 2차 증류기는 구리와 접촉하는 면을 넓혀 촉매작용을 강화함으로써 에스테르가 많이 함유된 가벼운 위스키를 증류해낸다.

냉각수를 사용하는 스테인리스스틸 채집기로 채집된 위스키 원액은 키스에서 숙성된다. 위스키는 대부분 아메리칸 익스 버번 캐스크에서 숙성되지만, 일부는 디어스토커로 보내져 냉각 여과되지 않은 10년산과 15년산 그리고 스페셜 드링크 20년산으로 병입된다. 고든&맥페일의 코노세어 초이스에 브라이스 오브 글렌리벳 1975도 있다. 듀어 래트리, 더글러스 랭, 시그내토리 등에서도 독립병입본을 병입한다. 방문자센터나 투어는 운영하지 않는다.

175

디어스토커 브라이발 10년

도수	디어스토커 비냉각여과 40도
향	몰트와 곡물향이 느껴지는 건초 같은 느낌의 풀 향
맛	가볍고 달콤한 맛으로 시작하여 시트러스와 삼나무향을 거쳐 바닐라와 코코넛으로 끝나는 복잡한 맛
피니시	시트러스, 셔버트, 스파이스로 이루어진 매우 짧은 피니시
G유형	브레 오브 글렌르 벳 10년, 스트라스밀 F&F 12년, 토모어 12년, 글렌모렌지 10년, 글렌고인 10년, 부시밀즈 10년, 글렌 머레이 클라식, 아렌 10년, 마노크모어 F&F 12년

프로필	특징
무게감	●○○○○
달콤함	●●○○○
스모크	○○○○○
약내음	○○○○○
담배	○○○○○
꿀	●○○○○
스파이스	●●●○○
와인	○○○○○
견과류	●○○○○
몰트	●○○○○
과일	●●●○○
꽃	●●○○○

브룩라디

G

Bruichladdich Distillery Co Ltd
Bruichladdich Isle of Islay Argyll PA49 7UN
Tel : +44 (0) 1496 850221
www.bruichladdich.com

Bruichladdich

브룩라디 증류소는 로크 인달의 아름다움을 한껏 누린다.

브룩라디 증류소는 1881년 하비 가문의 로버트, 윌리엄, 존에 의해 명확한 의도를 가지고 건축되었다. 1887년 알프레드 바너드는 이 증류소를 "단아하고 아름다운 사각 건축물이다. 통로에 아치가 있는 이 건물은 편안한 느낌을 주는 석조 건물이다"라고 묘사하였다. 그가 오늘날 살아 돌아와 브룩라디 증류소를 구경한다 해도 여전히 똑같은 평가를 내릴 것이다. 시대가 지났지만 증류소 모습은 거의 변하지 않았다. 철 주조로 만들어진 아치 통로를 지나 안뜰에 다다르면, 감색과 아쿠아마린색으로 장식된 창문이 붙어 있는 정돈된 새하얀 건물과 마주하게 된다. 이 모든 것을 갖춘 브룩라디 증류소는 정말 매력적인 아름다움을 자랑한다.

여러 번 문을 닫았지만 가장 최근에 문을 닫은 것은 1990년 후반으로, 다행히 2000년에 소유권이 이전되어 2001년 새롭게 작업을 시작하였다. 1960년대에 무너진 건조장을 제외한 모든 건물과 설비가 빅토리아풍을 그대로 간직하고 있다.

증류소의 특징 중 하나는 세 종류의 물을 사용한다는 것이다. 브룩라디 증류소는 편마암 바위로 걸러진 부드러운 물, 아일레이 린의 사암 지대를 흐르는 물 그리고 옥토모어에서 솟구치는 차갑고 투명한 물을 사용한다. 19세기 여과조를 그대로 사용하며 철로 주조한 여과조에는 회전하는 갈퀴와 삽이 달려 있다. 미송나무 발효조 6개, 백조목 형태 증류기 4개를 운영한다. 2010년에는 보타니스트 아일레이 진을 생산하기 위해 인버레벤 증류소에서 로몬드 증류기를 구해서 사용하고 있다.

위스키는 퍼스트필 버번과 셰리, 와인 리필 캐스크에 담겨 로크 인달 옆의 저장고에서 숙성된다. 증류소에서 직접 숙성된 위스키를 병입한다. 병입 과정에서 착색이나 냉각 여과, 균질화 과정 없이 옥토모어 스프링의 물만 사용하여 도수를 낮춰 병입하는 위스키는 그야말로 '산지 병입형' 위스키라 할 수 있다.

'라디'라는 애칭으로 익숙한 브룩라디 아일레이 싱글몰트위스키의 중심 라인업은 '라디 클래식'과 셰리 우드 피니시를 거친 자매품인 '셰리 클래식'이라 할 수 있다. 이 밖에도 중간 정도로 피트 처리한 포트 샬롯, 강하게 피트 처리한 옥토모어, 사중 증류된 X4 등의 위스키를 생산한다. 피니시가 다양한 12, 18, 20, 21년산도 있다. 16년산 위스키를 프리미어 크뤼 와인 캐스크에 숙성한 '식스틴' 시리즈도 유명하다. 가장 오래된 빈티지는 브룩라디 40년산으로, 1964년에 증류했다. 숙성 연한이 표기되지 않은 디자이너 시리즈로 락, 웨이브, 피트, 블랙 아트, 인피니티의 라인업을 보유하고 있으며, 브룩라디 오가닉 2003 같은 특별판도 있다.

투어, 시음, 특별한 이벤트를 준비하고 방문객을 맞이한다. 캐스크에서 직접 위스키를 뽑아내 자신만의 병입을 하는 이벤트도 진행한다. 브룩라디 위스키 아카데미에 가입하면 증류소의 일꾼들과 함께 직접 위스키를 만들며 신비로운 위스키 증류를 배워볼 수도 있다. 해마다 1,500명 이상이 모이는 5월의 개업 기념일 행사에 참여하는 것 역시 즐거운 경험이다. 아일레이 섬에 갈 수 없다고 낙담할 필요는 없다. 이 행사를 인터넷으로 생중계하기 때문이다.

179

브룩라디 라디 클래식

도수 비냉각여과 46도

향 꿀, 메이플 시럽의 달콤함이
느껴지는 풍부한 꽃향

맛 중간 정도의 무게감과 상당한
달콤함, 메이플 시럽, 시트러스,
토피 애플에 약간의 스모크함

피니시 메이플 시럽과 쿠드러운 토피로
이루어진 중간 정도의 피니시

G유형 마노크모어 F&F 12년, 글렌킨치
12년, 벤리악 12년, 토민토웰
14년, 스트라스밀 F&F 12년,
글렌터렛 10년 블라드녹 8년,
글렌모렌지 10년, 킬베건 리저브,
블렌로시 F&F 10년

프로필 특징

무게감	●●○○○
달콤함	●●●○○
스모크	●○○○○
약내음	○○○○○
담배	○○○○○
꿀	●●○○○
스파이스	●●○○○
와인	○○○○○
견과류	●●○○○
몰트	●○○○○
과일	●●○○○
꽃	●●●○○

보나하벤

Bunnahabhain Distillery
Port Askaig, Islay, Argyle PA46 7RP
Tel : +44 (0) 1496 840 646
www.bunnahabhain.com

Bunnahabhain

한적하고 목가적인 해안에 위치한 보나하벤 증류소에는 아일레이 해협을 관망할 수 있는 항구가 있다.

노래를 흥얼거리며 고향을 향해 서쪽으로 향하네.
반짝이는 눈빛이여, 이제 근심은 안녕이라네.
사랑의 웃음과 환대가 기다리는 그곳
내 심장의 섬, 나만의 섬으로.

보나하벤은 게일어로 '강의 입구'를 뜻한다. 윌리엄 그린리스와 제임스 그린리스, 글래스고의 위스키 블렌더이자 상인이었던 윌리엄 로버트슨이 1881년 공동 설립한 보나하벤 증류소는 쥬라 산맥과 아일레이 해협의 아름다운 풍경 속에 있다. 마가데일 강 유역에 있어 피트와 깨끗한 물이 충분하며, 바다와 가깝다. 증류소 건물은 현지의 돌로 만들어졌다. 한때 일꾼들의 숙소와 교사 사택 건물을 보유한 고전적 형태의 증류소로 운영되기도 했다.

병에 그려진 로고에는 선원이 키를 쥐고 있다. 행복한 얼굴로 스코틀랜드 전통 민요 〈고향을 향해 서쪽으로〉를 흥얼거리며, 그의 고향 땅-아마도 오번이나 글래스고-으로 향하는 아일레이 해협 위의 배 안에서 보나하벤 해변을 즐겁게 바라보았을 이름 모를 선원이 바로 보나하벤의 엠블럼이다.

보나하벤은 고전적인 지역별 위스키 구분이 왜 별 의미가 없는지를 잘 보여주는 좋은 예다. 건조실에서 피트로 보리를 가열하는 전통적인 방식을 사용하던 시절, 보나하벤 위스키는 그야말로 아일레이적인 위스키였다. 하지만 1963년 보나하벤은 이러한 전통적 피트 건조 방식과 결별하였다. 이때 보나하벤 증류소는 몰트 처리소를 폐쇄하고, 커티삭 블렌디드 위스키의 키 몰트를 생산하기 위해 가볍게 피트 처리된 보리를 사용한 위스키를 생산하며 생산량이 폭증하는 전성기를 맞는다. 블랙 보틀 블렌디드 위스키로 소유권이 이전된 2003년에는 다시 고전적인 스몰 배치 방식으로 무겁게 피트 처리된 보리를 사용하면서 숙성 연한이 표기되지 않은 싱글몰트위스키와 블랙 보틀 블렌디드 위스키 원액을 생산한다. 특유의 '지역색'을 고수하는 대신 시대 상황에 따라 위스키 성격을 변화시켜온 보나하벤 증류소는 고전적인 위스키의 지역별 구분이 얼마나 무의미한지를 잘 보여준다.

보나하벤 증류소는 마가데일 스프링의 저수지를 수원으로 사용한다. 이 증류소는 스테인리스스틸 여과조 1개, 미송나무 발효조 6개, 대형 양파형 1차 증류기 2개, 그보다 작은 서양배형 2차 증류기 2개를 운용한다. 생산된 위스키는 익스 버번 아메리칸 오크 배럴, 리필 캐스크, 유로피언 익스 셰리 버트 등에서 숙성된다.

보나하벤 싱글 아일레이 몰트위스키의 주요 라인업은 12, 18, 25년산과 숙성 연한이 표기되지 않은 피트 처리된 보리 위스키 토에차크(게일어로 '스모키'를 뜻한다), 크루아크-모나(피트 뭉치) 50% 등이 있다. 토에차크와 크루아크-모나는 둘 다 여과되지 않은 것이다. 게일어로 '새 오크'를 뜻하는 다라크 우르는 트래블 리테일로만 만나볼 수 있다. 해마다 열리는 아일레이 위스키 페스티벌에 맞춰 한정판 싱글 캐스크 에디션을 출시하기도 하며, 2006년에는 증류소 125주년을 기념하여 35년산 특별판을 출시하기도 하였다. 여름에는 투어와 시음이 가능하다.

BUNNAHABHAIN

보나하벤 12년

도수	비냉각여과 46.3도
향	바다와 세리 느낌이 곁들여진 몰트향과 약간 스모크함으로 이루어진 신선하고 향긋한 향
맛	상당한 무게감과 달콤함. 말린 과일, 몰트, 세리, 견과류로 이루어진 맛
피니시	몰트의 달콤함과 과일, 세리가 아름답게 조화된 긴 피니시
F유형	글렌킨치 디스틸러스 1995, 올드 풀트나이 17년, 글렌 오드 12년

프로필	특징
무게감	●●●○
달콤함	●●●○
스모크	●○○○
약내음	●○○○
담배	○○○○
꿀	●○○○
스파이스	●○○○
와인	●●○○
견과류	●○○○
몰트	●●●○
과일	●●○○
꽃	●●●○

183

Bushmills

부시밀즈 증류소는 자이언트 코즈웨이 인근 코 앤트림의 부시 강 옆에 있다.

부시밀즈

G

Old Bushmills Distillery

2 Distillery Road, Bushmills, Co. Antrim, Northern Ireland, BT57 8XH

Tel : +44 (0) 28 207 33272

www.bushmills.com

Email: bushmills@diageo.com

185

부시밀즈 증류소는 세계에서 가장 오래된 인가 위스키 증류소라 할 수 있다. 1608년 국왕 제임스 1세는 토머스 필립스 경에게 코앤트림의 로티에서 '우쉬기 바이'를 증류할 수 있는 허가를 내려주었다. 이는 문헌상으로 존재하는 최초의 '특정 지역에 대한 위스키 증류허가'이다. 이를 기념하기 위해 모든 위스키 라벨에는 '1608'이 자랑스럽게 새겨져 있다. 2008년, 400년에 걸친 위스키 증류 역사를 기념하는 특별판 아이리시 위스키를 출시하였다.

부시밀즈 증류소는 자이언트 코즈웨이 근처의 부시 강 옆 코 안트림의 부시밀즈 마을에 있다. 1784년 휴 앤더슨이 최초로 '부시밀즈 올드 디스틸러리'의 인가를 받았다. 1885년, 화재로 기존 증류소 건물들이 불에 탔지만 발 빠르게 재건되었다. 1890년, 부시밀즈 증류소가 구입한 증기선 S. S. 부시밀즈 호는 미국과 중극, 홍콩과 싱가포르에 위스키를 수송하기 위한 처녀항해에 나서게 된다.

부시밀즈 증류소는 부시 강의 지류인 세인트 컬럼 릴을 수원으로 사용한다. 스테인리스스틸 여과조 1개, 스테인리스스틸 발효조 10개, 길고 얇은 넥이 부착된 소형 스틸 10개를 운용한다. 삼중 증류로 가벼운 위스키 원액을 생산하며, 증류 원액은 기본적으로 아메리칸 오크 배럴에서 숙성되지만 특유의 복잡성을 위해 스페인 와인, 포트, 마데이라, 럼 캐스크 등에서 숙성되기도 한다.

부시밀즈 증류소의 대표작은 아메리칸 버번 배럴에서 숙성된 부시밀즈 10년산이라 할 수 있다. 올로로소 셰리 캐스크에서 숙성된 부시밀즈 12년산과 아메리칸 버번 배럴, 스패니시 올로로소 셰리 버트, 포트 파이프 등으로 복잡한 맛과 향을 낸 16년산도 부시밀즈의 대표 라인업이라 할 수 있다. 부시밀즈 21년산은 먼저 아메리칸 버번 배럴에 숙성한 뒤 스페니시 올로로소 셰리 캐스크에 숙성한 다음 병입 전 2년 동안은 마데이라 드럼에 숙성한다. 블렌디드 위스키인 블랙 부시도 생산한다. 블랙 부시의 라인업으로는 오리지널과 블랙 부시 프리미어가 있는데, 프리미어는 몰트위스키의 함량이 많은 블렌디드 위스키다. 2008년, 증류소 400주년을 기념하기 위한 특별한 블렌디드 위스키인 '108'을 출시했다. 레스토랑과 숍이 부설된 방문자센터는 연중무휴로 운영되며, 투어와 시음을 제공한다.

부시밀즈 10년

도수	40도
향	셰리향 약간과 바닐라, 코코넛, 견과류가 들어 있는 아이스크림 향의 상당히 달콤하고 향긋한 향
맛	가볍고 달콤하고 부드러운 맛. 오크의 스파이시함, 버터스카치, 꿀이 아름답게 조화
피니시	꿀, 오크, 스파이스로 이루어진 긴 피니시
G유형	글렌고인 10년, 아렌 10년, 글렌 머레이 클래식, 토모어 12년, 툴리바딘 1993, 블라드녹 8년, 글렌 머레이 12년

프로필	특징
무게감	●○○○○
달콤함	●●○○○
스모크	○○○○○
약내음	○○○○○
담배	○○○○○
꿀	●●○○○
스파이스	●●○○○
와인	●○○○○
견과류	●●○○○
몰트	●○○○○
과일	●●○○○
꽃	●●○○○

187

188

Caol Ila

증류실의 창문을 통해 볼 수 있는 아일레이 해협과 쥬라 산봉우리의 장관

코웰 일라

Caol Ila Distillery
Port Askaig, Islay, Argyll PA6 7RL
Tel : +44 (0) 1496 302 760
www.malts.com

189

코웰 일라는 아일레이와 쥬라 섬 사이에 있는 '아일레이 해협'의 게일어 명칭이다. 헥터 헨더슨이 1846년에 설립한 코웰 일라 증류소는 아일레이 섬의 포트 아스케익 인근 조용한 만에 있다. 1879년 확장되었으며 1972~1974년에 완전히 현대화되었다.

1972년 전까지 증류소가 소유한 증기선 '피브로크'가 본토에서 보리와 빈 캐스트, 석탄을 싣고 왔다가 위스키로 가득 찬 캐스크를 다시 싣고 글래스고로 떠났다. 오늘날 모든 것은 자동차와 페리로 운송된다.

1886년 알프레브 바너드는 코웰 일라 증류소를 자신이 본 증류소 중 가장 야성적이며 생생한 곳이라고 표현하며, "이곳의 근무자들은 편안한 주택이 들어선 조용한 마을에서 행복하기 살고 있다. 그들의 건강한 삶이 부럽다"라는 기록을 남겼다. 심지어 증류소 근무자들이 주말 예배를 보던 예배당도 있었다. 아쉽게도 이 석제 빌딩과 파고다는 1874년 찰스 포트 박사가 고안한 기능적이고 근대적인 S.M.D. '워털루 스트리트' 증류소가 설립되며 철거되었다. 하지만 증류소는 여전히 멋스럽다. 특히 맑은 겨울날 쥬라 해협에서 보이는, 증류실 전면의 웅장한 유리벽에서 반사된 빛의 향연은 정말로 아름답다.

코웰 일라 증류소는 남 반 호수(토라볼스 호수)의 물을 사용하며, 포트 엘렌 몰트에 최대 35ppm에 이르기까지 다양하게 피트 처리된 몰트 보리를 주문하여 사용한다. 구리로 덮인 철 주조 여과조를 운영하며, 미송나무 발효조 8개, 대형 증류기 6개를 운영한다. 피트 처리된 코웰 일라 싱글몰트위스키는 12년, 18년, 25년산으로 판매되며, 캐스크 스트랭스는 10년산과 숙성 연한이 표기되지 않은 두 종류로 판매된다. 이외에도 모스카텔 피니시 디스틸러 에디션, 매니저스 초이스 10년산, 아일레이 위스키 페스티벌 스페셜 에디션이 있으며, 고든&맥페일의 코노세어 초이스 등 독립병입업자의 병입본도 있다. 코웰 일라 위스키는 조니 워커와 벨의 블렌드 위스키에 중심적으로 사용된다. 방문자센터와 숍은 연중무휴로 운영되지만 들르기 전에 예약하는 것이 좋다.

191

코웰 일라 12년

도수	43도
향	강렬한 스모크, 크레오소트, 방부제, 해초, 티누향에 레몬향이 약간 가미된 느낌
맛	중간 정도 무게감과 중간 정도 달콤함. 후추, 시가, 스모크가 중심을 이루며, 아몬드 약간, 레몬, 정향의 맛이 느껴진다.
피니시	스모크, 스파이스로 이루어진 따듯하고 매우 긴 피니시
I 유형	세인트조지스 Ch 9, 에드라도어 발퀘친, 코네마라 피티드, 롱로우 10년, 글렌 스코샤 12년, 보모어 12년, 아일 오 쥬라 수퍼스티션, 아드모어 트래디셔널, 벤리악 큐리오시타스 10년

프로필 특징

무게감	●●○○○
달콤함	●●○○○
스모크	●●●○○
약내음	●●○○○
담배	●○○○○
꿀	●○○○○
스파이스	●●○○○
와인	○○○○○
견과류	●●○○○
몰트	●●○○○
과일	●●○○○
꽃	●●○○○

카두

Cardhu Distillery
Knockando, Aberlour, Moray AB38 7RY
Tel : +44 (0) 1340 872555
www.malts.com

Cardhu

카두 증류소의 발효실에서 발효액 견본을 채취하고 있다.

카두는 '검은 바위'를 뜻하는 게일어다. 카두 증류소는 존 커밍과 헬렌 커밍 부부가 1811년 자신들의 농장에 설립한 불법 증류소로 그 역사를 시작하였다. 원래 이름은 카도우^{Cardow}였다. 아마도 남편이 밖에서 낙농업 일을 하는 동안 헬렌 커밍이 농장 허드렛일로 증류소를 운영했을 것이다. 가끔 세무관이 불법 증류를 단속하기 위해 들이닥치면, 그녀는 당화 과정 특유의 향을 지우고 빵을 만드는 향으로 위장하기 위해 징수관에게 차와 스콘을 대접하고는 했다. 징수관이 가고 나면, 징수관이 순찰 중이라는 것을 다른 농장에 알리려고 헛간에 빨간 깃발을 올리곤 했다.

　1823년의 법에 따라, 커밍 부부의 카도우 증류소는 1824년 합법 증류소 중 하나로 인가받는다. 이 증류소는 헬렌 커밍의 활발한 참여를 바탕으로 '여성이 개척한 유일한 증류소'임을 자랑스럽게 내세운다. 헬렌만이 카두 증류소의 여성 멤버였던 것은 아니다. 1972년 헬렌 부부의 아들 루이스 커밍이 죽자 루이스의 부인 엘리자베스 커밍이 증류소 운영을 책임지기 시작했다. 그녀는 1885년 현재 위치에 증류소를 재개장하였고 1887년에는 증류소를 확장하였다. 엘리자베스 커밍은 수많은 업적에 힘입어 '위스키 산업의 여왕'이라는 칭호를 얻는다. 흥미로운 사실은 1887년의 확장 과정에서 이전에 사용되던 구형 증류기 3개가 모틀락 증류소 회계 담당자 윌리엄 그랜트에게 판매되었다는 것이다. 윌리엄 그랜트는 이 증류기를 구입한 뒤 곧바로 회사를 떠나 글렌피딕 증류소를 설립했다. 즉, 글렌피딕 증류소에 고이 모셔져 있는 글렌피딕 초기 증류기 모형 3개는 글렌피딕의 오리지널이 아니라 1887년 카도우 증류소에서 구입한 중고 증류기의 모형인 것이다.

　카두는 세계에서 가장 빠르게 성장한 싱글몰트위스키 중 하나다. 2003년 이러한 성장세를 바탕으로 이전의 싱글몰트와 거의 같은 맛을 내는 새로운 '퓨어몰트'위스키를 선보이며 다시금 화제를 불러일으킨다. 카두 위스키에 대한 국제적 수요를 충당하기 위하여 만들어진 퓨어몰트위스키는 여러 증류소의 몰트위스키를 블렌딩한 것이다. '퓨어몰트위스키'라는 새로운 개념은 위스키 업계에 큰 파란을 가져왔다. 이를 둘러싼 여러 논쟁의 결과로, 2009년 '스카치위스키'의 정의가 조금 변경되었다.

　카두 증류소는 마녹 힐의 샘에서 퍼 올린 물을 사용한다. 피트는 전통적으로 댈라스무어에서 채취된 것을 사용해왔다. 풀 라우터 여과조, 개솔송나무 발효조 6개, 잎갈나무 발효조 2개, 스테인리스스틸 발효조 2개, 백조 목 모양의 증류기 6개를 운영한다. 위스키는 증류소의 창고에서 숙성된다. 캐스크, 배럴과 혹스헤드 등 모든 통은 버번을 숙성한 아메리칸 오크로 만들었다. 이는 카두 특유의 가볍고 섬세한 성격을 만들어낸다.

　카두 스페이사이드 싱글몰트는 기본적으로 12년산으로 판매된다. 숙성 연한이 표기되지 않은 스페셜 캐스크 리저브로도 판매된다. 카두 위스키는 디아지오의 조니 워커 블렌드 위스키를 이루는 주요 위스키이기도 하다. 방문자센터와 숍은 연중무휴로 운영되며, 가이드 투어와 시음을 제공한다.

195

카두 12년

도수	40도
향	잘 익은 배, 벌집, 초콜릿과 약간의 피트가 곁들여진 향기롭고 달콤한 풀의 향
맛	중간 정도의 무게감과 상당한 단맛. 배, 청포도, 초콜릿, 스파이스로 이루어진 크리미한 맛
피니시	꿀, 초콜릿, 몰트로 이루어진 중간 정도 길이의 피니시
H유형	안녹 1991, 글렌 엘긴 12년, 링크우드 F&F 12년, 스페이번 10년, 블라드녹 '라이틀리 피티드', 발블레어 2000, 안녹 12년, 올트 아바냐 12년

프로필 특징

프로필	특징
무게감	●●○○○
달콤함	●●●○○
스모크	●○○○○
약내음	○○○○○
담배	○○○○○
꿀	●●○○○
스파이스	●○○○○
와인	○○○○○
견과류	●○○○○
몰트	●●○○○
과일	●●●○○
꽃	●●○○○

클리네리시

Clynelish Distillery

Brora, Sutherland KW9 6LR

Tel : +44 (0) 1408 623 000

www.discovering-distilleries.com/clynelish

Email : Clynelish.distillery@diageo.com

Clynelish

클리네리시 증류소의 증류실

클리네리시는 서더랜드 유일한 증류소로, 16세기부터 가동된 브로라 석탄 탄광 근처에 있다. 스태포드 가문의 마르키스(나중에 서더랜드의 첫 공작이 된다)가 하이랜드 강제이주로 얻은 영지에서 생산된 값싼 곡물을 처리하기 위해 1819년 설립했다. 이 증류소는 명확한 상업적 의도를 바탕으로 만들어진 최초의 증류소 중 하나로, 1821년부터 위스키를 생산하였다. 19세기 중반에, 50년간 농사와 증류소 운영을 겸업한 조지 로손과 그의 아들이 확장하였다. 1886년 이곳을 방문한 알프레드 바너드는 위스키 가격이 너무 비싸며, 소수의 사적인 고객만을 위한 증류소라고 평하였다. 1897년 증기 엔진이 펠튼 수차를 대체하였다. 1931년의 불황에 문을 닫아 제2차 세계대전이 끝나기 전까지 다시 운영되지 않았다. 1960년에는 석탄 대신 전력을 사용하기 시작했고, 1968년에는 새로운 증류소가 바로 옆에 설립되었다. 1983년에 먼저 문을 연 증류소가 문을 닫을 때까지 인접한 두 증류소가 같이 운영되었다. 문을 닫은 증류소의 위스키는 '브로라' 위스키로 불리며 현재 수집용 한정판으로만 판매된다. 클리네리시 싱글몰트위스키는 디아지오가 2002년의 '숨겨진 몰트'로 선정했다.

클리네리시 증류소는 특유의 '황금 물'을 자랑으로 여긴다. 콜 베인으로부터 금광맥을 거쳐 흘러온 클리네밀톤 번의 물을 사용하기 때문이다. 구리로 덮인 풀 라우터 여과조, 널잎나무 발효조 8개, 스테인리스스틸 발효조 2개를 운영하며, 1차 증류기보다 큰 증류기를 사용한다. 글렌 오드 몰팅에서 판매하는 중간 정도로 피트 처리된 보리를 사용한다. 현재 클리네리시 원액은 브로라에 비해 피트함이 훨씬 덜하다. 장기 발효와 저속 증류, 로우 와인과 후류 수집기에 자연스럽게 침전된 유지 성분은 클리네리시만의 특이한 밀랍 같은 질감을 형성한다.

클리네리시 싱글 하이랜드 몰트위스키는 기본적으로 14년산으로 판매되며, 올로로소 세코 캐스크로 피니시한 1992 빈티지의 디스틸러 에디션과 매니저스 초이스 싱글 캐스크 에디션 1997 등의 라인업을 갖추었다. 서더랜드의 상징인 스코틀랜드 살쾡이가 위스키 레이블을 장식한다. 고든&맥페일, 이안 맥레오드, 시그내토리 등에서 다른 빈티지 판을 병입한다. 조니 워커 골드 라벨 블렌드의 주요 위스키로도 사용된다.

3월부터 10월까지 방문자들은 투어와 시음을 포함한 따뜻한 환영을 받을 수 있다. 방문한 김에 클래식 몰트 후원회Friends of the Classic Malts에 가입하는 것도 괜찮다. 증류소 투어와 함께 근처의 신 호수에서 골프와 연어·숭어 낚시를 즐겨보는 것도 좋다. 서더랜드 공작이 살았던 던로빈 성에서 과거의 정취를 즐겨보는 것도 멋진 경험이 될 것이다.

199

클리네리시 14년

도수	비냉각여과 46도
향	열대 과일과 스파이스의 향을 중심으로, 미세한 헤더스모크와 왁스 입힌 재킷 향이 곁들여진 강렬한 향
맛	매우 상당한 므게감. 오크의 스파이스함과 담배향이 깃든 비단처럼 부드러운 몰트향
피니시	스모크와 감귤향이 느껴지는 바다향이 나는 상당히 긴 피니시
F유형	치나닉 F&F 10년, 벤로막 트래디셔널, 글렌 오드 12년, 올드 폴트나이 17년, 토버모리 10년

프로필 특징

무게감	●●●○
달콤함	●●○○
스모크	●●○○
약내음	●○○○
담배	●○○○
꿀	●○○○
스파이스	●●○○
와인	●○○○
견과류	●●○○
몰트	●○○○
과일	●●○○
꽃	●●●○

쿨라이

Cooley Distillery
Riverstown, Cooley, Co. Louth, Ireland
Tel : +353 (0)42 937 6102
www.cooleywhiskey.com
Email : info@cooleywhiskey.com

Cooley

쿨라이 증류소 저장고의 캐스크에서 견본을 채취하고 있다.

쿨라이 증류소는 칼링포드 마을 근처 쿨라이 산의 아름다운 구릉에 자리한다. 이 증류소는 아일랜드의 위대하지만 이제는 맥이 끊긴 위스키를 복원하자는 아이디어로 설립되었다. 모든 위대한 아이디어와 마찬가지로, 이 아이디어 또한 어느 술집-정확히는 미국 캠브리지의 '플로우&스타즈'-에서 아일랜드인 존 틸링과 윌리 맥카터에 의해 시작되었다. 1970년대에 그들은 하버드대학과 MIT의 학생이었지만, 그들의 머릿속은 온통 고향 켈트에 대한 생각뿐이었다. 그들은 지금은 없는 위대한 아일랜드 위스키에 대한 열망과 아일랜드 위스키의 영광을 복원할 명확한 비전을 가지고 아일랜드로 돌아왔다.

아일랜드 위스키는 20세기 초반, 위스키의 세계적 성공에 지대한 공헌을 했다. 하지만 세 가지 문제가 있었다. 첫째, 경장 상대라 할 수 있는 스카치위스키도 국제적으로 성공을 거두었다. 들째, 아일랜드 독립전쟁으로 영국의 아일랜드 위스키 수요가 박살났다. 마지막으로, 미국의 금주령과 관련하여 외부 시장 확장 또한 어려웠다. 그 결과 아이리시 위스키 산업은 무너졌다. 소규모 독립 증류소는 거의 폐업하였으며 많은 아일랜드 위스키 회사가 아일랜드를 떠났다. 아일랜드에 위스키 회사라고는 아이리시 디스틸러스 하나밖에 남지 않는 상황에서, 틸링과 맥카터는 죽어가는 아이리시 위스키를 부활하고 코네마라, 티코넬, 그리노어, 로케스, 킬베건 같은 위대한 아이리시 위스키를 복원하기 위하여 1987년 쿨라이 증류소를 설립하였다. 쿨라이 증류소 이전의 유일한 아일랜드 증류소였던 아이리시 디스틸러스가 다국적 기업이 되면서 쿨라이 증류소만이 아이리시 위스키를 생산하는 유일한 '아일랜드' 증류소가 되었다. 쿨라이 증류소는 19세기 이후 설립된 최초의 아일랜드 증류소다.

1989년부터 위스키를 본격적으로 생산한 쿨라이 증류소는 '바위산'이라는 뜻의 슬리브 나 글록 산의 물을 사용하며, 피트 처리되지 않은 몰트에서 무겁게 피트 처리된 몰트까지 다양한 몰트를 사용한다. 스테인리스스틸 여과조 1개, 스테인리스스틸 발효조 4개, 전통적인 구리 단식 증류기 2개를 운영한다. 그레인위스키를 생산하기 위한 연속식 증류기 2개와 위스키 병입을 위한 독자 설비 또한 운영하고 있다.

쿨라이 위스키는 모두 기본적으로 아메리칸 익스 버번 배럴에서 숙성되지만, 피니시를 위하여 셰리, 포트, 마다이라 캐스크를 사용하기도 한다. 12년 숙성의 피트 처리된 코네마라 싱글 아이리시 몰트위스키와 코네마라 캐스크 스트랭스는 연한 표시 없이 판매된다. 셰리 피니시나 무겁게 피트 처리된 터프 모 같은 스몰 배치 컬렉션도 있다. 1875년 아이리시 더비에서 100:1의 배당에도 우승한 경주마의 이름을 딴 티코넬 싱글 아이리시 몰트위스키는 버번 캐스크 15년 숙성과 셰리, 포트, 마데이라 캐스크로 피니시한 10년 숙성의 두 라인업을 가지고 있다. 이것 역시 숙성 연한을 표기하지 않는다. 쿨라이는 킬베건 블렌드 위스키와 그리노어 싱글 그레인위스키도 생산한다. 2008년 국제주류품평회에서 세계 최고의 증류소와 유럽 최고의 증류소로 선정되며 그 이름을 알리기 시작하였다. 그 밖에도 다양한 상을 수상해왔다. 쿨라이 증류소는 기본적으로 방문객에게 개방되어 있지 않지만, 예약을 통해 짧은 투어를 즐겨볼 수 있다.

203

코네마라 피티드 싱글몰트

도수	40도
향	레몬, 청포도, 굴과 약간의 요오드향이 가미된 스모크한 향
맛	중간 정도 무거감과 달콤함. 피트스모크, 오크의 스파이스, 헤더 꿀, 바닐타
피니시	스모크, 꿀, 레콘, 스파이스로 이루어진 매우 긴 피니시
l 유형	세인트조지스 Ch 9, 아드모어 트래디셔널, 글렌 스코샤 12년, 오번 14년, 올드 발란트루안 피티드, 스프링뱅크 10년, 코웰 일라 12년, 페터카렌 피오르, 포트 샬롯 PC8, 보모어 12년

프로필	특징
무게감	●●○○○
달콤함	●●○○○
스모크	●●●○○
약내음	●●○○○
담배	●○○○○
꿀	●●○○○
스파이스	●●○○○
와인	○○○○○
견과류	●●○○○
몰트	●●○○○
과일	●●○○○
꽃	●○○○○

204

Cragganmore

크라간무어 증류소의 미송나무 발효조

크라간무어

Cragganmore Distillery
Ballindalloch, Banffsh re AB37 9AB
Tel : +44 (0) 1479 874 700
www.discovering-distilleries.com/cragganmore

205

크라간무어 증류소는 빅토리아시대의 가장 훌륭한 증류기술자이자 스코틀랜드 전역에서 여러 증류소를 설립하고 운영하던 '위대한' 존 스미스가 1869년 설립한 증류소이다. 존 스미스는 크라간 모 지역에서 흘러내려오는 차가운 물을 충분히 구할 수 있으며, 동시에 그레이트 하이랜드 철도 근처에서 가까운 부지를 찾아 크라간무어를 설립하였다. 예전에 철도가 다니던 스페이 강의 휘어진 부분에 크라간 모에서 채석한 녹암을 재료로 건축했다. 이제 철도는 사라지고 스페이사이드 산책로가 크라간무어를 지나간다. 크라간무어 위스키를 몇 천 갤런 싣고 남쪽으로 떠나는 '위스키 특급열차'를 운영한 초기 증류소 중 하나다.

크라간무어 증류소는 크라간 샘의 물과 로즈아일 몰팅에서 제공하는 가볍게 피트 처리된 몰트를 사용한다. 구리가 덮인 현대적인 풀 라우터 여과조, 미송나무 발효조 6개를 운영한다. 증류기를 4개 운영하는데, 램프 유리로 만들어진 초대형 1차 증류기 2개, T형 라인 암이 달리고 보일 볼을 사용하는 편편한 소형 2차 증류기 2개로 이루어져 있다. 이러한 형태의 증류기는 환류 현상을 촉진해 가볍고 복잡한 위스키 원액을 만들어낸다. 무거운 증기는 증류기에서 다시 걸러지고, 오직 가벼운 알코올만이 전통적인 형태의 구리 냉각기를 통해 추출되는 것이다. 이렇게 생산된 위스키 원액은 아메리칸 익스 버번 캐스크나 유로피언 익스 셰리 캐스크에 담겨 전통적인 더니지 숙성고에서 숙성된다.

크라간무어 싱글 하이랜드 몰트위스키 12년산은 디아지오의 '클래식' 스페이사이더로서, 6개의 디아지오 클래식 몰트 시리즈를 구성한다. 포트 파이프로 피니시한 크라간무어 디스틸러스 에디션 1993, 보데가 셰리 캐스크에서 숙성된 1997 빈티지 등 매니저스 초이스 시리즈와 클래식 몰트 후원회만을 위해 병입되는 크라간무어 14년산, 캐스크 스트랭스로 병입되는 21년산 스페셜 릴리즈 등 다양한 라인업을 갖추고 있다. 고든&맥페일과 시그내토리에서 병입되는 다양한 빈티지 에디션도 있다.

시음과 투어를 경험할 수 있는 방문자센터는 4월부터 10월까지 매주 평일에 운영된다. 방문자 투어는 빅토리아 스타일의 별장 응접실을 개조한 크라간무어 증류소 휴게실에서 커피 한 잔을 마시며 DVD를 시청하는 것으로 시작된다. DVD를 보고 생산 현장을 견학한 뒤 크라간무어 위스키를 시음하는 것으로 투어 일정이 끝난다.

207

크라간무어 12년

도수	40도
향	과일, 꽃을 중심으로 허브 약간과 피트스모크가 깃든 풍부하고 향긋하며 보통 정도로 달콤한 향
맛	중간 정도 무게감과 중간 정도 달콤함. 상당한 과일향을 중심으로 꿀과 견과류, 몰트 약간 피트와 스파이스가 깃든 맛
피니시	시간이 지날수록 드라이한 느낌을 주는 바닐라, 스파이스, 스모크로 이루어진 매우 긴 피니시
D유형	맥캘란 파인 오크 15년, 싱글톤 오브 글렌 오드 12년

프로필 특징

무게감	●●○○○
달콤함	●●○○○
스모크	●●○○○
약내음	●○○○○
담배	○○○○○
꿀	●●○○○
스파이스	●●○○○
와인	●○○○○
견과류	●●○○○
몰트	○○○○○
과일	●●○○○
꽃	●●●○○

Craigellachie

크라이겔라키 증류소 아래로 흐르는 스페이 강에 펼쳐진 토머스 텔포드의 우아한 철제 교각

크라이겔라키

Craigellachie Distillery
Craigellachie, Aberlour, Banffshire AB38 9ST
Tel : +44 (0) 1340 872971
www.bacardi.com

크라이겔라키 마을에는 자랑거리가 세 가지 있다. 첫째는 토머스 텔포드의 우아한 교량이다. 둘째는 700 종류가 넘는 몰트위스키를 보유한 것으로 유명한 '퀘익스 바'가 있는 크라이겔라키 호텔이다. 마지막은 크라이겔라키 암반에 있는 크라이겔라키 증류소이다. '지칠 줄 모르는' 피터 맥키와 알렉산더 에드워드가 1891년에 설립한 이 증류소는 1896년에 확장되었고 1965년에 완전히 새롭게 재건축되었다. 이 과정에서 빅토리아 스타일의 파고다형 굴뚝만이 그대로 남았다. 근대적인 '워털루 스트리트' 형태로 재건축된 증류실의 유리창에 비치는 크라이겔라키 암반의 아름다움은 겨울밤의 봉화처럼 사람들을 반긴다.

크라이겔라키 증류소는 리틀 콘벌 샘의 물을 사용하며, 가볍게 피트 처리된 몰트를 주문하여 쓴다. 스테인리스스틸로 만들어진 대형 스테이네커 풀 라우터 여과조, 잎갈나무 발효조 8개, 대형 증류기 4개를 운영한다. 당화조는 기술적으로 가장 진보된 형태의 여과조로, 물을 세 번 붓는 고전적 당화 방식 대신 뜨거운 물방울을 지속적으로 살포하여 당화를 촉진하는 방식을 사용한다. 갈퀴와 칼날이 달린 거대한 팔이 통 안을 천천히 휘저으며 당분을 최대한 추출한다. 고전적인 벌레 모양 구리 냉각기를 사용하는 몇 안 되는 증류소로, 촉매 작용이 덜 일어나 더 풍부하고 유황 느낌이 나는 원액을 생산한다.

원액은 버번을 숙성한 아메리칸 오크 캐스크와 유로피언 오크 셰리 버트에서 숙성된다. 클라이겔라키는 오랫동안 화이트호스 블렌드 위스키의 주요 위스키로 사용되어왔다. 1998년, 크라이겔라키 증류소의 소유권이 듀어스에서 바카디로 넘어갔다. 하지만 증류소의 실제 운영자와 실무자는 바뀌지 않았다. 가볍게 피트 처리된 보리는 위스키에 가벼운 스모키한 향을 부여한다. 2004년부터 판매되기 시작한 크라이겔라키 싱글몰트는 싱글 스페이사이드 몰트 14년산으로 판매되고 있다. 고든&맥페일에서 병입하는 코노세어 초이스 1991, 카덴헤드에서 병입하는 오센틱 컬렉션 14년산, 더글러스 랭, 던컨 테일러, 시그내토리에서 병입한 독립병입 위스키도 판매된다. 오히려 오피셜 보틀이 구하기가 더 힘들지도 모른다. 오피셜 보틀을 구하고 싶다면 아버펠티 증류소에 있는 듀어스의 위스키 월드를 방문하는 것이 좋다. 현재 크라이겔라키 위스키는 생산량 대부분이 듀어스의 블렌드 위스키에 사용된다. 방문자센터는 따로 없지만 예약하면 방문할 수 있다.

211

CRAIGELLACHIE

크라이겔라키 14년

도수	40도
향	스모크함 약간과 고서 느낌이 섞인 달콤한 풀긔 향
맛	중간 정도 무게감과 상당한 단맛. 사과, 몰트 스도크, 구운 아몬드 맛
피니시	스모크한 사과나무향이 깃든 따뜻한 피니시. 중간 정도 길이
F유형	로얄 브라클라 10년, 벤로막 트래디셔널, 토버모리 10년 글렌킨치 디스틸러스 1995

프로필 특징

무게감	●●○○○
달콤함	●●●○○
스모크	●●○○○
약내음	○○○○○
담배	●○○○○
꿀	○○○○○
스파이스	●●○○○
와인	●○○○○
견과류	●●○○○
몰트	●●○○○
과일	●●●○○
꽃	●●○○○

달유인

Dailuaine Distillery
Aberlour, Banffshire AB38 7RE
Tel : +44 (0) 1479 810361

Dailuaine

달유인 증류소는 캐론 번 옆의 아름다운 숲 속에 있다.

게일어로 '녹색 계곡'을 뜻하는 달유인 증류소는 1851년 윌리엄 맥킨지에 의해 설립되었다. 이 증류소는 벤 린스와 스페이 강 사이의 캐론 샘 근처 아름다운 곳에 자리 잡고 있다. 1917년의 화재에도 불구하고 석회암으로 세워진 빅토리아 중기의 증류소 건물은 잘 보존되어 있다. 달유인 증류소는 스코틀랜드에서 최초로 파고다형 굴뚝을 설치한 증류소라는 자부심을 가지고 있다. 1950년대까지 체인으로 연결된 대형 수차 2개와 증기 엔진 4개에서 나오는 동력으로 가동했다. 펌프와 뒤지개에 동력을 공급하던 물은 냉각기에서 추출했다. 알프레드 바너드는 1887년 밀수꾼의 유령이 배회하는 달유인 증류소를 방문하여 긴 글을 남겼다. "우거진 덤불과 만개한 야생화, 수풀과 잡초가 무성한 이 화사한 대자연의 신록보다 부드럽고 환한 곳은 어디에도 없을 것이다. 시끄러운 도시의 천박한 시선으로부터 멀리 떨어진 이 조용한 곳을 둘러싸고 있는 자연의 아름다움과 사랑스러움이 죽음, 매장, 부활로 이루어진 위스키의 신비를 만들어낸다. 천국과도 같은 이곳에서 빚어진 깨끗한 술이야말로 전 세계 필멸자들에게 칭송받아야 마땅한 무엇이다." 100년이 넘도록 스코틀랜드 북부철도 부설 캐론역의 철길을 통해 달유인 증류소에서 쓰이는 원료와 생산된 위스키가 운반되었을 정도로 이곳은 한적하고 고요하다. 1967년까지 이러한 용도로 증기 열차 달유인 1번호가 운행되어왔으며, 이는 아버펠디 증류소(96쪽)에 보존되어 있다.

달유인 증류소는 베일리물리크 번의 물을 당화용수로 사용하며, 캐론 번을 냉각수 수원으로 사용한다. 두 강 모두 벤티니스의 지류다. 1950년에 전기 동력 체제를 갖추었고 풀 라우터 여과조 1개, 라크 발효조 8개, 램프형 1차 증류기 3개, 평이한 2차 증류기 3개를 운용하고 있다. 숙성 과정을 거쳐 버터스카치향으로 바뀌는 고기의 향과 황의 향이 충분한 증류 원액을 증류해내기 위해 촉매 반응이 큰 구리 대신 촉매 반응이 작은 스테인리스스틸 냉각기를 사용한다. 위스키 증류 과정에서 발생하는 폐수를 재활용하는 찌꺼기 처리소도 운영한다.

증류된 위스키는 버번과 셰리 캐스크를 통해 숙성된다. 대표작은 디아지오의 플로라&파우나 시리즈의 달유인 싱글 스페이사이드 몰트위스키 16년산이다. 생산량은 대부분 조니 워커 위스키의 원액으로 사용된다. 디아지오 매니저스 초이스 시리즈에 1997 셰리 싱글 캐스크 등의 특별한 라인업도 있으며, 고든&맥페일의 코노세어 초이스 1994 빈티지나 아델피, 시그내토리 등 다양한 독립병입본이 있다. 증류소 인근의 숲에 터를 잡고 살아가는 오소리를 엠블럼으로 사용한다. 방문자센터나 투어는 운영하지 않는다.

SPEYSIDE
SINGLE MALT SCOTCH WHISKY

DAILUAINE

is the GAELIC for "the green vale". The distillery, established in 1852, lies in a hollow by the CARRON BURN in BANFFSHIRE. This single Malt Scotch Whisky has a full bodied fruity nose and a smoky finish. For more than a hundred years all distillery supplies were despatched by rail. The steam locomotive "DAILUAINE NO.1" was in use from 1939 – 1967 and is preserved on the STRATHSPEY RAILWAY.

AGED 16 YEARS

달유인 16년

도수	43도
향	상당한 셰리향과 갱엿, 시나몬과 스모크향이 깃든 향긋한 과일향
맛	상당한 무게감과 달콤함을 지닌 균형 잡힌 육향. 크리스마스 케이크, 시트러스, 바닐라, 스파이스와 피트스모크의 향
피니시	셰리, 과일, 진저의 풍부하고 긴 피니시
C유형	토마틴 18년, 글렌파클러스 30년, 에드라도어 1996, 슈퍼 투스칸, 데터카렌 40년, 로얄 로크나가 12년, 글렌파클러스 21년

프로필 특징

무게감	●●●○
달콤함	●●●○
스모크	●●○○
약내음	○○○○
담배	●○○○
꿀	●●○○
스파이스	●●○○
와인	●●●○
견과류	●○○○
몰트	●●○○
과일	●●○○
꽃	●○○○

215

달모어

Dalmore Distillery

Alness, Ross-shire IV17 0UT

Tel : +44(0) 1349 882362

www.thedalmore.com

Dalmore

달모어 증류소는 증류액에 복잡한 성격을 부여하기 위하여 크기가 다양한 증류기를 사용한다.

북부어로 '넓은 목초지'를 뜻하는 달모어 증류소는 1839년 알렉산더 맷슨에 의해 설립되었다. 블랙 아일 건너편, 크로마티 만의 넓은 보리밭이 펼쳐진 곳에 자리 잡은 달모어 증류소는 방앗간이 있던 자리에 세워졌다. 크로마티 만 주위에는 돌고래, 왜가리, 독수리 같은 다양한 야생동물 서식지가 있다. 1898년 빅토리아 스타일의 증기 기관을 추가했으며, 1966년에 확장 공사를 하면서도 파고다가 있는 몰트 처리소를 비롯한 빅토리아풍의 다양한 구형 건물은 허물지 않았다. 제1차 세계대전 때는 미국에 징발되어 해저 탄광 치취 본부로 사용되었는데, 이때 증류소에 미국 스타일의 부두가 건설되었다.

80년 이상 달모어 증류소를 소유한 맥킨지 일족의 상징인 수사슴의 머리가 레이블의 문양을 장식한다. 전설에 따르면, 부상당한 수사슴의 돌진으로부터 알렉산더 3세를 구출한 맥킨지 일족을 치하하기 위하여 알렉산더 3세가 맥킨지 일족에게 수사슴 문양을 수여하였다고 한다. 이 사건을 기념하기 위한 특별한 위스키인 달모어 알렉산더 3세라는 위스키도 있다. 시가 애호가들에게 칭송받는 이 증류소는 시가 애호가들과 관계를 더 돈독하게 하려고 '시가 몰트' 위스키를 판매하기도 한다. '시가 몰트'는 쿠바의 하바노스 시가 페스티벌에서 상을 받기도 하였다. 달모어 위스키는 훌륭한 '애프터 디너' 몰트이기도 하다.

달모어 증류소는 모리 호에서 벤 위비스를 거쳐 흘러온 알네스 강의 물을 사용한다. 스테인리스스틸로 된 세미 라우터 여과조, 미송나무 발효조 8개, 증류기 8개를 운영한다. 상부가 평평한 소형 1차 증류기 3개와 대형 1차 증류기 1개를 운영하며, 환류를 촉진하기 위해 구리 냉각판이 장착된 소형 2차 증류기 3개와 대형 2차 증류기 1개를 사용한다. 이러한 다양한 증류기를 통하여 무겁고 풍부한 원액에서부터 과일향이나 꽃향기가 나는 원액에 이르기까지 다양하고 복잡한 성격의 원액을 생산해낸다. 생산량은 매우 많은 편이며, 생산된 원액은 대부분 블렌디드 위스키에 사용된다. 이 위스키는 퍼스트 필 버번 아메리칸 오크 캐스크와 특별히 선정된 올로로소 셰리 캐스크에서 숙성되며, 병입 전에 셰리 버트에서 혼합된다.

주요 라인업은 12년산, 15년산, 18년산과 그랑 리세르바로 구성되어 있다. 연어 낚시로 유명한 스코틀랜드의 디 강, 스페이 강, 테이 강, 트위드 강을 기념하는 달모어 리버 시리즈도 하나의 라인업을 이루고 있다. 달모어 리버 시리즈의 수익금 중 일부는 강의 자연을 보존하기 위한 기금에 기부된다. 달모어 몰트위스키는 현재 상류층 시장을 겨냥한 초고숙성 위스키를 그에 합당한 가격에 판매한다. 45~59년간 숙성한 오로라, 칸델라, 에오스, 셀렌, 시리우스 위스키와 150년 기념 크리스털 병, 50년 된 구형 디캔터가 이 라인업을 구성하고 있다. 달모어 1973 곤잘레스 비아스 셰리 캐스크 피니시나 달모어 1992 맥킨지 포트 파이프 피니시 같은 특별판도 생산한다. 달모어 위스키는 국제 주류 품평회 등에서 상을 셀 수 없이 받았다. 달모어의 위스키는 화이트&맥키의 블렌디드 위스키와 슈퍼마켓의 독자 블렌디드 위스키의 원액으로 사용된다. 방문자센터는 연중무휴로 운영되며, 비디오, 투어, 시음을 제공한다.

219

달모어 12년

도수	40도
향	견과류, 오렌지, 마지팬의 향과 스모크함이 약간 깃든 풍부한 과일향
맛	상당한 무게감과 달콤함. 오렌지 마멀레이드, 과일 케이크, 크림 토피, 스파이스, 세리향이 깃들어 있다.
피니시	마지팬, 세리, 오렌지 마멀레이드의 길고 달콤한 피니시
T유형	글렌로시스 1985, 스카파 16년, 토마틴 12년

프로필 특징

무게감	●●●○
달콤함	●●●○
스모크	●○○○
약내음	○○○○
담배	○○○○
꿀	●○○○
스파이스	●●○○
와인	●●○○
견과류	●●○○
몰트	●●○○
과일	●●●○
꽃	●○○○

달위니

Dalwhinnie Distillery
Dalwhinnie, Inverness-shire PH19 1AB
Tel : +44 (0) 1540 672 219
Email : Dalwhinnie.distillery@diageo.com
www.discovering-distilleries.com/dalwhinnie

Dalwhinnie

구리 나선형의 우아한 목재 냉각기들과 쌍둥이 파고다형 굴뚝은 달위니 증류소의 자랑이다 옛 하이랜드의 목동들이 다니던 길에 있는 달위니는 '만남의 평원'을 뜻하는 게일어 데일-코인-님에서 유래한 명칭이다. 18세기 하이랜드의 목동들은 그램피안 산과 모나드리아스 산 사이에 있는 바람이 잦은 이 평원에서 한숨을 돌렸다. 한숨 돌린 목동들은 소를 몰고 큰 시장이나 크리프나 폴커크의 소시장을 향해 남쪽의 드러모크터 산행로로 발걸음을 옮겼다.

1897년 알렉산더 맥킨지가 설립한 달위니 증류소는 1898년 곧바로 위스키를 생산하기 시작했다. '도시에서 멀리 떨어진, 비바람이 몰아치는 하이랜드의 야생 고원'이 증류소 부지로 선정된 이유는 깨끗한 하이랜드의 물과 충분한 피트 그리고 하이랜드 철도와의 인접성 때문이었다. 1926년 디아지오의 일원인 디스틸러스 컴퍼니에 인수되기 전까지 소유권이 여러 차례 바뀌었다. 1938년에 큰불이 나 재건되었고, 1970년대에 현대화되었으며, 1990년대에 방문자센터 건설을 포함한 확장 공사를 하였다. 1930년대풍 흰색 석조 건물에는 슬레이트 지붕과 파고다형 쌍둥이 굴뚝이 부착되어 있다. 스코틀랜드에서도 높은 해발 327m에 있는 증류소로, 몹시 추운 증류소의 하나로 본다. 영국 기상청에 따르면, 이곳은 브리튼 거주 지역 중 가장 추운 곳으로, 평균 온도가 섭씨 6.2도에 달한다.

해발 610m에 있는 로칸 안 도어 웨인(녹색 덤불의 호수)의 눈 녹은 물이 피트와 자줏빛 헤더 사이로 흘러 증류소 인근의 알트 안 술릭 강으로 모인다. 현재 증류소는 가볍게 피트 처리된 보리를 사용한다. 스테인리스스틸 풀 라우터 여과조 1개, 미송나무 발효조 1개, 개솔송나무 발효조 1개, 시베리안 라크 발효조 4개, 양파형 증류기 2

개를 운용하고 있다. 증류소 건물 전면에 있는 나무통에 설치된 전통적인 구리 나선 형태의 냉각기를 통해 증류액을 채집한다는 것은 이 증류소의 특징이다. 생산된 위스키는 익스 버번 아메리칸 오크 캐스크에 담겨 숙성된다. 고도와 습도 때문에 다른 증류소의 위스키에 비해 숙성 기간이 긴 편이다.

주요 라인업으로는 디아지오 클래식 몰트 시리즈의 달위니 싱글 하이랜드 몰트위스키 15년산, 디스틸러 에디션에 속한 이중 숙성 빈티지 1990, 올로로소 셰리 캐스크 피니시 1992, 매니저스 초이스 시리즈로 1992년 증류되어 아메리칸 오크에서 숙성시킨 달위니 등이 있다. 초창기 달위니 위스키 라벨에는 '헤더의 화려한 피니시가 가미된 우아한 몰트위스키'라는 수식어가 붙어 있었다. 실제로 달위니 위스키는 블랙 포레스트 케이크, 끈적끈적한 토피 푸딩, 크림 등과 함께 훌륭한 디저트 세트를 구성할 수 있다. 또 뷰캐넌 블렌디드 위스키의 주요 원액으로도 사용된다. 겨울의 평일을 제외하고는 연중무휴로 운영되는 방문자센터는 연간 3만 명이 방문할 정도로 관광 명소로 알려져 있다. 방문자센터에서는 투어와 시음, 쇼핑을 지원한다.

223

달위니 15년

도수 43도

향 인동덩굴, 오렌지 마멀레이드와
스모크함이 약간 느껴지는
향긋하고 달콤힌 향

맛 중간 정도의 무게감과 달콤함.
시트러스, 헤더 꿀, 바닐라,
섬세한 피트향이 깃든 비단처럼
부드럽고 크리미한 맛

피니시 헤더 꿀, 마멀레기드, 스모크로
이루어진 건조하고 긴 피니시

H유형 카두 12년, 발메낙 12년,
안녹 12년, 탐두

프로필	특징
무게감	●●○○○
달콤함	●●○○○
스모크	●●○○○
약내음	○○○○○
담배	○○○○○
꿀	●●●○○
스파이스	●●○○○
와인	○○○○○
견과류	●○○○○
몰트	●●●○○
과일	●●○○○
꽃	●●○○○

Deanston

테이스 강 인근 교외의 정취가 느껴지는 딘스턴 증류소는 18세기 면직공장을 개조해 만들었다.

딘스톤

Deanston Distillery
Deanston, Perthshi˜e, FK16 6AG
Tel : +44 (0) 1786 841 422
www.burnstewartdistillers.com

퍼스샤이어의 캐슬 다운 인근의 테이스 강 강변에 있는 딘스톤 증류소는 다축 방적기를 발명한 리처드 아크라이트가 1786년에 설립한 면직공장을 전신으로 설립되었다. 현재 사용되는 건물은 대부분 면직공장 시절에 건설된 건물들이다. 면직공장 시절에는 케이스 강에 설치된 거대한 수차 네 개로 이루어진 물레방아를 동력원으로 사용했다. 지금도 수차에 장착된 고효율 수력 터빈을 통해 증류소 동력의 75%를 보급 받고 있다. 사용된 물은 박쥐들이 살고 있는 빅토리아 동굴의 지저천을 거쳐 다시 강으로 돌아간다. 1965년에 위스키 증류소로 전환되었는데, 기존의 방직실을 숙성 저장고로 사용하는 등 면직공장 시절의 건물들을 잘 활용하고 있다.

기본적으로 피트 처리되지 않은 스코틀랜드 산 몰트 보리를 사용한다. 하지만 당화 과정에서 사용하는 물에 피트 성분이 있어 완성된 위스키에 스모키함을 약간 더해준다. 개방형 철 주조 여과조 1개, 스테인리스스틸 발효조 8개, 넥에 보일 볼이 장착된 중형 포트 스틸 4개를 운용한다. 환류작용을 강화하기 위해 위쪽으로 뻗은 라인 암을 사용하며, 넥 주변에는 황동 고정대가 설치된 특이한 형태의 증류기를 사용한다. 생산된 위스키 원액은 주로 아메리칸 오크와 유로피언 오크 리필 캐스크에서 숙성되며, 일부는 특별한 피니시를 위해 셰리 버트 등에서 숙성된다.

딘스톤 싱글 하이랜드 몰트위스키의 주요 라인업은 12년산이다. 그 밖에 새 오크로 만든 캐스크로 피니시한 숙성 연한이 표기되지 않는 버진 오크, 옵틱의 보리로 만들어지고 지질협회의 인증을 받은 딘스톤 오가닉 10년산 등의 라인업이 있다. 마크&스펜서를 통해서만 구할 수 있는 12년산 딘스톤 특별판도 주요 라인업이라 할 수 있다. 만들어진 위스키는 증류소 모회사가 소유한 블렌디드 위스키인 스코티시 리더와 블랙 보틀의 원액이나 1993년과 1999년 국제 주류 품평회에서 금메달을 딴 드럼그레이 하이랜드 크림 리큐르의 원액으로 사용되기도 한다. 방문자센터는 연중무휴로 운영된다. 방문자들은 투어와 시음을 즐길 수 있다.

227

딘스톤 12년

도수	비냉각여과 46.3도
향	몰트향을 중심으로 세비야 오렌지, 토피, 먼솔, 스모크함이 약간 어우러진 향긋한 꿀향
맛	중간 정도의 무게감과 건조함. 과일, 군밤, 구운 마멀레이드, 풍부한 스파이스가 어우러진 강렬한 몰트향
피니시	토스트, 꿀, 스파이스가 어우러진 길고 드라이한 피니시
F유형	벤로막 트래디셔널

프로필 특징

무게감	●●○○○
달콤함	●●○○○
스모크	●○○○○
약내음	●○○○○
담배	○○○○○
꿀	●●○○○
스파이스	●●○○○
와인	○○○○○
견과류	●●○○○
몰트	●●●○○
과일	●●●○○
꽃	●●○○○

Dufftown

스페이사이드 최대 규모를 자랑하는 더프톤 증류소의 스테인리스스틸 발효조

더프톤

Dufftown Distillery
Dufftown, Banffshire, AB55 4BR
Tel : +44 (0) 1340 822 960
www.malts.com

229

피터 맥킨지와 리처드 스택폴이 1896년 한 제분소를 개조하여 더프톤 증류소를 설립했다. 스페이 강 지류인 둘란 강 강가의 숲 옆, 구불구불한 언덕에 있으며 빅토리아풍의 느낌을 잘 간직한 석재 건물로 이루어져 있다. 아서 벨&선즈가 1933년 매입한 이러 더프톤 증류소에서 생산된 몰트는 벨의 블렌디드 위스키의 키 몰트로 사용되어 왔다. 더프톤은 증류소 인근 강에서 숭어를 사냥하는 물총새를 엠블럼으로 사용한다.

증류소에서 6km 떨어진 콘발 힐에서 솟아나오는 하이랜드 존스 웰을 수원으로 사용한다. 이곳 샘물은 가장 건조한 여름에도 마르지 않으며 매우 깨끗하다. 위스키 증류를 위한 최적의 수원 중 하나였기에 물 소유권을 두고 여러 증류소가 격렬히 분쟁한 역사가 있다. 인근 증류소의 일꾼들이 밤중에 몰래 나가 샘의 지류 방향을 틀

고, 그 방향을 다시 또 틀고 하는 사건이 끊임없이 일어난 이 샘의 소
유권은 20세기 초반에 와서야 더프톤 증류소로 확정되었다.

1968년 한 차례 확장했으며 1980년과 1999년에 또다시 확장하
며 현재 규모로 성장하였다. 스테인리스스틸 풀 라우터 여과조 1개,
스테인리스스틸 발효조 12개, 증류기 6개를 운용하여 복합적인 증
류 과정을 거쳐 1년에 580만 리터 이상의 증류주를 생산한다. 2차
증류기는 1차 증류기보다 크다. 디아지오 소속 증류소 중 두 번째
로 규모가 큰 증류소다. 참고로 디아지오에 소속된 가장 큰 증류소
는 로즈아일 증류소다.

생산된 위스키는 주로 스패니시 셰리와 아메리칸 오크 버번 캐스
크를 통해 숙성된다. 블렌디드 위스키의 원액으로 사용될 위스키들
은 리필 캐스크에서 숙성된다. 생산량은 대부분 조니 워커와 벨 블
렌디드 위스키의 원액으로 사용된다. 싱글몰트위스키 라인업은 싱
글톤 오브 더프톤 12년산과 15년산, 디아지오의 플로라&파우나
시리즈의 15년산, 매니저스 초이스 1997 등으로 이루어져 있다. 독
립병입본으로는 고든&맥페일의 21년산, 카덴헤드 오센틱 컬렉션의
15년산, 시그내토리의 31년산 등이 있다. 방문자센터나 투어를 제
공하지 않는다.

231

더 싱글톤 오브 더프톤 12년

도수	40도
향	구운 헤이즐넛이나 아몬드, 구운 사과, 말린 과일, 흑설탕의 풀 향
맛	처음에는 중간 정도의 무게감과 달콤함이 느껴지다가 오렌지, 다크 초콜릿, 에스프레소 커피, 약간 스모크함이 아름답게 조화된 우아하고 건조한 느낌의 맛
피니시	초콜릿 오렌지과 헤이즐넛이 어우러진 중간 정도 길이의 피니시
T유형	달모어 12년, 토마틴 12년, 밀톤더프 10년, 글렌로시스 1985, 스카파 16년, 글렌로시스 1992

프로필	특징
무게감	●●○○
달콤함	●●●○
스모크	●○○○
약내음	○○○○
담배	○○○○
꿀	●●○○
스파이스	●●○○
와인	●●●○
견과류	●●○○
몰트	●●●◐
과일	●●○◐
꽃	●●○○

에드라도어

Edradour Distillery
Pitlochry, Perthshire PH16 5JP
Tel : +44 (0) 1796 473524
www.edradour.com

고전적 농장식 증류소로 설립된 에드라도어 증류소는 스코틀랜드
에서 가장 작은 증류소 중 하나다. 현재 단 세 명이 이 증류소를 운
영한다. 19세기의 위스키가 어떤 작업을 거쳐 생산되었는지 궁금하
다면 에드라도어 증류소를 찾아가보면 된다. 1825년에 지역의 농
업협동조합이 설립했으며 1837년 아솔 공작에게 현재의 건물을 대
여하여 지금까지 사용한다. 에드라도어 번 강가의 피트로크리이 위
의 작은 언덕에 있다. '에드라도어 강'이라는 명칭이 게일어 에드레드
도바르(에드레드 왕의 강. 에드레드 왕은 943~975에 재위한 잉글랜드의 옛 왕이
다)에서 파생된 만큼 상당히 유서 깊은 강이다. 알프레드 바너드는
이 강을 "이 지역에서 가장 활기차고 강렬한 강"이라고 평가했다. 이
러한 곳에 우뚝 서 있는 에드라도어 증류소는 외부의 하얀 석재 건
물이나 내부의 목재 장비들이나 설립 이래 거의 변함없이 예전 모습

을 유지하고 있다.

증류소 인근의 작은 샘을 수원으로 사용한다. 이 샘물은 화강암 언덕을 타고 내려와 물린 무어의 피트를 지나 차갑고 깨끗하게 솟아오른다. 규모나 수원, 증류기에 이르기까지 이 증류소와 관련된 모든 것은 조그마하다. 주조 철로 만든 여과조 1개, 미송나무 발효조 2개, 구리 나선 냉각기가 부착된 초소형 증류기 2개를 운용한다. 여기서 사용하는 증류기는 주세법이 지정하는 한도 안에서 가장 작다. 초소형 증류기는 숨기기 쉽기 때문에 밀주 용도로 악용될 여지가 있어 법으로 금지되어 있다. 실제로 18세기 밀주에 사용되던 증류기는 대부분 초소형이었다. 이곳 역시 밀주 위스키의 오랜 역사를 이끌어온 중요한 지역이다.

2009년까지 고전적인 모튼 냉장기로 워트액을 냉각했다. 2009년, 사용하던 모튼 냉각기를 철거하고 똑같은 모델의 모튼 냉장기를 조립해 사용하기 시작하였다. 현재 위스키업계에서 므튼 냉장기를 사용하는 증류소는 이곳뿐이다. 2007년에 병입 공장을 증설하였고, 2009년에 저장고를 증설하였다. 병입과 숙성 모두 증류소 내부에서 처리할 수 있는 설비를 갖추었다. 저장고 옆에 통제실이 있다.

작지만 무겁고 땅딸막한 증류기는 너트 느낌을 강하게 풍기는 특유의 위스키를 소량 생산한다. 일

233

개울 위의 나무다리와 하얀 증류소 건물 그리고 몰트 저장고는 그림 같은 풍경을 만든다.

반적인 스페이사이드 증류소들이 1주일에 생산하는 양을 1년에 걸쳐 생산할 정도로 생산량이 매우 적다. 실제로 이곳의 주수입원은 위스키 판매대금보다는 정원이 아름다운 고전적인 농장 증류소의 매력에 매료된 방문객들이 지출하는 관광 수입이다. 실제로, 에드라도어 증류소의 방문·관광 관련 파트에서 근무하는 일꾼의 수는 위스키 생산 파트에서 근무하는 일꾼의 수를 크게 웃돈다.

에드라도어 싱글 하이랜드 몰트위스키의 주요 라인업은 10년산과 12년산이다. 일일이 수작업으로 만든 이 위스키를 구하기는 정말 쉽지 않은 고생스러운 일이지만 이 위스키의 품격은 그 고생을 하고 구할 정도로 훌륭하다. 위스키 저자인 그레이엄 노운이 "찰스 디킨스의 소설에 나오는 과자점에 들어가는 것 같은 느낌"이라고 표현한 에드라도어 특유의 향을 느낄 수 있다. 이 아름다운 표현은 위스키뿐 아니라 증류소의 아름다움을 서술하는 데도 적절할 것이다.

일반 위스키 외에도 다양한 싱글 캐스크 에디션과 우드 피니시 위스키를 생산했다. 에드라도어의 '스트레이트 프롬 더 캐스크' 빈티지는 바롤로, 보르도, 버건디, 샤도네이, 샤토뇌프 드 파페, 마데이라, 마르살라, 모스카텔, 포트, 럼, 사시카이아, 소테른, 셰리 등을 담았던 와인 배럴로 피니시한다. 이 밖에도 마데이라, 마르살라, 올로로소 셰리, 포트 파이프 등으로 피니시한 강한 피트 위스키 라인업인 에드라도어 발레킨 시리즈와 에드라도어 크림 리큐르를 생산하기도 한다. 방문자센터는 동영상과 전통적인 위스키 제작 방식 전시관, 시음 등의 프로그램을 갖추고 있다. 투어와 시음을 즐기며 19세기 위스키 생산시대로 돌아가는 시간을 가져볼 수 있다.

235

에드라도어 10년

도수	40도
향	설탕 입힌 아몬드, 셰리, 민트에 스모크향이 약간 어우러진 향긋한 꿀향
맛	중간 정도의 무게감과 상당한 단맛. 피스타치오, 과일, 보리, 스파이스함이 약간 어우러진 부드러운 셰리닷
피니시	오크에서 나오는 견과류의 느낌과 꿀이 어우러진 편안하고 달콤한, 중간 정도 길이의 피니시
D유형	싱글톤 오브 글렌 오드 12년, 에드라도어 1985 샤토 디켐, 맥캘란 파인 오크 15년

프로필	특징
무게감	●●○○
달콤함	●●●○
스모크	●○○○
약내음	○○○○
담배	○○○○
꿀	●●○○
스파이스	●●○○
와인	●●○○
견과류	●●●○
몰트	●○○○
과일	●●○○
꽃	●●○○

Fettercairn

캐스크를 3층 이상으로 쌓지 않는 페터카렌 증류소의 전통적인 더니지 저장고

페터카렌

Fettercairn Distillery
Laurencekirk, Kincardineshire AB30 1YB
Tel : +44 (0) 1561 340205
www.whyteandmackay.co.uk

1824년 알렉산더 램지 경이 아름다운 킨카딘셔 언덕의 옥수수 제분소 터에 페터카렌 증류소를 설립했다. 1830년, 존 글래드스턴 경이 이 증류소와 파스크 하우스(킨카딘셔의 유명한 저택 중 하나)를 매입하였다. 존 글래드스턴 경은 1868년부터 1894년까지 영국의 수상을 지낸 윌리엄 이워트 글래드스턴의 아버지다. 유년기를 킨카딘셔에서 보낸 글래드스턴 수상은 지긋지긋한 몰트세를 폐기하고 유리 위스키병을 허가하는 등 위스키 산업 부흥에 큰 역할을 한다. 1861년 빅토리아 여왕과 앨버트 대공이 스코틀랜드 여행 중 페터카렌 증류소에 들른 적이 있다.

1890년 화재 이후 재건되었고, 1966년에 증류기 4개를 갖추는 규모로 확장되었다. 파고다형 굴뚝에 벽이 하얗고 몰트 처리실로 사용되는 빅토리아풍 건물이 이 증류소의 특징이다. 그램피안 산의 크록 칼마(단단한 언덕) 샘을 수원으로 사용하며, 스탱크아이 호를 냉각수원으로 사용한다. 또 가볍게 피트 처리한 몰트 보리와 중간 정도로 피트 처리한 몰트 보리를 재료로 쓴다. 전통적인 이 증류소는 구리가 덮인 철 주조 여과조 1개, 미송나무 발효조 8개, 소형 포트 스틸 4개를 운용한다. 2차 증류기에는 넥을 냉각하는 냉각 급수기가 장착되어 있어 증기를 냉각시키고 환류작용을 강화해 가볍고 깔끔한 증류 원액을 생산해낸다.

생산된 위스키는 아메리칸 오크 버번 캐스크와 유로피언 오크 셰리 캐스크, 리필 캐스크 등에 담겨 증류소 안에 있는 저장고에서 숙성된다. 증류소에서 숙성 중인 가장 오래된 페터카렌 캐스크는 1962년에 증류되었다. 숙성 연한을 표기하지 않고 냉각 여과를 거치지 않은 페터카렌 싱글 하이랜드 몰트 '피오르'가 이 증류소의 대표 위스키라고 할 수 있다. '피오르'는 게일어로 순결을 뜻하는데, 위스키 엠블럼도 '순결'을 상징하는 유니콘이다. 유니콘은 램지 가의 문장에도 사용된다. 페터카렌 증류소는 이 밖에도 냉각 여과되지 않은 24년, 30년, 40년 숙성 위스키 등을 생산하며, 싱글 캐스크 18년산 등 증류소에서만 판매하는 싱글 캐스크 에디션도 생산한다. 고든&맥페일의 코노세어 초이스 1992, 카덴헤드 오센틱 컬렉션 1993, 시그내토리 등의 다양한 독립병입본 또한 존재한다. 페터카렌의 위스키는 화이트&맥키를 비롯한 다양한 블렌디드 위스키의 원액으로 사용되기도 한다. 방문자센터와 숍에서는 동영상과 증류소 투어, 시음 등을 제공한다.

239

페터카렌 피오르

도수 비냉각여과 42드

향 오렌지, 초콜릿 트뤼플,
시나몬, 진저

맛 중간 정도의 무게감과 드라이함.
에스프레소 커피, 마지팬,
다크 초콜릿, 타르트 오렌지가
어우러진 맛

피니시 초콜릿 트뤼플과 시트러스의
달콤함으로 시작해서
스모키한 헤이즐넛으로 끝나는
비교적 긴 피니시

I 유형 스프링뱅크 10년, 오번 14년,
코네마라 피티드

프로필 특징

무게감	●●○○○
달콤함	●●○○○
스모크	●●●○○
약내음	●●○○○
담배	○○○○○
꿀	●●○○○
스파이스	●●○○○
와인	●○○○○
견과류	●●●○○
몰트	●●○○○
과일	●●○○○
꽃	●○○○○

Glenallachie

냉각기에서 나오는 따뜻한 물은 증류소 인근의 오리가 사는 연못으로 방출된다.

글렌알라키

Glenallachie Distillery
Aberlour, Banffshire, AB38 9LR
Tel : +44 (0) 1340 871 315

241

1967년 찰스 맥킨리&컴퍼니가 아버라워 위쪽, 루어 번 강변에 글렌
알라키 증류소를 설립했다. 윌리엄 델메 에반스가 설계한 이 현대적
증류소는 1960년대의 단층형 증류소의 표준으로, 펌프를 사용하지
않고도 중력을 활용하여 증류소를 가동한다. 원래 맥킨리의 블렌드
위스키 원액을 생산하기 위해 건설되었으며 1985년 운영을 중단했
다가 1989년 페르노리카가 인수하며 운영을 재개하였다.

루어 번의 댐 아래로 흐르는 작은 폭포수가 모인 저수지 물을 냉
각수원으로 사용한다. 냉각기를 냉각시키며 따듯해진 물은 다시 파
이프를 통해 저수지로 방류되어 겨울이면 저수지에서 김이 모락모
락 올라오는 신기한 장면을 볼 수 있다. 따뜻한 물 덕분에 증류소
아래 저수지에서는 오리들이 모여 산다.

글렌알라키 증류소는 벤리니스의 눈이 녹은 물과 지하 깊은 곳

의 화강암 사이를 흐르는 물을 퍼 올려서 사용하며 가볍게 피트 처리된 몰트 보리를 쓴다. 스테인리스스틸 세미 라우터 여과조 1개, 스테인리스스틸 발효조 6개, 중형의 단식 증류기 4개를 운용한다. 허리 부분이 잘록한 랜턴형의 1차 증류기, 일반적인 양파형의 2차 증류기를 사용하는 것이 특징이다. 특이하게도 증류기 4개 모두 수평형의 셀&튜브형 냉각기를 사용한다. 생산된 위스키는 기본적으로 익스 버번 아메리칸 오크 캐스크에서 숙성되며, 블렌디드 위스키의 원액용 위스키는 리필 캐스크에서 숙성된다. 피니시가 특별한 싱글몰트위스키를 만들기 위해 퍼스트필 올로로소 셰리 버트를 사용하기도 한다.

시바스 브라더스에서 셰리 버트에 숙성한, 냉각 여과하지 않은 글렌알라키 싱글몰트 스카치위스키 캐스크 스트랭스 16년산을 판매한다. 일반 버번 캐스크에서 숙성한 고든&맥페일의 코노세어 초이스 1992 빈티지를 통해서도 글렌알라키 위스키를 만날 수 있다. 두 위스키의 성격이 매우 다른 것은 캐스크 숙성과 냉각 여과가 위스키에 미치는 영향이 얼마나 큰지를 잘 보여준다.

이 밖에도 시그내토리, 카덴헤드, 더글러스 랭 등에서 다양한 독립병입본을 병입 판매한다. 이는 클랜 캠벨 블렌디드 위스키의 원액으로 사용되기도 한다. 방문자센터나 투어를 운영하지 않는다.

243

글렌알라키 1992 17년

도수	43도
향	몰트와 스모크함이 약간 어우러진 향긋한 풀향
맛	스파이스, 몰트, 꿀의 향이 어우러진 가볍고 상당히 달콤한 맛
피니시	후추와 향수의 느낌이 어우러진 상당히 짧고 달콤한 피니시
G유형	글렌피딕 12년, 노칸도 12년, 브라이스 오브 글렌리벳 10년, 글렌고인 10년

프로필 특징

무게감	●○○○
달콤함	●●○○
스모크	●○○○
약내음	○○○○
담배	○○○○
꿀	●○○○
스파이스	●●○○
와인	●○○○
견과류	●○○○
몰트	●●○○
과일	●●○○
꽃	●●●○

글렌버기

Glenburgie Distillery
By Alves, Forres, Morayshire IV36 2QY
Tel : +44 (0) 1343 850258

Glenburgie

2004년 현대화 공사를 진행해 개조된 단층의 글렌버기 증류소는 효율적이며 인체공학적이다.
컴퓨터의 도움으로 한 명이 증류소 공정 전체를 통제할 수 있다.

245

글렌버기 증류소는 1810년 킬른플랫 증류소라는 이름으로 설립되었다. 1829년, 그레인지와 스털링 증류소를 소유한 윌리엄 폴이 합법 인가를 받았다. 1878년, 킬른플랫 증류소는 포레스어서 5km 떨어진 16세기의 성채 버기 캐슬(현재는 탑 하나만 남아 있다)의 이름을 따 증류소 이름을 글렌버기로 바꾼다. 1887년 알프레드 바너드는 글렌버기 증류소를 "아주 오래된, 상상할 수 있는 가장 오쾌된 스타일의 증류소"라고 평하였다. 이니어스 맥도널드는 1930년에 출판한 『스카치위스키』에서 이 증류소를 하이랜드에서 뛰어난 □2개 증류소 중 하나라고 평하였다. 1930년대 후반 이 증류소는 미스 니콜이란 여성이 운영했다. 여성이 증류소를 운영하는 것은 무척 드문 일로, 카두 증류소의 헬렌 커밍과 엘리자베스 커밍(193쪽), 라프로익 증류소의 베시 윌리엄슨 정도밖에 없다.

고전적인 것과 현대적인 것이 완벽히 대조되어 있는 증류소는 모레이셔 농지의 나무가 우거진 계곡에 있다. 머레이 퍼스에서 불어오는 신선하고 소금기 있는 바람이 증류소를 휘감는다. 1810년 설립 당시 지어진 조지풍 석재 건물을 여전히 유지하고 있다. 이 건물을 사장실과 세무 사무실로 사용한다.

글렌버기 증류소는 전통적인 구리 덮인 여과조, 미송나무 발효조 6개, 스테인리스스틸 발효조 7개, 전통적인 단식 증류기 4개를 운용한다. 필요에 따라 매우 가볍게 피트 처리된 몰트 보리를 구해 쓴다. 1958년 증류소를 확장하며 전통적인 플로어 몰팅 방식을 중단하고 로몬드 스틸을 2개 증축하였다(로몬드 스틸은 1981년 철거된다). 이 시기에 매우 풍부하고 어느 정도 피트 느낌이 살아 있는 글렌크레이그

몰트위스키를 생산했다. 여전히 글렌크레이그 35년산을 시중에서 구할 수 있다.

현대화 작업 이후에 글렌버기 증류소는 완전히 다시 태어났다고 할 수 있다. 열순환 방식으로 동력 효율성을 극대화하고, 버기 힐의 경수를 특수 처리로 연화해 사용한다. 새로운 증류소는 풀 라우터 여과조 1개, 스테인리스스틸 발효조 12개, 양파형 단식 증류기 6개로 무장하였다. 단식 증류기 6개 중 4개는 기존에 사용하던 것이다. 생산된 위스키는 기본적으로 켄터키 헤번 힐의 익스 버번 배럴에서 숙성되며, 일부는 특별한 피니시를 위해 올로로소 셰리 캐스크에서 숙성된다.

글렌버기 싱글 하이랜드 몰트위스키의 대표작은 고든&맥페일의 스페이사이드 몰트 시리즈의 글렌버기 10년산이다. 고든&맥페일에서는 이 밖에도 1964 같은 다채로운 빈티지를 출시하며, 시그내토리에서도 다양한 글렌버기 위스키를 판매한다. 하지만 생산량은 대부분 티저나 발렌타인의 블렌디드 위스키의 원액으로 사용된다. 현재 시판하는 몰트위스키는 옛 글렌버기 증류소에서 생산되었지만, 새 글렌버기 증류소에서 생산된 위스키 역시 예전의 위스키와 거의 다르지 않다. 글렌버기 특유의 성격을 유지하려고 많이 노력했기 때문이다. 방문자센터나 투어를 운영하지 않는다.

247

글렌버기 10년

도수	40도
향	말린 과일, 올로로소 셰리와 타르 로프 느낌이 약간 어우러진 달콤하고 크리미한 향
맛	중간 정도의 무게감과 상당한 달콤함. 그레이프프루트, 대추, 감초, 검은 후추가 어우러진 맛
피니시	대추, 감초, 셰리가 어우러진 중간 정도 길이의 피니시
유형	토마틴 12년, 글렌로시스 1985, 토민토웰 올로로소 12년, 글렌로시스 1392, 밀톤더프 10년, 달모어 12년

프로필 특징

프로필	특징
무게감	●●○○○
달콤함	●●●○○
스모크	●○○○○
약내음	○○○○○
담배	○○○○○
꿀	●●○○○
스파이스	●●○○○
와인	●●●◐○
견과류	○●○◐○
몰트	●●○○○
과일	●●●◐○
꽃	●○○◐○

Glencadam

브레킨의 외곽, 스트라스모어 계곡의 아름다운 숲에 있는 글렌카담 증류소

글렌카담

Glencadam Distillery
Brechin, Angus DD9 7PA
Tel : +44 (0) 1356 622 217
www.glencadamdistillery.co.uk

249

1824년 주세법이 개정되어 대형 증류가 허가되었다. 1년 뒤인 1825년 브레킨 외곽에 글렌카담 증류소가 설립되었다. 이 증류소는 시드로 힐에 있는 스트라스모어 계곡의 매우 아름다운 곳에 있다. 이곳은 고대 사암 도시 브레킨이 있던 곳으로, 브레킨은 1150년경에 건설되어 성 니니안에게 봉헌된 중세 대성당과 기다란 도시 외벽을 가진 도시였다. 에스크 강가의 도시였던 브레킨 인근에서는 수많은 역사적 전투와 사건이 일어났다. 글렌카담 증류소는 이러한 역사적 장소에 자리한 증류소이다.

20세기 초, 글렌카담 하이랜드 몰트위스키는 당시 국왕 에드워드 7세가 선호하던 블렌디드 위스키 길모어 톰슨 로얄 블렌드의 원액으로 사용되었다. 1959년 히람 워커가 기존의 조지풍 건물을 최대한 유지하는 선에서 증류소를 증축하였다. 증축 이전에 세관 사무실로 사용되던 건물은 현재 증류소 사무실로 사용되고 있다. 글렌카담 증류소를 중심으로 발전한 브레킨은 공동묘지, 실버타운, 축구팀 브레킨 시티 세 가지로 유명하다.

글렌카담 증류소의 수원은 글렌 에스크의 무란으로, 그렘피안 힐의 무어풋에서 흘러온다. 철 주조 여과조 1개, 스테인리스스틸 발효조 6개, 소형 단식 증류기 2개를 운용한다. 15도 정도 위쪽으로 경사진 라인 암은 환류작용을 강화해 가볍고 향기로운 증류 원액을 생산해낸다. 연간 400만 리터의 블렌디드 위스키를 생산할 수 있는 거대한 혼입·병입 시설을 갖추고 있다. 생산된 위스키는 리필 혹스헤드, 익스 버번 배럴, 유로피언 오크 셰리 캐스크 등에 담겨 증류소 옆의 저장고에서 숙성된다.

글렌카담 싱글 하이랜드 몰트위스키의 라인업으로는 냉각 여과되지 않은 10년산과 15년산, 포트 파이프 피니시 12년산, 올로로소 셰리 캐스크 14년산, '더 익셉셔널' 21년산 등이 있다. 독립병입본으로는 고든&맥페일의 코노세어 초이스, 카덴헤드 오센틱 컬렉션의 17년산과 21년산, 시그내토리나 더글러스 랭의 독립병입본 등이 있다. 생산량은 대부분 발렌타인의 블렌디드 위스키나 스튜어트 크림 오브 더 발리 등의 원액으로 사용된다. 방문자센터를 운영하지 않지만 예약하면 증류소를 방문할 수 있다.

251

글렌카담 10년

도수	비냉각여과 46도
향	막 벤 건초와 시트러스, 신선한 오크의 향긋한 풀향
맛	중간 정도의 무게감과 상당한 단맛. 시트러스 약간, 바닐라, 버번 오크가 어우러진 에페르베 와인 같은 맛
피니시	몰트와 시트러스로 이루어진 상당히 짧은 피니시
H유형	스페이번 10년, 링크우드 F&F 12년, 안녹 1991, 올트 아바나 12년, 스페이사이드 12년

프로필 특징

무게감	●●○○
달콤함	●●●○
스모크	○○○○
약내음	○○○○
담배	○○○○
꿀	●○○○
스파이스	●○○○
와인	○○○○
견과류	●●○○
몰트	●●○○
과일	●●○○
꽃	●●○○

글렌드로낙

싱글몰트위스키 증류소

GlenDronach Distillery
Forgue, Huntly, Aberdeenshire AB54 6DB
Tel : +44 (0) 1466 730 202
www.glendronachdistillery.co.uk

GlenDronach

아름다운 자갈밭 안뜰, 파고다형 굴뚝이 붙어 있는 글렌드로낙 증류소의 몰트 건조실

게일어로 '검은 딸기의 계곡'을 뜻하는 글렌드로낙은 헌틀리 마을 옆의 포그 계곡에 있는 작은 증류소이다. 이 증류소는 1771년에 설립된 글렌 하우스 증류소 옆의 제분소를 개조하여 만들어졌다. 제임스 알라다이스가 1826년 증류 허가를 받았지만, 그 시절 스코틀랜드의 증류소들이 다들 그러했듯이 18세기부터 위스키 증류를 해왔을 것이다. 초창기 글렌드로낙 위스키에 대한 재미있는 일화가 있다. 설립자 알라다이스는 에딘버러에서 '기드^{Guid}(스코틀랜드어 방언으로 good을 뜻한다) 글렌드로낙' 위스키를 홍보할 때 글렌드로낙 위스키의 열렬한 애호가였던 술집 여자 두 명을 증류소 명예 직원으로 임명하였다. 두 아가씨는 로얄 마일의 술집들에서 글렌드로낙 위스키를 열심히 홍보해 '기드 글렌드로낙'이라는 평판을 만드는 데 지대한 공헌을 했다는 것이다.

253

알프레드 바너드는 1887년 이 증류소에 대해 "고전적이고 아름답다"라고 평하며 드로낙 번의 강물로 돌아가는 수차 2개로 동력이 공급되는 증류소는 "비록 살짝 빛이 바랜 느낌이 있지만, 여전히 밝고 깨끗하다"고 언급했다.

2005년 전까지 증류기는 석탄으로 가열되었고, 보리는 파고다가 달린 몰트 건조실에서 고전적인 플로어 몰팅을 통해 작업되었다. 오늘날에는 피트 처리되지 않은 몰트를 외부에서 구해 사용하며, 증류기는 증기로 가열한다. 2005년 이후 생산된 위스키는 2017년이 넘어야 12년산으로 판매될 것이다. 하지만 새로운 방식을 너무 두려워할 필요는 없다. 이 증류소는 영원한 이 산업의 전통을 충분히 지키며 작업을 진행할 테니 말이다.

자갈을 깐 안뜰을 지나 증류소로 들어가면, 증류소 일꾼들과 증류소에서 서식하는 까마귀들이 방문객을 반긴다. 바로 이 까마귀들이 글렌드로낙의 사업적 성공을 물어오고 있다는 전설이 있다. 실제로, 옛 시절 징수관들이 증류소로 다가오는 것을 가장 먼저 감지했던 것이 바로 이 까마귀들이었다.

글렌드로낙 증류소는 현재 구리 덮인 철 주조 여과조 1개, 전통적인 라크 발효조 9개, 땅딸막한 구리 증류기 4개를 운용한다. 증류기에는 환류작용을 강화하기 위한 보일 볼이 장착되어 있다. 생산된 위스키는 익스 버번 혹스헤드와 유로피언 오크 버트에 담겨 전통적인 더니지 저장고에서 숙성된다.

특별히 선별된 셰리 캐스크에서 숙성된 글렌드로낙 15년의 향은 무척 강렬하다. 익스 버번 배럴로 피니시한 글렌드로낙 12년의 느낌은 조금 다르다. 글렌드로낙의 라인업은 기본적인 18, 31, 33년산과 함께 소테른 14년, 버진 오크 14년, 모스카텔 15년, 타우니 포트 20년 등의 다양한 우드 피니시 위스키와 빈티지를 아우른다. 투어와 시음, 동영상과 숍이 준비된 방문자센터가 연중무휴로 운영된다.

255

글렌드로낙 12년

도수	비냉각여과 43도
향	크리미한 바닐라, 견과류 느낌이 어우러진 풍부한 셰리향
맛	충분한 무게감과 복잡한 맛. 셰리, 바닐라와 여름 과일, 크림 토피, 타르트 오렌지, 스파이스가 어우러진 맛
피니시	셰리, 크리스마스 케이크, 다크 초콜릿, 진 저가 어우러진 긴 피니시
A유형	에드라도어 올로로소 10년, 글렌모렌지 라산타, 아버라워 아부나드, 맥캘란 셰리 오크 10년, 글렌피딕 솔레라 15년, 발베니 더블우드 12년, 에드라도어 1984 페드로 히메네즈

프로필	특징
무게감	●●●○
달콤함	●●●○
스모크	○○○○
약내음	○○○○
담배	○○○○
꿀	●●○○
스파이스	●●○○
와인	●●●●
견과류	●●○○
몰트	○○○○
과일	●●●○
꽃	○○○○

Glendullan

1차 증류기보다 거대한 2차 증류기는 글렌둘란 증류소의 특징이다.

글렌둘란

Glendullan Distillery
Dufftown, Banffshire, AB55 4DJ
Tel : +44 (0) 1340 822300
www.malts.com

257

구 글렌둘란 증류소는 1887년 윌리엄 윌리엄스&선즈가 더프톤에 건설했다. 더프톤에 세워진 일곱 번째 증류소였기에 이 지역에서는 이런 말이 생겨났다. "로마는 일곱 개 언덕 위에 지어져 있고, 더프톤은 일곱 개 증류소 위에 지어져 있다."

제2차 세계대전이 끝나기 전까지 증류소에서 사용되는 모든 동력은 피딕 강에 설치된 4.3m짜리 수차에서 공급되었다. 1897년 『하퍼 위클리』는 이에 대해 "이러한 수력은 증기 엔진에 비해 상당한 정도의 에너지 절약을 가능하게 해줄 것이다"라고 기술하였다. 더프톤 역으로 연결된 사설 철도를 통해 필요한 원료를 공급받고 생산된 위스키를 애버딘까지 배송하였다. 자매 증류소인 모틀락(409쪽)도 마찬가지였다.

증류 작업은 1898년 시작되었으며 생산된 위스키는 윌리엄스 블렌디드 위스키 원액으로 사용되었다. 1902년 국왕 에드워드 7세가 글렌둘란 위스키를 극찬하였고, 1995년에 하원 의장 베티 부스로이드가 이 위스키를 국회 지정 싱글몰트위스키로 선정하였다.

1972년 현대적인 '신 글렌둘란' 증류소가 이전의 '구 글렌둘란' 증류소 바로 옆에 세워져 한동안 함께 가동되었다. 다른 증류소에서와 마찬가지로, '신증류소'는 조금 덜 매력적이었지만 훨씬 효율적이었기 때문에 결국 1985년 구증류소는 가동을 중단하였다. 구증류소 터는 기계작업실로 활용되고 있다.

글렌둘란 증류소는 고츠웰 샘을 수원으로 사용하며, 피딕 강을 냉각용 수원으로 쓴다. 풀 라우터 스테인리스스틸 여과조 1개, 라크 발효조 8개, 증류기 6개를 운용한다. 특이한 사항으로는 2차 증류기의 크기가 1차 증류기의 크기보다 크다는 것이다. 생산된 위스키는 주로 오크 리필 캐스크에서 숙성된다. 숙성된 위스키는 듀어스, 벨, 조니 워커, 올드 파 등의 블렌디드 위스키의 원액으로 사용된다.

글렌둘란 싱글 스페이사이드 몰트위스키의 대표작은 싱글톤 오브 글렌둘란 12년산으로, 미국 시장 진출을 겨냥하고 제작되었다. 글렌둘란의 라인업으로는 디아지오의 플로라&파우나 시리즈의 12년산, 디아지오 매니저스 초이스 시리즈의 1995 셰리 숙성 캐스크 스트랭스 빈티지, 1997년 글렌둘란 증류소 100년을 기념하는 글렌둘란 센테너리의 냉각 여과되지 않은 캐스크 스트랭스 16년산 특별판 등이 있다. 고든&맥페일의 코노세어 초이스 1993, 카덴헤드 오센틱 컬렉션 12년, 시그내토리 등 다양한 독립병입 라인업도 있다. 방문자센터나 투어를 운영하지 않는다.

259

싱글톤 오브 글렌둘란 12년

도수	40도
향	세비야 오렌지와 바닐라가 어우러진 꿀처럼 달콤한 꽃향
맛	중간 정도의 무게감과 상당히 균형 잡힌 맛. 시트러스, 스파이스, 셰리 약간과 바닐라가 어우러진 맛
피니시	크림과 스파이스의 중간 정도 길이의 피니시
티유형	스페이사이드 쿠퍼리지, 툴라모어 듀 10년, 밀톤더프 10년, 스카파 16년

프로필　특징

무게감	●●○○
달콤함	●●●○
스모크	○○○○
약내음	○○○○
담배	○○○○
꿀	●○○○
스파이스	●●○○
와인	●●○○
견과류	●●○○
몰트	●○○○
과일	●●○○
꽃	●●○○

글렌 엘긴

Glen Elgin Distillery
Longmorn, Moray IV30 3SL
Tel : +44 (0) 1343 862 100
www.malts.com

Glen Elgin

글렌 엘긴 증류소는 여전히 전통적인 목재 나선형 냉각기 4개를 고수한다. 이 냉각기는 글렌 엘긴 위스키의 라벨을 장식한다.

1898년, 윌리엄 심슨과 제임스 칼이 글렌 번과 롱몬 역과의 접근성을 고려해 엘긴 인근에 글렌 엘긴 증류소를 설립했다. 유명 건축가 찰스 도이그가 설계했으며, 1900년 5월부터 위스키 생산을 시작하였다. 증류소가 설립된 이듬해부터 불어닥친 위스키 산업의 불황 덕분에 이 증류소가 건설된 이후 60년간 스페이사이드에는 증류소가 새로 설립되지 않았다. 1950년대에 전력 설비가 도입되기 전까지 파라핀 조명과 수차 동력으로 운영되었다. 1964년 새로운 당화소와 증류소를 건설하면서 재건 작업이 시작되었다. 1970년에는 증기 가열기로 석탄 보일러를 대체하였다.

글렌 엘긴 증류소는 밀부이스 로크 인근의 샘을 수원으로 사용하며, 피트 처리되지 않은 보리를 사용한다. 스테인리스스틸 재질의 스테이네커 풀 라우터 여과조 1개, 라크 발효조 6개, 양파형 증류기 6개를 운용한다. 글렌 엘긴 증류소는 깨끗한 워트액을 생산하기 위해 긴 발효 시간을 정확하게 통제한다. 증류기는 촉매 작용을 강화하기 위하여 매우 천천히 가동된다. 이러한 작업의 결과, 글렌 엘긴 증류소는 고전적인 구리 나선 냉각기를 사용함에도 불구하고 가볍고 과일향이 나는 위스키를 생산해낸다. 때때로 증류 과정에서 발생한 따뜻한 물로 키운 민물새우를 직원들에게 특식으로 제공한다. 생산된 위스키는 아메리칸 오크 버번 캐스크, 리필 캐스크, 유로피언 익스 셰리 캐스크에서 숙성된다. 이 위스키는 블렌더들 사이에서 매우 인기가 좋다. 글렌 엘긴의 생산량이 이를 증명한다.

디아지오의 히든 몰트 셀렉션에 글렌 엘긴 싱글 스페이사이드 몰트위스키 12년과 16년이 있다. 디아지오 매니저스 초이스 시리즈를 통해서도 1998 빈티지 같은 글렌 엘긴 위스키를 만날 수 있다. 고든&맥페일의 코노세어 초이스에 1995와 1996 등이 있다. 카덴헤드의 듀디스 시리즈에 18년산이 있고, 시그내토리에도 다양한 라인업이 있다. 글렌 엘긴의 위스키는 화이트호스 위스키와 벨의 엑스트라 스페셜 블렌드의 주 원액으로 생산량의 95%는 이들 위스키의 원액으로 사용된다. 병의 엠블럼은 증류소에 서식하며 해마다 잊지 않고 증류소로 돌아와 처마 밑에 둥지를 틀고 알을 낳는 흰털발제비다. 방문자센터나 투어를 운영하지 않는다.

263

글렌 엘긴 12년

도수	43도
향	꿀, 시트러스, 바닐라, 마지팬과 스모크함이 약간 어우러진 강렬한 향
맛	중간 정도의 무게감과 상당한 단맛. 끓인 자두, 아몬드, 꿀, 셔벗과 레몬 껍질이 어우러진 맛
피니시	과일, 몰트, 진저가 약간 어우러진 매우 짧고 깔끔한 피니시
E유형	오스러스크 F&F 10년

프로필	특징
무게감	●●○○○
달콤함	●●●○○
스모크	●○○○○
약내음	○○○○○
담배	○○○○○
꿀	●●○○○
스파이스	●○○○○
와인	●○○○○
견과류	●●○○○
몰트	●●○○○
과일	●●●○○
꽃	●●○○○

Glenfarclas

글렌파클러스 증류소의 전통적인 더니지 저장고의 벽면은
증발하는 알코올 증기를 양분으로 자라나는 목이버섯으로 까맣게 덮여 있다.

글렌파클러스

Glenfarclas Distillery
Ballindalloch, Banffshire AB37 9BD
Tel : +44 (0) 1807 500257
www.glenfarclas.co.uk

265

1836년 로버트 헤이가 설립한 글렌파클러스 증류소는 스페이사이드에 남아 있는 몇 안 되는 개인 소유 증류소다. 그랜트 가문의 여섯 세대가 이곳에서 위스키를 증류해왔다. 글렌파클러스는 '녹색 풀의 계곡'을 뜻한다. 아름다운 목초지의 경사면에 우뚝 서 있는 글렌파클러스 증류소는 벤리니스에서 화강암 지대와 헤더 지대를 지나 이 계곡으로 흘러들어온 그린 번의 연수를 용수로 사용한다.

1897년에 재건되었으며 1960년에 확장·현대화되었다. 이 증류소는 스테인리스스틸 라우터 여과조 1개, 스테인리스스틸 발효조 12개, 2차 증류기 6개를 운용한다. 이곳에서 사용되는 증류기는 스페이사이드에서 가장 큰데, 대형 1차 증류기의 경우 용량이 3만 리터에 달한다. 더 풍부한 위스키를 만들기 위해 가스로 직접 증류기를 가열한다.

글렌파클러스 몰트위스키는 주로 올로로소 셰리 캐스크에서 숙성된다. 퍼스트필 캐스크와 리필 캐스크를 둘 다 사용하여 숙성한 글렌파클러스의 위스키는 강렬한 셰리 성격을 지닌다. 특히 새 셰리 캐스크를 사용해 숙성한 어린 몰트위스키는 더욱 강렬하다. 기본적으로 글렌파클러스의 몰트위스키는 전통적인 더니지 저장고에서 숙성된다. 온도와 습도가 일정하게 유지되는 돌벽과 슬레이트 지붕, 흙바닥으로 이루어진 더니지 저장고에서 위스키는 천천히, 부드럽게 숙성된다.

글렌파클러스 싱글 하이랜드 몰트는 10, 12, 15, 17, 21, 25, 30, 40년산의 다양한 라인업을 보유하고 있다. 숙성 연한이 표기되지 않은 캐스크 스트랭스 '105'는 위스키업계 최초의 상용 캐스크 스트랭스 위스키로, 1968년 출시되었다. 2008년 이를 기념하기 위해 1968년에 증류된 40년 숙성 위스키로 '105' 특별판 캐스크 스트랭스 위스키를 출시하였다. 2011년에 출시된 글렌파클러스 175주년 기념 위스키는 몇 세기에 걸친 다양한 몰트위스키를 블렌딩하여 만들었다. 흥미로운 라인업으로는 글렌파클러스 패밀리 캐스크가 있는데, 1952년부터 1994년까지 모든 해의 빈티지로 이루어져 있다. 글렌파클러스의 다양한 라인업은 장기적인 캐스크 숙성이 위스키에 어떤 영향을 주는지 연구하는 데 귀중한 연구 자료가 된다. 방문자센터는 1913년부터 1952년까지 운항한 크루즈 여객선 RMS 엠프레스 오브 오스트레일리아의 설비와 기자재를 그대로 가져다 만든 '쉽스 룸'으로 유명하다. 방문자센터와 숍은 연중무휴로 운영되며, 투어와 시음을 제공한다. 예약하면 고급 시음 과정을 즐길 수도 있다.

267

GLENFARCLAS

글렌파클러스 10년

도수	40도
향	스위트피, 목초, 묽은 꿀, 과일과 풍부한 세리가 어우러진 향긋하고 달콤한 향
맛	상당한 무게감과 달콤함. 전체적으로 세리 느낌이 강하며 크림, 몰트, 견과류 맛을 중심으로 시나몬, 시트러스, 피트스모크가 약간 깔려 있는 맛
피니시	달콤한 세리, 스파이스, 몰트로 시작해서 스모크한 여운을 남기는 긴 피니시
B유형	글렌토처스 1991, 글렌고인 17년, 토마틴 30년, 틀리바딘 포트 1993, 오큰토산 21년

프로필	특징
무게감	●●●○
달콤함	●●●●
스모크	●○○○
약내음	○○○○
담배	○○○○
꿀	●○○○
스파이스	●●○○
와인	●●●○
견과류	●●○○
몰트	●●●○
과일	●●○○
꽃	●●●○

글렌피딕

Glenfiddich Distillery
Dufftown, Banffshire AB55 4DH
Tel : 44 (0) 1340 820373
www.glenfiddich.com

Glenfiddich

글렌피딕 증류소에서 무척 오래된 캐스크 중 하나다.

글렌피딕은 게일어로 '사슴의 계곡'을 뜻한다. 1886년 윌리엄 그랜트와 엘리자베스 그랜트가 설립한 글렌피딕 증류소는 1887년 크리스마스부터 위스키를 생산했다. 그랜트 가문은 이후 다섯 세대 동안 이 증류소를 소유하고 운영해왔다. 글렌피딕의 원칙인 '영감의 원천은 하나뿐이다'에 따라 당화와 병입을 포함한 모든 과정에서 로비 듀 샘에서 나온 물 한 가지만 사용한다.

이 증류소는 스테인리스스틸 풀 라우터 여과조 2개, 개솔송나무 발효조 24개, 양파형 1차 증류기 10개, 2차 증류기 18개를 운용한다. 일반적인 크기보다 조금 작은 랜턴형의 2차 증류기 9개, 넥에 보일 볼이 장착된 2차 증류기 9개도 운용한다. 이곳에서 사용되는 스틸은 윌리엄 그랜트가 1886년 카두 증류소에서 매입한 2차 증류기 3개의 복제품이다.

글렌피딕 특유의 투명한 금빛 색조와 섬세한 맛과 향의 비결은 가볍게 피트 처리된 몰트와 아메리칸 익스 버번 오크 캐스크에 있다. 물론 모든 위스키를 익스 버번 오크 캐스크에서 숙성시키는 것은 아니다. 솔레라 리저브 같은 것은 일반적으로 숙성된 글렌피딕 위스키와 셰리 버트, 새 오크 캐스크에서 숙성된 글렌피딕 위스키를 커다란 솔레라 뱃에 섞어 만든다. 2002년 이후 필요에 따라 무겁게 피트 처리된 몰트를 사용하기도 한다.

대표작인 글렌피딕 12년산은 세계에서 가장 잘 팔리는 위스키로, 200여 개국 이상에서 손쉽게 구할 수 있다. 그 밖의 주요 라인업으로는 15, 18, 19, 21, 30년산이 있다. 버번 배럴에서 14년간 숙성하고 새 유로피언 오크와 아메리칸 오크로 피니시한 글렌피딕 리치 오크

14년 같은 특별한 피니시의 위스키도 생산한다. 글렌피딕 19년산은 마데이라 드럼으로 피니시하였다.

글렌피딕 솔레라 리저브는 15년 이상 숙성된 다양한 싱글몰트위스키로 만든 섬세한 위스키로, 바닐라와 과일, 크림과 셰리의 강렬한 느낌을 선사한다. 에인션트 리저브 18년과 그랑 리제르바 21년도 훌륭한 위스키라 할 수 있다. 고숙성 위스키로는 40년산과 50년산이 있다. 해마다 새 빈티지를 출시하며, 글렌피딕 몰트위스키 리큐르도 생산한다.

연중무휴로 운영되는 훌륭한 방문자센터인 브랜드센터에는 6개 언어로 번역된 동영상과 가이드 투어, 위스키 시음 등의 프로그램이 준비되어 있다. 방문자들은 직접 자신만의 글렌피딕 위스키를 병입하고 봉인하며 라벨을 붙여볼 수도 있다. 방문자센터 숍에는 재고가 충분히 준비되어 있다. 카페테리아에는 간단한 안주와 음료가 준비되어 있으며, 바에는 훌륭한 바텐더들이 대기하고 있다. 위스키 애호가라면 일생에 한 번은 들러볼 만한 곳이다. 아, 위스키 애호가라면 방문하기 전에 다양한 몰트위스키의 고급 시음을 즐길 수 있는 코노셰어 투어 프로그램을 예약하자.

글렌피딕 12년

도수	40도
향	잘 익은 배와 소나무숲 향이 어우러진 가볍고 상큼한 향
맛	상당히 가벼운 무게감과 중간 정도의 단맛. 몰트, 시트러스, 풀, 초콜릿 약간과 피트스모크향이 섬세하게 조화된 맛
피니시	누가와 바닐라로 마무리되는 가벼운 과일향의 피니시
G유형	글렌알라키 1992, 토민토웰 14년, 글렌터렛 10년, 글렌로시스 F&F 10년, 스트라스밀 F&F 12년

271

프로필	특징
무게감	●○○○
달콤함	●●●○
스모크	●○○○
약내음	○○○○
담배	○○○○
꿀	●○○○
스파이스	●●○○
와인	●○○○
견과류	●●○○
몰트	●●○○
과일	●●●○
꽃	●●●○

Glen Garioch

글렌 기어리의 석재 증류실(왼쪽)과 쌍둥이 파고다가 붙은 몰트 건조실(오른쪽)

글렌 기어리

Glen Garioch Distillery
Inverurie, Aberdeenshire AB51 0ES
Tel : +44 (0) 1651 873450
www.glengarioch.com

18세기에 설립된 글렌 기어리 증류소는 스코틀랜드에서 가장 오래된 증류소 중 하나다. 한때 북부 픽트족 거점이던 곳에 있는 이 증류소 주변에서는 조각된 석조물 같은 다양한 픽트족 유물이 발견된다. 증류소 이름은 스코틀랜드에서 가장 질 좋은 보리가 자라는 애버딘샤이어의 곡창, '기어리 계곡'에서 유래했다. 스코틀랜드 역사학회는 파고다형 굴뚝이 두 개 붙은 4층짜리 조지풍의 증류소 건물이 1780년에 건설되었다고 기록하고 있지만, 증류소의 공식적인 운영은 그보다 훨씬 뒤인 1797년 토머스 심슨에 의해 시작되었다. 1973년에 증류기 3대를 운용하는 규모로 확장되었지만, 여러 사정으로 몇 번 운영 중단 사태를 겪는다. 1990년대 중반에도 잠시 휴업을 선언하였다. 다행스럽게도, 애버딘샤이어의 교역 도시 올드 멜드럼에 있는 이 매력적인 증류소는 1997년에 재건되어 운영을 재개하였다.

글렌 기어리 증류소는 퍼콕 힐에 있는 코텐스 샘의 물을 사용하는데, 이는 멜드럼 하우스의 사유지에 있다. 1997년까지는 뉴 피츨리고의 피트를 사용하여 플로어 몰팅을 통해 직접 보리를 몰트 처리했다. 이 때 증류된 빈티지 몰트들은 매우 무거운 피트 느낌을 지니고 있으나, 피트 처리되지 않은 몰트 보리를 외부에서 구해 사용하는 이후 빈티지들은 피트 느낌이 나지 않는다. 스테인리스스틸 여과조 1개, 스테인리스스틸 발효조 7개, 1차 증류기 1개를 운용하고, 소형 2차 증류기를 2개 보유하고 있지만 현재는 그중 한 개만 운용한다. 생산된 위스키는 익스 버번 아메리칸 오크 캐스크와 익스 셰리 유로피언 오크 캐스크에서 담겨 증류소의 저장고에서 숙성된다.

오피셜 보틀로는 숙성 연한이 표기되지 않은 비냉각 여과 위스키인 글렌 기어리 싱글 하이랜드 몰트위스키 1797 파운더스 리저브, 역시 비냉각 여과 위스키인 글렌 기어리 12년산이 있다. 두 라인업은 현재 경영자가 출시했다. 이전 경영자가 출시한 위스키로는 글렌 기어리 리미티드 스몰 배치 릴리즈의 1978, 1990, 1991, 1994 등과 스페셜 싱글 캐스크 에디션의 46년산 1958 레어 빈티지 등이 있다. 고든&맥페일의 시크릿 스틸 시리즈에 1988 빈티지가 있으며, 카덴헤드, 던컨 테일러, 더글러스 랭, 시그내토리 등에서도 다양한 글렌 기어리 위스키를 병입하고 있다. 글렌 기어리 위스키는 현 소유자가 소유한 블렌디드 위스키 롭 로이의 원액으로도 사용된다. 시음과 투어를 제공하는 제법 괜찮은 방문자센터를 운영한다.

275

글렌 기어리 파운더스 리저브

도수 비냉각여과 48도

향 톡 쏘는 시트러스로 시작하여
크리미 토피, 스파이스, 초콜릿이
어우러진 달콤향으로 이어지는 향

맛 중간 정도의 무게감과 상당한 단맛.
풋사과, 진저, 피트함이 약간 깃든
강렬한 몰트맛이 어우러진 맛

피니시 풋사과와 다크 초콜릿이
어우러진 몰트향의 건조한,
중간 정도 길이의 피니시

G유형 벤리악 12년, 글렌터렛 10년,
글렌 머레이 12년, 토모어 12년

프로필 특징

무게감 ●●○○○
달콤함 ●●●○○
스모크 ●○○○○
약내음 ○○○○○
담배 ○○○○○
꿀 ●●○○○
스파이스 ●●○○○
와인 ○○○○○
견과류 ●●○○○
몰트 ●●○○○
과일 ●●○○○
꽃 ●○○○○

글렌글라소

Glenglassaugh distillery
Portsoy, Aberdeenshire AB45 2SQ
Tel : +44 (0) 1261 842367
www.glenglassaugh.co.uk

Glenglassaugh

글렌글라소 증류소의 갈퀴 달린 구리 덮인 고전적인 철 주조 포르테우스 여과조 글렌글라소 증류소는 머레이 퍼스의 모래 해안 위, 유서 깊은 어촌 샌드엔드를 마주보는 곳에 있다. 1887년 알프레드 바너드는 이 증류소에 대해 이런 글을 남겼다. "역에서 10분 정도 천천히 걷노라면 옛 풍차의 폐허와 벽돌로 된 아치를 지나게 된다. 우리는 글렌글라소 증류소에 도착한 것이다." 이 글에 등장하는 풍차는 '컵과 컵받침'이라는 별칭으로 유명한 지역 명물 크레이그 제분소의 글라소 풍차다. 이 제분소는 1700년 제임스 아버크롬비 대장이 설립했다.

1875년 제임스 모어 대령과 두 조카 그리고 토머스 윌슨이 글렌글라소 증류소를 공동 설립하였다. 그들은 19세기 후반, 필록세라 전염병이 프랑스 포도밭을 파괴하여 위스키가 코냑을 대체하던 위스키 붐 시절에 크레이그 제분소를 증류소로 전환한 것이다.

증류소 옆에는 녹 힐에서 빠르게 흘러내려오는 글라소 강이 있다. 알프레드 바너드는 이 강의 물이 위스키 증류 용수로 사용될 수 있는 깨끗하고 좋은 물이라고 평했다. 그는 이 증류소가 경사가 급한 언덕에 있어 중력과 수력의 힘을 효율적으로 사용한다는 사실도 놓치지 않았다.

글렌글라소 증류소는 1960년대에 재건되고 확장되었다. 품격 있는 장기 숙성 고급 위스키를 생산하기 위해서였다. 하지만 이내 찾아온 위스키 산업의 불황 탓에 1986년에 운영을 중단한다. 2008년에 일군의 투자가들이 이 증류소를 매입하고 이듬해에 증류소를 다시 열었다.

증류소 인근의 글라소 스프링의 물을 용수로 사용하는데, 이 물은 칼슘 함량이 100ppm에 이를 정도로 상당한 경수다. 보리의 경우, 피트 처리된 몰트와 피트 처리되지 않은 몰트 두 종류를 모두 외부에서 구해 쓴다. 개솔송나무로 만들어진 발효조 4개, 스테인리스 스틸 발효조 2개로 이루어진 고전적 생산 라인을 구축하였는데, 현재 스테인리스 발효조는 가동하지 않고 있다. 1차 증류기에 비해 상당히 큰 2차 증류기를 2개 운영하는데, 증류의 밸런스를 확보하기 위해서이다. 증류기의 넥에는 환류작용을 강화해 더 가벼운 위스키를 생산할 수 있게 하는 보일 볼이 장착되어 있다. 생산된 위스키는 아메리칸 버번 배럴과 유로피언 셰리 버트, 포트 파이프와 숙성을 가속화하기 위한 50리터들이 소형 옥타브 캐스크를 사용한다. 위스키의 숙성은 증류소에 부설된 전통적인 더니지 저장고에서 하며, 숙성된 위스키는 착색이나 냉각 여과 없이 증류소 내부에서 병입된다.

글렌글라소 싱글 하이랜드 몰트위스키의 라인업은 기본적으로 26, 30, 40년산으로 이루어져 있으며, 이외에도 몇몇 싱글 캐스크 빈티지가 있다. 최근 추가된 라인업으로는 클리어락, 블러시즈, 플렛지링, 피티드 등이 있으며, 슬로베리와 섞어 만든 글렌글라소 리큐르도 생산하고 있다. 글렌글라소의 위스키를 캐스크로 구매하면 글렌글라소의 '250클럽'의 회원으로 가입된다. 연중무휴로 운영되는 방문자센터에서는 투어와 시음을 제공한다.

279

글렌글라소 26년

도수	비냉각여과 46도
향	강렬한 세리, 쇼트케이크, 딸기의 달콤함과 가죽향이 약간 어우러진 풍부한 향
맛	상당한 무게감과 달콤함. 꿀, 술타나, 설탕 조림 과일, 끓인 대황, 오렌지 껍질이 어우러진 맛
피니시	라즈베리 쇼트케이크와 세리로 이루어진 균형 잡힌 피니시
A유형	페터카렌 30년, 발베니 더블우드 12년, 에드라도어 올로로소 10년

프로필	특징
무게감	●●●○
달콤함	●●●○
스모크	●○○○
약내음	○○○○
담배	●○○○
꿀	●●●○
스파이스	●●●○
와인	●●●○
견과류	●●○○
몰트	●●○○
과일	●●●○
꽃	●○○○

글렌고인

Glengoyne Distillery
Dumgoyne, By Killearn, Glasgow G63 9LB
Tel : +44 (0) 1360 550254
www.glengoyne.com

19세기 초반 밀주를 생산하던 번풋 증류소는 1833년에 처음으로 위스키 증류 허가를 받는다. 랭 브라더스가 1876년에 번풋 증류소를 인수하고 증류소의 이름을 '기러기 계곡'이라는 뜻의 '글렌고인'으로 바꾼다. 많은 설비가 현대화되었지만 여전히 19세기의 매력을 유지하고 있는 글렌고인 증류소는 덤고인 언덕 아래 숲이 우거진 계곡에 아름답게 자리하고 있다. 15m의 폭포에서 내려와 사암 사이를 지나 로몬드 호수로 이어지는 글렌고인 번의 강물이 증류소 주변을 흐른다.

카론 호를 주 수원으로 사용하며, 글렌고인 번의 강물을 냉각수원으로 쓴다. 스코틀랜드 보리만 사용하여 피트가 아닌 공기 건조 방식으로 보리를 몰트화한다. 위스키 곽에 자랑스럽게 쓰여 있는 '스코틀랜드의 피트 처리되지 않은 몰트'는 이 위스키의 상징이다.

이 증류소는 중형의 구리 덮인 여과조 1개, 미송나무 발효조 6개, 1차 증류기 1개, 넥에 보일 볼과 수직형 라인 암이 달린 스형 2차 증류기 2개를 운영한다. 단기 발효 기법과 장기 발효 기법을 둘 다 사용하며, 증류는 상당히 느린 편이다. 2차 증류기의 형태와 크기, 보일 볼은 촉매 작용과 환류작용을 극대화해 상당히 가벼운 위스키 원액을 생산하게끔 한다.

증류된 위스키는 리필 캐스크와 셰리 캐스크를 통해 증류소 내부의 더니지 저장고에서 숙성된다. 글렌고인 위스키의 특징은 상당한 균형과 세련됨이다. 어떤 특별한 맛과 향도 자기 주장을 강하게 하지 않는다.

글렌고인 싱글 하이랜드 몰트위스키의 라인업은 10, 12, 17, 19, 21, 40년 등으로 구성된다. 글렌고인 40년산의 경우 특별하게 디자인된 크리스털 디캔터에 담겨 있다. 글렌고인 12년 캐스크 스트랭스나 1972 빈티지 같은 특별한 라인업도 있다. 특별한 피니시를 거친 것으로는 글렌고인 포트 피니시 13년산, 스코티시 오크 피니시 15년산, 쉬라즈 캐스크 피니시 16년산 등이 있다. 싱글 캐스크로는 위스키 증류 과정에 참여하는 다양한 직군의 이름을 딴 디스틸러리 매니저스, 매쉬맨즈 시리즈, 웨어하우스맨즈 시리즈, 스틸맨즈 시리즈 등과 23년 숙성한 1986 셰리 버트 싱글 캐스크가 있다. 이 위스키는 커티삭, 페이머스 그라우스, 랭스 슈프림 등 블렌디드 위스키의 원액으로도 사용된다.

방문자센터는 19세기에 사용하던 저장고 건물을 개조해 사용한다. 연중무휴인 방문자센터에는 증류소 역사에 대한 동영상과 투어, 시음 등이 준비되어 있다. 여름 기간의 투어는 폭포를 구경하며 위스키 한 잔을 마시는 것으로 시작한다. 고급 시음 과정이나 블렌딩 대회, 이브닝 파티 등 다양한 프로그램을 갖추고 있는 것은 이곳의 또 다른 장점이다.

글렌고인 증류소의 폭포 아래서 위스키를 시음하는 저자(왼쪽)와 증류소 매니저 로비 휴즈(오른쪽)

283

글렌고인 10년

도수	40도
향	팬케이크, 인동덩굴, 세리, 몰트가 어우러진 풍부한 향
맛	가벼운 무게감과 중간 정도의 드라이함. 오크, 애플, 버터스카치향과 세리 약간, 스파이스가 어우러진 맛
피니시	사과, 스파이스, 몰트로 이루어진 매우 짧은 피니시. 스모크함이 전혀 없다.
G유형	부시밀즈 10년, 토모어 12년, 글렌 머레이 클래식, 아렌 10년, 글렌터렛 10년, 글렌피딕 12년, 블라드녹 8년

프로필 특징

무게감	●○○○
달콤함	●●○○
스모크	○○○○
약내음	○○○○
담배	○○○○
꿀	●○○○
스파이스	●●○○
와인	●○○○
견과류	●●○○
몰트	●●○○
과일	●●○○
꽃	●●○○

글렌 그랜트

Ⓗ

Glen Grant Distillery
Rothes, Morayshire AB38 7BS
Tel : +44 (0) 1340 832103
www.glengrant.com

존 그랜트와 제임스 그랜트 형제가 1840년에 설립한 글렌 그랜트 증류소는 하이랜드에서 최초로 인가를 받은 증류소다. 이 증류소의 역대 운영자 중 가장 유명한 사람은 제임스 그랜트의 아들 '메이저 제임스 그랜트'다. 그의 정력적인 운영에 힘입어 19세기 후반 전성기를 맞이하였다. 릴리 연못과 전 세계 곳곳에서 구해온 이국적인 꽃과 나무로 장식된 빅토리아 스타일 정원은 전성기 시대의 화려함을 보여준다. 증류소는 지속적으로 확장되고 현대화되었지만, 19세기에 건설된 그랜트 시절의 건물과 파고다, 자갈 깔린 안뜰은 옛 스코틀랜드 귀족 스타일의 전형을 보여준다.

글렌 그랜트 증류소는 백 번에서 흘러나온 카퍼도닉 스프링을 용수로 사용하며, 피트 처리되지 않은 보리를 쓴다. 이 증류소는 스테인리스스틸로 만든 풀 라우터 여과조 1개, 미송나무 발효조 10개,

1차 증류기 4개, 2차 증류기 4개를 운용한다. 증류소에서 직접 배양한 효모만 사용하여 48시간동안 몰트를 발효시키는 것은 이 증류소의 특징이다. 전구형 증류기의 넥에는 보일 볼이 장착되어 있고, 냉각기에는 정화기가 장착되어 있다. 존 그랜트가 1850년경에 발명한 정화기와 백조목형 넥이 장착된 기다란 증류기는 상당히 가볍고 섬세한 위스키를 증류해낸다. 알프레드 바너드는 1887년 그랜트의 정화기를 "가장 순수한 증기만 채집하고 그 밖의 모든 것을 다시 증류기 아래로 가라앉히는 효율적인 정화기"라고 표현했다. 1996년까지 석탄 가열 방식으로 증류기를 가열했고, 갈퀴를 이용해 증류기 내부에 들러붙은 이물질을 제거하여 증류 과정에서 토우 와인이 증류기 내부의 구리에 더 많이 접촉하도록 함으로써 위스키의 품질을 높였다.

현재 세계적으로 유명한 글렌 그랜트 몰트위스키는, 스코틀랜드

19세기 후반 대영제국 방방곡곡을 여행한 메이저 제임스 그랜트

시장을 넘어 세계 시장에 도전한 최초의 싱글몰트 위스키다. 알프레드 바너드는 영국과 식민지에서 팔리던 최초의 싱글몰트 위스키에 대해서 "직접 마시려는 사람들과 블렌더들 사이에서 똑같이 고가로 거래되고 있다"라고 기록하였다. 글렌 그랜트 위

스키의 최대 수입국은 이탈리아로, 1년에 600만 리터를 이탈리아에서 수입한다. 숙성 연한이 표기되지 않은 위스키는 아메리칸 익스 버번 오크 캐스크에서 5년간 숙성된 것이다. 글렌 그랜트 싱글몰트위스키의 라인업은 10년산과 16년산, 숙성 연한이 표기되지 않은 메이저스 리저브, 냉각 여과되지 않은 셀라 리저브 1992 빈티지, 싱글 캐스크 15년산과 17년산, 증류소의 170주년을 기념하며 지난 3세기 동안 증류한 위스키를 블렌딩해 만든 특별판 등으로 구성된다. 이밖에도 고든&맥페일에서는 1949 레어 빈티지에서 최근의 1989 빈티지까지 다양한 빈티지의 독립병입본을 출시하고 있다.

기존에 마부 대기실로 사용하던 건물을 방문자센터로 개조해서 사용한다. 기본적으로 투어와 시음, 전시가 준비되어 있다. 날씨가 좋다면 정원을 산책하며 폭포 옆의 위스키 금고를 구경해볼 수도 있다.

287

글렌 그랜트 10년

도수	40도
향	눈깔사탕, 갓 벤 건초, 꿀향이 약간 느껴지는 향긋하고 섬세한 향
맛	꿀, 풋사과, 바닐라가 어우러진 깔끔하고 약간 달콤한 맛
피니시	시트러스를 중심으로 아몬드가 살짝 느껴지는 대우 짧은 피니시
H유형	발메낙 12년, 올트모어 12년, 글렌카담 10년, 안녹 1991, 탐두, 오큰토샨 10년, 안녹 12년

프로필 특징

무게감	●○○○
달콤함	●●○○
스모크	○○○○
약내음	○○○○
담배	○○○○
꿀	●●○○
스파이스	○○○○
와인	○○○○
견과류	●●○○
몰트	○○○○
과일	●●●○
꽃	●●○○

글렌가일

싱글몰트위스키 증류소

Glengyle Distillery
85 Longrow, Campbeltown, Argyll PA28 6EX
Tel : +44 (0) 1586 552009
Email : Info@kilkerran.com
www.kilkerran.com

Glengyle

글렌가일 증류소의 소형 증류기 2개는 인버고든의 벤 위비스 증류소에서 인수한 것이다.

1872년 캠벨타운의 농장주이자 스프링뱅크 증류소의 공동 소유주였던 윌리엄 미첼이 글렌가일 증류소를 설립했다. 윌리엄 미첼은 형제인 존 미첼과 스프링뱅크 증류소를 공동 운영했는데, 1837년 양떼를 둘러싼 분쟁 끝에 결별한다.

1876년 알프레드 바너드는 이 증류소를 이렇게 표현하였다. "잘 정돈된 경작지와 정원 그리고 완만한 언덕이 보이는 글렌가일 증류소는 단정하고 깔끔하며, 넓고 쾌적하다." 그 시절에 비해 캠벨타운은 많이 개발되었지만 그의 평가는 현재에도 유효하다. 글렌가일 증류소는 설립 이후 50년간 운영되었다가 1925년에 운영을 중단하게 된다. 그 이후 75년간 증류소 부지는 사격장 등 다른 용도로 사용되었다. 2000년, 스프링뱅크의 운영진이 글렌가일 증류소를 매입하여 빅토리아 스타일의 옛 건축물을 복원하기 시작했다.

복원 공사는 2004년에 완료되었다. 이후 스테인리스스틸 여과조 1개를 새로 구매하고 지금은 해체된 벤 위비스 증류소에서 소형 증류기 2개를 구해왔다. 크라이겔라키 증류소에서 보비 몰트 제분기를 가져오고, 보트스킨 라크 발효조 4개를 새로 설치하여 증류 설비를 갖추게 되었다. 벤 위비스에서 가져온 증류기의 경우, 환류작용을 강화하기 위해 라인 암의 각도를 약간 상향 조절해서 사용한다. 이러한 준비를 갖추고 글렌가일 증류소는 2004년 3월에 공식적으로 가동을 시작한다. 캠벨타운에 125년 만에 증류소가 추가된 것이다.

글렌가일 증류소는 벤 길란에서 흘러온 크로스힐 르크의 물을 용수로 사용하며, 스프링뱅크 증류소에서 전통적인 플로어 몰팅 방식으로 만든 가볍게 피트 처리한 몰트 보리를 쓴다. 증류된 위스키의 반은 아메리칸 오크 익스 버번 혹스헤드에서 숙성되고, 나머지 반은 셰리, 포트, 마데이라, 리필 캐스크 등에서 숙성된다.

위스키는 킬케란 싱글 캠벨타운 몰트위스키로 병입된다. '킬케란'은 캠벨타운의 초기 마을 이름이었던 '켄 로크 킬레 카이란'에서 유래했다. 설화에 따르면 6세기경 아일랜드 12사도회의 일원이던 성 키란이 이곳의 이름을 '킬케란'이라 부르기 시작했다고 한다. 이 이야기는 위스키가 아일랜드의 천주교 선교사를 통해 스코틀랜드에 전해지게 되었다는 가설을 뒷받침해준다.

현재 싱글몰트위스키는 2010년에 출시된 6년산을 필두로 해마다 출시되는 킬케란 '워크 인 프로그레스'를 통해서만 맛볼 수 있다. 2014년이 되어야 10년산 위스키가 병입될 것이다. 킬케란 10년산은 여섯 가지 피니시로 구성되어 있다. 따로 방문자센터를 운영하지는 않지만, 연중무휴로 투어와 시음 프로그램을 운영한다. 캠벨타운에 이글섬 위스키 가게를 운영하는데, 여기서 위스키 정보를 더 많이 찾아보고 좋은 위스키를 구매해볼 수 있다.

291

킬케란 '워크 인 프로그레스' 2010

도수	비냉각여과 46드
향	레몬 껍질, 인동덩굴, 바닐라와 약간의 스모크함이 어우러진 상쾌한 과일과 꽃의 향
맛	중간 정도의 무게감과 중간 정도의 달콤함. 몰트, 조리된 사과, 꿀, 버터스카치, 간후추, 짭짤한 바닷바람이 어우러진 맛
피니시	토피와 스파이스로 이루어진, 숙성 연한을 고려하면 꽤 괜찮은 길이의 피니시
G유형	글렌 머레이 12년, 글렌모렌지 10년, 벤리악 12년

프로필 특징

무게감	●●○○
달콤함	●●○○
스모크	●○○○
약내음	●○○○
담배	○○○○
꿀	●●○○
스파이스	●●○○
와인	○○○○
견과류	●●○○
몰트	●●○○
과일	●●○○
꽃	●●○○

글렌킨치

Glenkinchie Distillery
Pencaitland, Tranent, East Lothian EH34 5ET
Tel : +44 (0) 1875 342004
www.discovering-distilleries.com/glenkinchie
Email : glenkinchie.distillery@diageo.com

Glenkinchie

Nº 1
LOW WINES
STILL
CONTENTS
20.9498
LITRES

GLENKINCHIE

Nº 1
WASHSTILL
CONTENTS
30.963
LITRES

GLENKINCHIE

글렌킨치 증류소의 1차 증류기인 No 1은 영국에서 가장 큰 단식 증류기다.

밀톤 농장에서 위스키를 증류하던 농부 존 레이트와 조지 레이트가 1837년에 글렌킨치 증류소를 설립했다. 1890년 몰트 처리소를 합병하며 빅토리아 스타일의 증류소로 재건되었다. 글렌 '킨치'는 증류소가 있던 계곡의 원소유주였던 '드 퀸시' 가문의 이름에서 유래했다.

증류소는 에딘버러 남동쪽의 고풍스러운 '스코틀랜드 정원'에 있다. 보리를 재배하기 위한 완벽한 장소이며, 로브터 번스는 이를 "여지껏 본 곳 중 가장 축복받은 곡창 지역"이라고 표현하였다. 18세기 농업혁명은 동부의 로시안에 보리 농업을 도입하였다. 인근 포스 만의 해초 덕분에 비옥한 토양을 갖추게 된 이 지역에서 보리는 잘 자라났다. 글렌킨치의 위스키는 라이트해서 인기가 많다.

여담으로, 증류소를 배회하는 유령의 목격담이 많다. 이 목격담에 등장하는 유령은 언제나 동일하다. 흰 셔츠와 발목에 끈이 달린 바지를 입고 있는, 백발에 구레나룻을 기른 유령이다. 증류소에서 근무했던 몰트 관리인이 아닐까 추정되었는데, 1902년 몰트 처리소에서 유령의 것으로 보이는 시신이 발견되었다.

현재 가동되는 증류소 중 공식적으로 로우랜드 증류소로 분류되는 증류소는 네 개밖에 없는데, 글렌킨치 증류소는 그 중 하나다. 이 증류소는 래머뮤어 구릉의 석회질에서 흘러온 특수한 경수를 창고 뒤에 있는 우물에서 길어 올려 사용한다. 1981년 증류기를 증기 가열 방식으로 바꾸었다. 구리 덮개가 있는 풀 라우터 여과조 1개, 미송나무 발효조 2개, 캐네디안 라크 발효조 4개, 초대형 램프형 증류기 2개를 운용하며 가볍게 피트 처리된 몰트를 사용한다. 구리로 만들어진 초대형 1차 증류기의 용량은 3만 1,000리터에 달한다. 증류기에는 환류작용을 억제하기 위한 하향형 라인 암이 붙어 있지만, 채취되는 원액의 도수를 높이는 방식으로 가벼운 위스키 원액을 증류해낸다. 글렌킨치 증류소는 주조 철로 만들어진 기다란 웜 튜브에 구리 나선 냉각기를 장착한 현대적인 냉각기를 사용한다. 이것이 오랜 기간 블렌더들의 사랑을 받아온 글렌킨치 증류소의 위대한 성격과 깊이를 만들어낸다. 이렇게 증류된 위스키는 익스 버번 아메리칸 오크 캐스크에 담겨 숙성된다.

'에딘버러 몰트'라고 평가되는 글렌킨치 로우랜드 스카치위스키의 대표작은 디아지오 클래식 몰트 시리즈의 글렌킨치 12년산이라 할 수 있다. 그 밖의 대표 라인업으로는 아몬티야도 셰리 버트로 피니시한 디스틸러 에디션 1991, 익스 버번 캐스크로 숙성한 스페셜 리저브 20년, 디아지오 매니저스 초이스의 익스 셰리 싱글 캐스크 1992 빈티지, 디스틸러 에디션의 숙성 연한이 표기되지 않은 익스 셰리 캐스크 등이 있다.

몰트 처리소를 방문자센터로 개조해 연중무휴 투어와 시음을 제공한다. 증기 엔진으로 유명한 바세트 로크가 1924년 대영박물관에 설치했던 증류소 모형과 이전의 위스키 생산 장비 등을 구비한 박물관을 갖추고 있다.

GLENKINCHIE

글렌킨치 12년

도수	43도
향	프리지어, 멜론, 레몬, 크리미 바닐라가 어우러진 매우 향긋한 향
맛	중간 정도의 무게감과 상당한 달콤함. 크렘 앙글레즈, 누가, 시트러스, 스파이스가 어우러진 맛
피니시	스파이스, 아니스 씨, 누가가 어우러진 상당히 길고 드라이한 피니시
G유형	글렌로시 F&F 10년, 블라드녹 8년, 토민토웰 14년, 글렌 머레이 클래식, 브룩라디 클래식, 벤리악 12년, 글렌터렛 10년, 킬베건 리저브, 토모어 12년, 글렌 머레이 12년

프로필 특징

프로필	특징
무게감	●●○○
달콤함	●●●○
스모크	○○○○
약내음	○○○○
담배	○○○○
꿀	●●○○
스파이스	●●○○
와인	○○○○
견과류	●●○○
몰트	●○○○
과일	●●○○
꽃	●●●○

글렌리벳

The Glenlivet Distillery
Ballindalloch, Banffshire AB37 9DB
Tel : +44 (0) 1340 821720
www.theglenlivet.com

어퍼 드러민의 농장주였던 조지 스미스가 글렌리벳 증류소를 설립했다. 수많은 위스키 애호가가 훌륭한 위스키 밀주가였던 조지 스미스의 위스키에 열광했다. 조지 4세가 1822년 에딘버러를 방문했을 때, 월터 스콧 경은 밀주된 글렌리벳 위스키(24쪽)를 대접했다. 국왕 조지 4세는 그 맛에 매우 만족하여 이후 충성을 맹세하는 건배를 할 때는 글렌리벳 위스키를 사용해야 한다는 칙령을 내렸다.

1823년 법이 개정되며 대형 증류소가 합법화되었고, 1824년 조지 스미스는 스페이사이드에서는 최초로 합법 증류소로 인가받았다. 하지만 합법 증류 인가를 비열한 짓이라고 여긴 인근의 불법 증류업자들은 스미스의 농장을 불태우거나 그를 죽여 버리겠다고 위협했다. 조지 스미스는 이러한 위협에 대항하기 위하여 언제나 쌍권총을 휴대하고 증류소에 24시간 경비원을 두었다.

그의 위스키는 점점 명성을 얻었고, 그는 손쉽게 사업을 확장했다. 1859년 아들 존 고든 스미스와 함께 스페이 강 지류인 리벳 강과 아본 강 사이에 현재의 글렌리벳 증류소를 설립했다. 1875년에 '더 글렌리벳' 상표권이 등록되었다. 증류소는 2010년에 또 한 번 확장되었다. 이때 웨일스 대공 소유의 제2 글렌리벳 증류소가 공식적으로 운영된다. 조지 스미스의 후손 중 하나가 지역 교회에서 얻어온 스테인드글라스가 장식된 새 방문자센터는 매우 아름답다. 글렌리벳 증류소는 거친 바위 투성이 황야의 차가운 물로 특유의 부드럽고 따뜻한 위스키를 만든다. 스모키하고 스파이시한 황금색 위스키를 말이다.

글렌리벳 증류소는 주변 조시 웰의 차가운 연수를 주 수원으로 사용하며, 피트 처리되지 않은 몰트 보리를 쓴다. 스테인리스스틸 라우터 여과조 2개, 미송나무 윗백

한적한 황야에서 이루어진 증류 과정을 형상화한 글런리벳 증류소의 스테인드글라스

297

16개, 대형 램프형 증류기 14개를 운용한다. 피니시를 위해 셰리 캐스크를 사용하기도 하나 셰리가 위스키 본연의 느낌을 압도하지는 않는다.

대표작은 글렌리벳 싱글 스페이사이드 몰트 12년산으로, 미국에서 가장 잘 팔리는 위스키다. 이 밖의 라인업으로는 아메리칸 오크 피니시와 프렌치 리무진 오크 리저브 15년, 숙성 연수가 표기되지 않은 비냉각여과 17년 그리고 '글렌리벳 아카이브' 18, 21, 25년산이 있다. 글렌리벳 나두라의 라인업으로는 16년과 18년, 트라이엄프 보리로만 만들어진 특별판인 나두라 트라이엄프 1991 빈티지가 있다. 셀라 컬렉션에 1959년부터 1983년까지를 아우르는 다양한 빈티지가 있으며, 아메리칸 오크 피니시 30년 같은 특별판도 있다. 또한 글렌리벳 위스키는 시바스 리갈, 로얄 살루트 등 블렌디드 위스키의 원액으로도 사용된다.

1859년에 지어진 몰트 처리소를 방문자센터로 개조하여 사용한다. 4월에서 10월까지 운영되는 방문자센터에는 몰트, 피트 채취, 증류와 통입 등 위스키 생산의 전 과정에서 사용되는 도구들과 증류소 설립자 조지 스미스가 지니고 다녔던 쌍권총 등이 진열되어 있다. 방문객들은 동영상을 보고, 가이드 투어를 즐긴 뒤 조지 스미스의 서재에서 시음을 즐길 수 있다. 방문자센터 부설 숍과 카페도 상당히 훌륭하다.

299

글렌리벳 12년

도수 40도

향 여름 꽃, 사과, 굴, 스파이스와
약간의 스모크함이 어우러진 향

맛 중간 정도의 무게감.
과일, 바닐라, 세리가 약간
어우러진 풍부한 달콤함과 향이
완벽하게 조화를 이룬 맛

피니시 마지팬, 사과, 진저, 세리가
어우러진 상당히 긴 피니시

E유형 밀톤더프 10년, 로즈뱅크 1991,
툴리바딘 마르살라 1993,
글렌둘란 F&F 12년,
글렌 엘긴 F&F 12년

프로필 특징

프로필	특징
무게감	●●○○○
달콤함	●●●○○
스모크	●○○○○
약내음	○○○○○
담배	○○○○○
꿀	●●○○○
스파이스	●●○○○
와인	●●○○○
견과류	●●○○○
몰트	●●○○○
과일	●●●○○
꽃	●●●○○

Glenlossie

글렌로시 증류소의 기다란 증류기는 가볍고 에스테르향이 강한 증류액을 증류한다.

글렌로시

Glenlossie Distillery
Elgin, Morayshire, IV30 3SS
Tel : +44 (0) 1343 860 331

글렌로시 증류소는 당시 성공한 사업가였던 존 더프를 필두로 여러 사람이 공동 설립했다. 존 더프는 공화당원이자 글렌드로낙 증류소의 운영자였으며, 농장주였다. 나중에 그의 회사 존 더프&컴퍼니는 인근에 벤리악 증류소와 롱몬 증류소를 설립한다.

증류소 이름은 로시 호에서 시작되어 엘긴을 거쳐 로시마우스를 통해 바다로 흘러나가는 로시 강에서 따왔다. 21m 높이의 대형 댐을 설치할 수 있는 경사면에 자리 잡아 댐에 설치된 수차로 가동 동력을 얻을 수 있는 구조다. 1880년대에 이곳을 방문한 알프레드 바너드는 이런 기록을 남겼다. "더프는 증류소의 증류 찌꺼기를 사료로 소를 20마리 키우고 있다. 스무 명에 달하는 농장과 증류소의 일꾼들에게는 증류소 인근의 작은 마을에 있는 집을 제공한다." 사설 철도를 부설한 1896년의 재건 이후 증류소 설비들은 점차 현대화되었다. 1917년 제1차 세계대전 때 보리 비축 문제로 잠시 운영을 중단하였지만 1962년에 확장하며, 1972년에 석탄 가열 방식을 폐기하고 증기 가열 방식을 도입한다.

증류실 건물을 제외한 다른 건물들은 로시 강가의 모래와 자갈로 이루어진 시멘트로 건축되었다. 깔끔하게 정리된 하얀 건물에는 고전적인 슬레이트 지붕이 얹혀 있고, 몰트 처리소에는 파고다형 굴뚝이 붙어 있다.

글렌로시 증류소는 바돈 번의 강물을 주 수원으로 사용하며, 게들로크와 포스 번의 물을 냉각수로 쓴다. 스테인리스스틸 여과조 1개, 라크 발효조 8개, 기다란 증류기 6개를 운용한다. 2차 증류기의 라인 암과 냉각기 사이에는 정화기가 설치되어 있어 무거운 알코올을 걸러내 매우 가벼운 증류액을 증류해낸다.

글렌로시 스페이사이드 싱글몰트위스키의 주요 라인업은 디아지오의 플로라&파우나의 글렌로시 10년산과 매니저스 초이스 시리즈의 1999이다. 고든&맥페일의 코노세어 초이스 1978 빈티지, 시그내토리, 베리 브라더스&루드 등의 독립병입본을 통해 글렌로시 위스키를 마셔볼 수도 있다. 글렌로시의 위스키들은 언제나 블렌더들에게 큰 사랑을 받아왔다. 생산량은 대부분 디아지오의 조니 워커 블렌드에 사용된다. 엠블럼은 증류소 인근 숲에서 서식하는 부엉이다. 이 증류소는 방문자센터도, 웹사이트도 운영하지 않는다.

303

글렌로시 플로라&파우ㄴ· 10년

도수	43도
향	풀, 바닐라, 꽃ㅇ 어우러진 가볍고 상쾌한 향
맛	중간 정도의 무게감과 상당한 달콤함. 과일, 몰트, 스파이스가 어우러짐
피니시	과일과 스파이스가 향기롭게 어우러진 상당ㅎ 길고 부드러운 피니스
G유형	글렌킨치 12년, 토모어 12년, 블라드녹 8년, 토민토웰 14년, 글렌 머레이 클래식, 벤리악 12년, 브룩라디 클래식, 마노크모어 F&F 12년

프로필   특징

무게감	●●○○○
달콤함	●●●○○
스모크	○○○○○
약내음	○○○○○
담배	○○○○○
꿀	●○○○○
스파이스	●●○○○
와인	○○○○○
견과류	●●○○○
몰트	●●○○○
과일	●●○○○
꽃	●●●○○

Glenmorangie

글렌모렌지 증류소는 스코틀랜드에서 가장 기다란 증류기를 보유하고 있다.

글렌모렌지

G

Glenmorangie Distillery
Tain, Ross-shire IV19 1PZ
Tel : +44 (0) 1862 892477
Email : tain-shop@glenmorangie.co.uk
www.glenmorangie.com

305

글렌모렌지(평온의 계곡) 증류소는 도르녹 퍼스가 내려다보이는 북부 스코틀랜드의 테인에 있다. 1843년 윌리엄 매티슨이 테인 양조장을 개조해서 만들었다. '테인의 16인'이 장인 정신을 가지고 차분하게 위스키를 증류하는 것을 자랑으로 삼는다.

미네랄이 매우 많이 함유된 경수를 사용한다는 것이 특징이다. 탈로기 스프링에서 사암을 뚫고 솟구치는 물과 피트 처리되지 않거나 가볍게 피트 처리된 보리로 위스키를 만든다. 스테인리스스틸 풀 라우터 여과조 1개, 스테인리스스틸 발효조 10개, 잘록한 허리와 넥에 보일 볼이 장착된 증류기 6쌍을 운용한다. 거의 5m에 이르는, 스코틀랜드에서 가장 긴 증류기로 가장 가볍고 순수하며 우아한 증류액을 생산해낸다.

글렌모렌지 증류소는 업계 최초로 오크 캐스크에 대해 진지한 고민을 시작한 증류소다. 그들이 직접 만드는 캐스크는 미주리의 오자크 산 북부 산등성에서 자란 최소 100년이 넘은 아메리칸 오크를 사용한다. 이 나무를 2년 동안 공기로 건조하고 나서 적외선으로 건조한다. 건조된 나무를 충분히 굽고 가볍게 탄화한 뒤 버번으로 향을 입힌다. 이렇게 만들어진 화이트 오크 캐스크는 오크 캐스크 특유의 떫은 타닌 향을 순화하고 바닐라 맛을 강화해 완전한 조화를 이루는 몰트위스키를 탄생시킨다. 업계 최초로 셰리 이외의 피니시도 도입했다.

주요 라인업은 10년산 '오리지널'과 18년, 25년, 아스타(여행), 피넬타(우아함, 1903년의 레시피를 그대로 이어오고 있다), 시그넷(초콜릿 몰트가 사용된다) 등으로 구성되어 있다. 비냉각여과 우드 피니시로는 라산타(따뜻함, 올로소 셰리 버트), 소넬타(관대함, 페드로 히메네즈 셰리 버트), 퀸타 루반(루비, 포트 파이프), 넥타도르(골드, 소트렌 바리크) 등이 있다. 증류소의 엠블럼은 글렌모렌지의 인장으로, 증류소 인근에서 발견된 8세기경 카드볼 석판의 문양에서 영감을 받아 제작했다. 방문자센터는 1월에서 8월까지는 연중무휴로, 9월에서 12월까지는 주중에만 운영되며 투어와 시음을 제공한다.

글렌모렌지 오리지날 10년

도수	40도
향	꽃, 바닐라, 시트러스, 버터스카치의 향
맛	오렌지, 크렘 브륄리, 스파이스와 견과류로 이루어진 크리미하고 부드러우며 상쾌한 맛
피니시	아몬드와 시나몬 가루의 느낌이 어우러진 짭짤하고 건조한 피니시
G유형	킬케란 2010, 글렌 머레이 12년, 벤리악 12년, 브룩라디 클래식, 마노크모어 F&F 12년, 툴리바딘 1993, 스트라스밀 F&F 12년

프로필 특징

무게감	●●○○○
달콤함	●●○○○
스모크	●○○○○
약내음	○○○○○
담배	○○○○○
꿀	●●○○○
스파이스	●●○○○
와인	○○○○○
견과류	●○○○○
몰트	●○○○○
과일	●●○○○
꽃	●●○○○

307

Glen Moray

로시 강이 범람하면 잠기게 될지도 모를 글렌 머레이 증류소의 전통적인 더니지 저장고

글렌 머레이

Glen Moray Distillery
Bruceland Road, Elgin, Moray IV30 1YE
Tel : +44 (0) 1343 550900
www.glenmoray.com

글렌 머레이 증류소는 로시 강의 둑에 있는 스페이사이드의 옛 도시였던 엘긴에 있다. 1815년 양조장으로 시작된 이 증류소는 1897년 증류소로 전환된다. 엘긴으로 들어가는 입구에 있는 증류소 바로 옆에는 갤로 크룩 힐이 있는데, 이곳은 17세기에 처형장으로 사용되었다. 1962년 새 저장고를 건설하기 위해 증류소 근처 땅을 갈아엎을 때 백골이 일곱 구 발굴되었다. 그중 하나는 턱에 총알이 박혀 있었다. 비록 1697년의 처형을 마지막으로 더는 처형지로 쓰이지 않았지만 여전히 이곳은 으스스한 곳이다. 언덕의 소나무 숲에서 서식하는 까마귀들이 하늘을 천천히 선회하고, 그 울음소리와 숲의 바스락거리는 소리는 묘한 공포감을 준다.

글렌 머레이 증류소는 로시 강 옆의 한 우물을 수원으로 사용하며 가볍게 피트 처리된 몰트 보리를 쓴다. 스테인리스스틸 세미 라우터 여과조 1개, 스테인리스스틸 발효조 5개, 땅딸막한 양파형 증류기 4개를 운용한다. 위스키는 대부분 익스 버번 아메리칸 오크 캐스크에서 숙성되고, 몇몇 한정판 위스키는 특별한 캐스크에서 숙성된다. 캐스크는 증류소에 부설된 전통적인 저장고에 보관된다. 1990년대 글렌 머레이 증류소의 모회사였던 글렌모런지에서 몇 가지 실험적인 피니시를 시도한 적이 있다. 이 시도는 더 진행되지 않지만 재고는 그대로 남아 샤도네이 캐스크에서만 10년 숙성한 위스키 등이 2011년 재출시되었다.

글렌 머레이 스페이사이드 싱글몰트위스키의 기본 라인업은 12, 16, 30년과 숙성 연한이 표기되지 않은 글렌 머레이 클래식으로 구성되어 있다. 현재 가장 주목할 만한 것으로는 글렌 머레이 샤도네이 10년산이 있다. 디스틸러리 매니저스 초이스 빈티지 1995 셰리 캐스크, 마운틴 오크 1991, 1964 빈티지 등 다양한 빈티지가 있다. 글렌 머레이 증류소는 스코틀랜드 관광국 지정 4성급의 훌륭한 방문자 센터를 연중무휴로 운영하며 투어와 시음을 제공한다. 증류소의 일꾼들이 직접 운영하는 가이드 투어에서 방문객들은 위스키 생산의 비밀에 한 발 가까이 다가갈 수 있다. 카페와 숍도 훌륭하며, 방문객들은 캐스크에서 직접 자신만의 글렌 머레이 캐스크 스트렝스를 병입할 수 있다.

311

글렌 머레이 클래식

도수	40도
향	버터스카치와 레몬그라스로 이루어진 향긋한 풀향
맛	가벼운 무게감과 가벼운 단맛. 몰트, 블랙커런트, 크림, 바닐라와 간 후추의 맛
피니시	시트러스와 스파이스가 훌륭한 균형을 이루는 상당히 짧은 피니시
G유형	블라드녹 8년 토민토웰 14년, 글렌킨치 12년, 글렌고인 10년, 글렌로시 F&F 토모어 12년, 부시밀즈 10년, 킬베건 리저브, 글렌 머레이 12년

프로필 특징

무게감	●●○○○
달콤함	●●○○○
스모크	○○○○○
약내음	○○○○○
담배	○○○○○
꿀	●●○○○
스파이스	●●○○◔
와인	○○○○○
견과류	●●○○◔
몰트	●●○○◔
과일	●●●○◔
꽃	●●●○○

SINGLE SPEYSIDE MALT SCOTCH WHISKY

ELGIN CLASSIC

GLEN MORAY

SINGLE MALT WHISKY

-Finest Quality Malt Whisky since 1897-

70cl   40%vol

Glen Ord

글렌 오드 증류소의 냉각기

글렌 오드

Glen Ord Distillery
Muir of Ord, Ross-shire IV6 7UJ
Tel : +44 (c) 1463 872004
Email : glen.ord.distillery@diageo.com
www.discovering-distilleries.com/glenord

글렌 오드 증류소는 인버네스 북쪽, '블랙 아일' 에일린 더브에 있다. 18세기 밀주의 전설을 쌓아나갔던 페린토시 근처다. 1594년의 기록에 따르면 증류소의 터에는 술집과 제분소가 있었다. 1820년, 가문의 저택을 물려받은 오드의 토머스 맥킨지는 이를 로버트 존스톤과 도널드 맥레넨에게 증류소 부지로 대여한다. 농장주였던 맥킨지는 위스키 증류야말로 자기 땅의 보리를 가장 빠르게 현금으로 교환하는 길이라 생각했다. 로버트 존스톤과 도널드 맥레넨은 1838년 증류소 인가를 받고, 이렇게 탄생한 글렌 오드 증류소는 19세기까지 뮈어 오브 오드에 살아남은 9개 증류소의 하나가 된다. 1896년 확장한 글렌 오드 증류소는 100여 명이 근무하는 스코틀랜드 최고의 노동력을 지닌 증류소로 거듭난다. 스터디 클라이즈데일 말이 끄는 수레로 위스키를 뮈어 오브 오드 기차역으로 운반했다.

블랙 아일의 풍요로운 경작지는 위스키 생산을 위한 모든 조건을 갖추고 있다. 좋은 보리와 피트가 있고, 알트 피오네이드(하얀 강)에는 피트가 함유된 깨끗한 물이 흐른다. 강의 물로 수차를 돌릴 수도 있다. 실제로 글렌 오드 증류소는 대형 수차 2대를 동력원으로 삼았다. 피트는 컬로덴 전투가 일어났던 드러모시 무어에서 전통적인 방식으로 채집한다. 글렌 오드 증류소는 대형 구리가 덮인 풀 라우터 여과조 1개, 미송나무 발효조 8개, 평평한 증류기 6개를 운용한다. 증류소에서 직접 운영하는 몰트 처리소에서 가볍게 피트 처리한 몰트를 사용한다. 1968년에 건설된 글렌 오드의 몰트 처리소는 다른 증류소들에 몰트 보리를 판매할 정도로 상당히 큰 규모로, 전통적인 피트 건조 방식과 석유 가열 방식을 둘 다 활용한다.

최근까지 글렌 오드 위스키는 주로 블렌딩용으로 사용되었다. 1990년대에서야 글렌 오드 하이랜드 싱글몰트위스키 12년이 다시 출시되었는데, 출시되자마자 성공을 거두며 여러 국제 품평회에서 상을 받았다. 2006년 출시된 익스 셰리 캐스크 글렌 오드 싱글톤 12, 15, 18년은 아시아 시장을 노린 것이다. 예전부터 글렌 오드는 수출 시장을 개척하는 데 힘써왔다. 1887년 알프레드 바너드는 이 위스키가 싱가포르, 남아프리카공화국과 다양한 식민지로 수출된다고 기록한 바 있다. 이 밖의 라인업으로는 디아지오 매니저스 초이스 시리즈의 버번 캐스크 숙성 빈티니 1997이나 더글러스 랭, 블라드녹, 프로버넌스 등의 독립병입본 등이 있다. 저장고를 개조한 방문자센터는 연중무휴로 운영되며 투어와 시음을 제공한다. 블랙 아일과 증류소 역사를 다루는 박물관도 준비되어 있다.

315

싱글톤 오브 글렌 오드 12년

도수 40도

향 복숭아, 시나몬, 올로로소 셰리가
어우러진 향기롭고 달콤한 꿀향

맛 중간 정도 무게감과
상당한 달콤함. 꿀, 마지팬,
크리미 초콜릿
스모크가 약간 어우러진 맛

피니시 복숭아, 진저, 셰리가 어우러진
길고 따뜻한 피니시

D유형 에드라도어 1985 샤토 디켐,
에드라도어 10년

프로필	특징
무게감	●●○○○
달콤함	●●●○○
스모크	●○○○○
약내음	○○○○○
담배	○○○○○
꿀	●●○○○
스파이스	●●○○○
와인	●●○○○
견과류	●●○○○
몰트	●○○○○
과일	●●○○○
꽃	●●●○○

글렌로시스

Glenrothes Distillery
Burnside Street, Rothes, Moray AB38 7AA
Tel : +44 (0) 1340 872300
www.glenrotheswhisky.com

Glenrothes

복잡한 컴퓨터 시스템을 통해 증류기의 모든 공정을 통제한다.

글렌로시스 증류소는 로시스의 앞자락, 글렌 오브 다우니에 있다. 오래된 마을 묘지 옆, 피트가 함유된 로시스 강의 강둑에 있으며 아드카니 스프링을 주 수원으로 사용한다. 아드카니 스프링은 지역 주민들에게 '귀부인의 우물'로 불리는데, 이는 14세기 로시스 백작의 외동딸 마리 레슬리의 전설과 관련되어 있다. 전설에 따르면, 마리 레슬리는 애인을 보호하려다가, 포악하기로 악명 높은 '바데녹의 늑대' 알렉산더 스튜어트 백작에게 이 샘에서 살해되었다.

글렌로시스 증류소는 1879년 개업한 이래 훌륭한 몰트위스키들을 생산해왔다. 1887년 알프레드 바너드는 이곳의 위스키를 '글렌로시스의 글렌리벳'이라고, 그리고 이곳의 위스키로 블렌딩한 위스키를 '블렌디드 글렌리벳'이라 부를 만한 수준이라고 기록하였다. 글렌로시스 증류소는 1896년에 확장했다. 1992년 1번 저장고에서 큰불이 나서 저장하고 있던 수많은 캐스크가 불타고 그 안에 있던 위스키가 강을 따라 흘렀다고 한다. 지역 주민들은 강을 타그 흐르는 위스키를 물병이나 냄비 그리고 급한 대로 장화에 담아 공짜 위스키를 즐겼다고 한다. 믿거나 말거나, 어떤 낚시꾼은 이 시절 위스키에 취해 정신을 못 차리는 숭어들을 손쉽게 낚아 올려 재미를 좀 봤다고도 한다.

글렌로시스 증류소는 1980년대에 현대화되어, 이제 1년에 560만 리터를 생산한다. 이 증류소는 대형 스테인리스스틸 세미 라우터 여과조 1개, 미송나무 발효조 12개, 스테인리스스틸 발효조 8개, 1차 증류기 5개, 2차 증류기 5개를 운용한다. 2차 증류기는 1차 증류기에 비해 크기나 용량 면에서 상당히 크며, 구리의 촉매 작용을 줄여 무거운 증류액을 증류해낸다. 가볍게 피트 처리한 몰트 보리를 외부에서 구해 사용하며, 증류된 위스키는 스패니시 오크 캐스크와 아메리칸 오크 캐스크에서 숙성된다.

글렌로시스 증류소는 해마다 그해 증류한 최고 캐스크를 선정하여 '글렌로시스 빈티지 몰트'로 지정한다. 마스터 블렌더의 엄격한 기준을 만족시킬 만한 훌륭한 위스키를 해마다 생산할 수는 없다보니 빈티지를 매해 선정하지는 않는다. 빈티지 몰트의 병에는 증류 일자와 병입 일자가 적혀 있다.

글렌로시스 위스키는 '라 봄바'라 불리는 특유의 투명하고 땅딸막한 병에 병입되어 판매된다. 블렌딩 샘플로 사용되는 위스키도 이 병에 병입된다. 절제된 디자인은 수많은 마스터 블렌더가 열광하는 글렌로시스 위스키의 품격을 돋보이게 해준다. 글렌로시스 증류소의 대표작은 글렌로시스 셀렉트 리저브로, 숙성 연한이 표기되지 않는다. 이 밖의 라인업으로는 1998, 1994, 1991과 그 이전 빈티지를 포함한 다양한 빈티지와 알바 리저브, 쓰리 디케이즈 등이 있다. 트래블 리테일로는 25년산과 로버 리저브 에디션이 있다. 하지만 글렌로시스 위스키의 대부분은 블렌디드 몰트의 원액으로 사용된다. 커티삭 인터내셔널에서 판매하는 프리미엄 블렌디드 위스키인 커티삭 시그내처의 원액으로 사용되며, 페이머스 그라우스 블렌디드 위스키의 원액으로도 쓰인다. 글렌로시스 증류소는 일반인에게 개방되지 않는다.

319

글렌로시스 셀렉트 리저브

도수 43도

향 토피, 파닐라, 저라늄, 레몬, 꿀,
오크에서 나온 스파이스

맛 상당한 무게감과 중간 정도의
단맛. 오렌지 껍질, 비스킷,
버터스카치, 자두, 커스터드의 맛

피니시 세비야 마멀레이드, 견과류,
초콜릿과 비스킷이 어우러진
중간 정도 길이의 피니시

E유형 아렌 10년, 몽키 숄더,
레드브레스트 12년,
글렌둘란 F&F 12년, 툴라모어
듀 10년, 툴리바딘 소테른 1993,
툴리바딘 셰리 1993,
툴리바딘 마르살라 1993

프로필	특징
무게감	●●●○○
달콤함	●●○○○
스모크	○○○○○
약내음	○○○○○
담배	○○○○○
꿀	●●●○○
스파이스	●●○○○
와인	●●○○○
견과류	●●●○○
몰트	●●○○○
과일	●●●○○
꽃	●○○○○

글렌 스코샤

Glen Scotia Distillery
High Street, Campbeltown PA28 6DS
Tel : +44 (0) 1586 552288
www.lochlomonddistillery.com

글렌 스코샤 증류소는 스코틀랜드의 역사가 숨쉬는 곳에 위치한다. 이 곳은 켈트의 군주 달루아다인이 스코틀랜드 왕들의 대관식을 거행하고, 스코틀랜드의 첫 왕 퍼거스가 서기 503년에 의사당을 건설한 곳이다. 18세기 말엽, 34개 이상의 불법 증류소가 이곳에서 위스키를 증류했다. 스튜어트 갤브레이스가 1832년 스코샤 증류소의 인가를 받았고, 1887년 캠벨타운 전역에는 21개의 인가 증류소가 250명 이상의 일꾼을 고용하여 1년에 1,000만 리터 이상의 위스키를 생산했다.

캠벨타운은 오랜 기간 스카치위스키의 요람으로 여겨졌다. 1887년 알프레드 바너드는 캠벨타운을 '위스키의 도시'라 평하며, 스코샤 증류소에 대하여 "마치 위스키의 은밀한 비밀을 숨기고 있는 것처럼 도시 변두리에 숨겨져 있다"라는 기록을 남겼다. 캠벨타운은 상당

하이 스트리트의
글렌 스코샤 증류소는
스코틀랜드의 옛 국왕들이
대관식을 치르던
의회 건물과 가까이 있다.

321

기간 '위스키 도시'라는 명성을 누리던 유일한 도시로, 미국의 금주령 기간에 많은 주류 밀매업자의 사랑을 독차지했지만 시대가 지남에 따라 점점 쇠락해갔다. 슬프게도, 지금 캠벨타운에는 글렌 스코샤와 스프링뱅크, 글렌가일 세 증류소만 살아남아 운영되고 있다.

1894년에 재건되고 1992년에 확장되었다가 영업을 중단하고, 1999년에 생산을 재개한 글렌 스코샤 증류소는 빅토리아 스타일의 주택으로 착각하기 쉬운 조그마한 증류소 건물을 보유하고 있다. 이 증류소에는 1930년 사업을 말아먹고 캠벨타운 호에 몸을 던진 증류소의 당시 사장 던컨 맥캘럼의 유령이 돌아다닌다고 한다.

글렌 스코샤 증류소는 크로스힐 호수와 증류소 주변의 깊은 우물 2개를 주 수원으로 사용하며 피트 처리되지 않은 몰트 보리와 중간 정도로 피트 처리된 몰트 보리를 재료로 쓴다. 전통적인 코르틴 스틸 여과조 1개, 코르틴 스틸 발효조 6개, 백조 목형 넥이 달린 증류기 2개를 운용한다. 증류된 위스키는 아메리칸 익스 버번 배럴과 유로피언 익스 셰리 캐스크, 리필 캐스크 등에 담겨 증류소에 있는 현대적인 저장고에 9층 높이로 쌓여 숙성된다.

대표작인 글렌 스코샤 싱글 캠벨타운 몰트위스키 12년산은 캠벨타운의 전통적 위스키처럼 짭짤하고 피트향을 풍긴다. 작은 방문자 센터와 숍을 운영한다.

323

글렌 스코샤 12년

도수	40도
향	강렬한 스모크함이 깃든 바닷가의 짭짤한 향
맛	풍부한, 중간 정도의 무게감. 강렬한 스모크함과 견과류의 느낌을 중심으로 시큼한 과일과 진저의 느낌이 살아 있다.
피니시	스모크함과 진저가 어우러진 적당한 피니시
Ⅰ 유형	아일 오 쥬라 10년, 오번 14년, 코네마라 피티드, 아드모어 트래디셔널, 세인트조지스 Ch 9, 에드라도어 밸레친, 스프링뱅크 10년, 코웰 일라 12년, 벤로막 10년, 아일 오 쥬라 수퍼스티션

프로필	특징
무게감	●●○○○
달콤함	●●○○○
스모크	●●●○○
약내음	●●○○○
담배	○○○○○
꿀	●○○○○
스파이스	●●○○○
와인	○○○○○
견과류	●●○○○
몰트	●●○○○
과일	●○○○○
꽃	●○○○○

Glen Spey

글렌 스페이 증류소의 엠블럼인 상모솔새. 영국에 서식하는 우는 새 중에 가장 작은 종류의 새다.

글렌 스페이

Glen Spey Distillery
Rothes, Moray AB38 7AU
Tel : +44 (0) 1340 832000

325

1886년부터 1892년까지 맥캘란 증류소를 소유했던 제임스 스튜어트가 1885년 글렌 스페이 증류소를 로시스에 설립했다. 처음에는 밀호프 증류소라는 이름으로 로시스 성의 폐허 아래 로시스 제분소 옆에 설립되었다. 14세기경 로시스 백작이 본거지로 사용하던 로시스 성은 도둑들의 은거지로 활용되는 것을 막기 위해 1620년 철거되었다. 1969년에 증류기 4개를 추가하며 확장된 이 증류소는 여전히 매력적인 빅토리아 스타일의 건축물을 자랑한다.

글렌 스페이 증류소는 두니 번의 강물을 수원으로 사용하며, 가볍게 피트 처리된 몰트 보리를 재료로 쓴다. 이 증류소는 세미 라우터 여과조 1개, 스테인리스스틸 발효조 8개, 스틸 4개를 운용한다. 2차 증류기에는 환류작용을 강화해 가벼운 위스키를 증류해내는 데 도움을 주는 정화기가 장착되어 있다. 증류된 위스키는 익스 버번 캐스크와 리필 캐스크에 담겨 증류소의 전통적인 저장고에서 숙성된다. 라벨의 엠블럼은 상모술새로, 영국에 서식하는 가장 작은 우는 새 종류다. 로시스의 소나무 숲에서 이 새들의 노랫소리를 감상할 수 있다.

글렌 스페이 싱글 스페이사이드 몰트위스키는 12년산과 셰리향을 입힌 새 아메리칸 오크 캐스크에 숙성한 21년산, 디아지오의 매니저스 초이스 시리즈의 1996 빈티지 등을 라인업으로 보유하고 있다. 이 밖의 라인업으로는 고든&맥페일의 코노세어 초이스 시리즈 빈티지 1995, 카덴헤드 오센틱 컬렉션 1995, 스페셜티 드링크 30년 등이 있다. 글렌 스페이의 위스키는 디아지오의 J&B 블렌드와 스페이 로얄의 원액으로도 사용된다. 방문자센터나 투어를 운영하지 않는다.

327

글렌 스페이 플로라&파우나 12년

도수 43도

향 진저의 톡 쏘는 느낌과
어우러진 몰트와 꽃의 향긋한 향

맛 몰트와 풀의 느낌을 중심으로 한
가볍고 달콤한 맛. 군밤, 바닐라,
약간의 스모크와 스파이스를
느낄 수 있다.

피니시 레몬 껍질과 스파이스가
어우러진 상당히 짧은 피니시

H유형 로크 로몬드, 올트 아바냐 12년,
스페이사이드 12년, 드럼기시,
스페이번 10년,
인치고워 F&F 14년,
톰나불린 12년, 탐두

프로필	특징
무게감	●○○○○
달콤함	●●●○○
스모크	●○○○○
약내음	○○○○○
담배	○○○○○
꿀	●○○○○
스파이스	●○○○○
와인	●○○○○
견과류	●○○○○
몰트	●●○○○
과일	●○○○○
꽃	●●○○○

Glentauchers

쌍둥이 파고다 굴뚝이 달린 몰트 건조실은 증류소의 옛 건물 중 하나다.

글렌토처스

B

Glentauchers Distillery
Mulben, Keith, Banffshire AB55 6YL
Tel : +44 (0) 1542 860272

329

1897년, 유명 블렌더였던 제임스 뷰캐넌과 위스키 상인이었던 윌리엄 로리는 블렌딩 위스키의 원액으로 사용될 몰트위스키를 생산하기 위해 멀벤 근처 토처스 농장에 글렌토처스 증류소를 설립한다. 이들은 나중에 '블랙&화이트' 블렌드 위스키를 완성한다. 이 증류소의 위치는 스코틀랜드 북부철도와의 접근성과 토위 힐을 흐르는 깨끗한 연수와의 접근성이 고려된 것이다. 팩호스 다리가 놓인 인근의 아일라 강 근처에는 '가운 연못'이 있다. 이곳은 마녀 사냥이 일어난 중세시대의 비극이 서린 곳이다. 이단심문관들은 마녀로 의심되는 여자를 잡아다 이 연못에 던졌다. 그들은 만약 여자가 악마와 계약을 맺은 마녀라면 악마가 그녀를 떠올려줄 것이고, 무죄라면 연못에 빠져 죽을 것이라고 생각했다.

키스의 건축가였던 존 알콕이 증류소 건물을 설계하였고, 유명한 회사인 엘긴의 찰스 도이그&선즈가 건축하였다. 완공하는 데 1년이 걸렸고 1898년 5월 영업을 시작하였다. 1955년 증기 엔진이 도입되기 전까지 증류소는 인근 로자리 번에 설치된 댐의 수력으로 가동되었다. 증기 엔진이 도입되고, 스코틀랜드 북부철도의 지선이 증류소에 연결되어 물자를 운반하게 되었다.

19세기 말, 글렌토쳐스 증류소는 시대를 앞서 나간 행보를 보여주었다. 찰스 도이그가 1925년에 대대적으로 개조한 이 증류소는 연속식 증류기를 통하여 몰트위스키를 생산하는 등 실험을 시도한다. 1966년 또 한 번 개조를 거쳐 현재 증류소의 모습으로 완성되었다. 파고다형 굴뚝 2개가 달린 몰트 저장고나 세무관 사무실, 선임 양조가의 집 등 과거 빅토리아 스타일의 단아한 건물들은 유지되었다.

1969년까지는 직접 플로어 몰팅으로 보리를 몰트 처리했으나 이후로는 피트 처리되지 않은 보리를 외부에서 구해 사용한다. 구리 덮인 스테인리스스틸 라우터 여과조 1개, 라크 발효조 6개, 전통적인 단식 증류기 6개를 운용한다. 매우 큰 발효조를 사용하고 장기 숙성하는 방식으로 에스테르와 알데히드를 생산하는 유산균과 박테리아를 더 잘 활성화한다. 증류된 위스키는 아메리칸 버번 혹스헤드에서 주로 숙성된다. 최근에는 타버린 이스트 잔류물을 제거하는 자동화된 스프레이 클리닝 시스템을 도입하였다.

고든&맥페일의 스페이사이드 몰트의 1991 빈티지를 통해 글렌토쳐스 싱글몰트 스카치위스키를 만날 수 있다. 이 위스키는 발렌타인과 티처의 블렌디드 위스키에도 사용된다.

331

글렌토처스 1991 18년

도수	43도
향	말린 과일과 약간의 스모크함이 어우러진 달콤한 세리향. 향긋한 풀의 느낌
맛	상당한 무게감과 달콤함. 세리, 시나몬, 호두, 다크 초콜릿이 어우러진 맛. 부드럽고 편안하면서도 기품 있고 균형 잡힌 스타일
피니시	세리, 크림 퍼지, 몰트 느낌이 어우러진 따뜻한 피니시
B유형	글렌파클러스 17년, 글렌고인 17년, 오큰토샨 21년, 글렌파클러스 10년, 툴리바딘 포트 1993, 글렌파클러스 15년

프로필	특징
무게감	●●●○
달콤함	●●●○
스모크	●○○○
약내음	○○○○
담배	○○○○
꿀	●●○○
스파이스	●●○○
와인	●●●○
견과류	●●○○
몰트	●●○○
과일	●●○○
꽃	●●●○

THE FAMOUS GROUSE EXPERIENCE
AT GLENTURRET
SCOTLAND'S OLDEST DISTILLERY
EST 1775

Glenturret

글렌터렛

G

Glenturret Distillery
The Hosh, Crieff, Perthsh re PH7 4HA
Tel : +44 (0) 1764 656565
www.thefamousgrouse.com

333

1775년 설립되어 1826년 인가된 글렌터렛 증류소는 스코틀랜드의 가장 오래된 '살아있는' 증류소다. 스코틀랜드에서 가장 작은 증류소 중 하나이지만, 수많은 방문객이 찾아올 정도로 아름답고 편안한 증류소이다. 글래스고와 에딘버러에서 자동차로 한 시간 거리에 있다는 것도 이 증류소가 지닌 관광 명소로서의 장점이다. 이 증류소는 스코틀랜드에서 가장 잘 팔리는 위스키 '페이머스 그라우스'의 원액을 생산하며, 멋진 건물과 훌륭한 설비를 갖추었다. '페이머스 그라우스'는 스코틀랜드를 상징하는 붉은 새의 이름이다.

퍼스샤이어의 크리프 근처, 터렛 번 강변에 있는 글렌터렛 증류소는 전통적인 농장식 증류소로, 작은 단식 증류기로 위스키를 소량 생산한다. 이 증류소의 상징은 24년간 증류소에서 근무하며 '세계에서 가장 많은 쥐를 잡은 고양이'로 기네스북에 오른 고양이 토우저의 황동 동상이다. 현재, 토우저 후임으로 고양이 '브룩'이 증류소의 쥐를 잡고 있다.

글렌터렛 증류소는 증류소 옆의 언덕에 있는 터렛 호 물을 수원으로 사용하며, 가볍게 피트 처리된 보리를 재료로 쓴다. 나무 삽으로 직접 여과액을 천천히 섞는 개방형 스테인리스스틸 여과조를 사용하며, 개솔송나무 발효조 8개와 소형 증류기 2개를 운용한다.

글렌터렛 싱글 하이랜드 몰트위스키의 주요 라인업으로는 10년산과 증류소의 운영자 닐 카메론이 직접 서명하는 한정판 스트랭스 캐스크 14, 16년산이 있다. 맛의 균형이 잘 잡혀 있는 글렌터렛 위스키는 다양한 상을 수상해왔다.

1년 내내 방문자센터를 운영한다. 페이머스 그라우스 프로그램을 통해 방문객들은 영국 아카데미 영화제에서 상을 받은 인터렉티브 쇼 '뇌조의 비행'과 '계곡의 술' 전시를 관람할 수 있다. 가이드 투어 중 바 '노징&테이스팅'에서 글렌터렛, 맥캘란, 하이랜드 파크의 싱글몰트와 다양한 페이머스 그라우스 위스키를 맛볼 수도 있다. 또한 이 증류소는 기존의 저장고를 레스토랑으로 개조하여 훌륭한 식사를 제공한다. 증류소에는 회의실과 파티를 위한 공간도 마련되어 있으며, 방문객들은 이러한 공간에서 저녁 회식, 사교 파티, 결혼식 리셉션 등의 행사를 진행할 수 있다. 날씨가 좋다면 소박한 '브릭 오 드램'으로 피크닉을 나가거나, 글렌터렛 위스키의 수원으로 사용되는 터렛 호수로 산책을 나가볼 수도 있다.

335

글렌터렛 10년

도수	40도
향	약간의 스모크함이 깃든 꽃, 꿀, 몰트, 후추의 향
맛	가벼운 무게감과 중간 정도로 단맛. 오렌지 껍질, 갱엿, 몰트향과 약간의 꿀, 바닐라, 스파이스의 느낌이 어우러진 균형 잡힌 맛
피니시	꿀과 갱엿의 달콤함을 중심으로 한 중간 정도 길이의 피니시
G유형	벤리악 12년, 글렌 기어리 파운더스 리저브, 글렌 머레이 12년, 아렌 10년

프로필 특징

무게감	●●○○
달콤함	●●●○
스모크	●○○○
약내음	●○○○
담배	○○○○
꿀	●●○○
스파이스	●●○○
와인	●○○○
견과류	●●○○
몰트	●●○○
과일	●●○○
꽃	●●○○

Highland Park

시릴 알란이 아로마향이 강한 헤더 피트로 몰트 저장고에 불을 때고 있다. 이 피트는 그가 호비스터 무어에서 채취한 것이다.

하이랜드 파크

Highland Park Distillery
Holm Road, Kirkwall, Orkney KW15 1SU
Tel : +44(0) 1856 874619
www.highlandpark.co.uk
Email : Distillery@highlandpark.co.uk

337

커크월 서쪽 오크니 섬에 있는 하이랜드 파크 증류소는 영국 제도에서 가장 북쪽에 있는 증류소다. 나폴레옹과의 전쟁에서 비롯된 많은 세금에 저항하던 위스키 밀주가들 중 하나였던 마그너스 언슨이 18세기 후반에 이 증류소를 설립했다. 교회 직원이었던 마그네스 언슨은 자기가 만든 위스키를 관이나 설교단 속에 숨겨두었다. 알프레드 바너드의 기록에 따르면, 언슨은 다양한 방법으로 위스키를 감추었다고 한다. 그는 위스키를 상여 속에 감추고는 "천연두 환자의 시신이 들어 있는 상여입니다"라고 말해 징세원의 눈을 피한 적도 있다.

경수를 주 수원으로 하는 몇 안 되는 위스키 증류소로, 크랜틴 스프링을 수원으로 사용한다. 하이랜드 파크 특유의 달콤한 히스 느낌이 나는 스모키함은 이러한 물과 향이 강한 피트로 건조한 몰트, 균형을 맞추기 위해 사용된 피트 처리되지 않은 본토의 몰트로 이루어진다.

 이 증류소는 스테인리스스틸 세미 라우터 여과조 1개, 미송나무 발효조와 시베리안 라크 발효조 10개, 증류기 4개를 운용한다. 증류된 위스키는 유로피언 오크와 아메리칸 오크로 만들어진 익스 셰리 캐스크에서 숙성된다. 여기서 증류된 위스키는 전체적으로 명료한 피트감과 중간 정도의 보디감에 복잡하고 다층적인 느낌이 난다. 헤더와 꿀, 몰트의 달콤함마저 느낄 수 있는 이 위스키의 모든 요소는 한 쪽으로 쏠리지 않는 완벽한 조화를 이룬다.

 미국의 위스키 전문가 폴 패컬트는 하이랜드 파크 18년을 '세계 최고의 증류주'라 극찬했다. 증류소에서는 이 찬사를 자주 인용한다. 하이랜드 파크 싱글몰트위스키의 대표작으로는 12, 15, 18, 21, 25, 30, 40년산이 있다. 1964~1978년까지를 포함하는 오카디안 빈티지, 세인트 마그누스 12년, 얼 마그누스, 하콘 18년으로 구성된 오크니 잉가 시리즈도 대표작이라 할 만하다. 특별한 위스키로는 미국 대륙을 최초로 여행한 유럽인을 기리는 라이프 에릭슨과 하이랜드 파크 하르타 12년, 50년 등이 있다. 또한 하이랜드 파크는 갓 생산한 증류주를 판매하기도 한다.

 방문자센터는 스코틀랜드 관광국으로부터 5성 평가를 받았다. 여름에는 주말에, 그 밖의 기간에는 주중에 운영된다. 노르웨이와 오랜 인연을 맺어온 이 증류소에서는 건배할 때 '스콜(노르웨이어로 건배)'이라 말한다.

339

하이랜드 파크 12년

도수	40도
향	헤더 꿀의 달콤함과 피트의 스모크함이 어우러진 향
맛	중간 정도의 무게감과 매우 달콤함. 다크 초콜릿, 헤더 꿀, 조리된 오렌지오-시나몬의 맛이 켜켜이 쌓인 스모크한 맛
피니시	스모크, 벨기에 다크 초콜릿, 오렌지 마멀레이드가 어우러진 상당히 긴 피니시
l 유형	보모어 12년, 벤로막 10년, 스프링뱅크 10년, 롱로우 10년

프로필 특징

무게감	●●○○○
달콤함	●●○○○
스모크	●●●○○
약내음	●○○○○
담배	○○○○○
꿀	●●○○○
스파이스	●●○○○
와인	●●○○○
견과류	●○○○○
몰트	●○○○○
과일	●●○○○
꽃	●○○○○

인치고워

Inchgower Distillery
Buckie, Banffshire AB56 5AB
Tel : +44(0) 1542 831161

알렉산더 윌슨이 1822년 토치넬에 있는 시필드 백작의 저택에 인치고워 증류소를 설립했다. 알프레드 바너드에 따르면, 창립자 윌슨은 그 명성에 걸맞은 훌륭한 위스키를 대량 생산하고 있었다. 하지만 이 지역이 재개발되어 물은 오염되고 임대료는 높아지게 되자 창립자의 손자이자 창립자와 이름이 같은 알렉산더 윌슨은 1871년 인치고워 증류소를 포카버와 버키에서 8km 떨어진 레스밴 마을로 이전한다.

바너드는 인치고워 증류소를 "반듯한 사각의 뜰에 돌과 슬레이트로 지은 건물이 우뚝 서 있다. 가장 현대적인 기계와 설비로 무장한 현대적 증류소이다"라고 평했다. 바너드는 자신의 책에 증류소를 구성한 빅토리아풍 건물들을 간단히 그린 그림을 3장 첨부했는데, 오늘날의 방문객들도 그가 어떤 건물들을 그렸는지 바로 알아볼 수 있다.

아름다운 증류소는 목공 작업실, 통 작업실, 대장간, 일꾼의 숙소가 있는 아름다운 안뜰, 석재 증류실, 파고다형 굴뚝 2개, 슬레이트 지붕이 붙어 있는 몰트 저장고(현재는 사용되지 않는다)로 이루어져 있다. 20세기 초까지 바로 옆에는 아버딘 앵거스 소를 포함한 100여 마리의 소떼, 200여 마리의 양과 돼지를 기르던 농장이 붙어 있었다. 증류소에서 나온 증류 부산물로 이 농장의 가축들을 다 먹일 수 있을 정도로 활발하게 운영되었다.

이 증류소는 멘더프 힐의 샘을 주 수원으로 사용하며, 버키 번의 강물을 냉각 수원으로 쓴다. 스테인리스스틸 여과조 1개, 미송나무 발효조 6개, 증류기 4개를 운용한다. 증류된 위스키는 익스 버번 아메리칸 오크 캐스크에 담겨 증류소에 있는 저장고에서 숙성된다. 바너드의 1885년 기록에 따르면 이 증류소는 몰트위스키와 블렌디드 위스키를 함께 생산했으며, 대량 생산 체제를 구축하기 전에도 위스키를 연간 6만 2,000갤런 생산할 정도로 꽤 큰 규모였다고 한다. 잉글랜드와 식민지에서 상당한 인기를 누리던 이 위스키에 대해 시음 기록을 잘 남기지 않기로 유명한 바너드는 "혀에 닿

인치고워의 빅토리아풍 몰트 저장고는 고전적인 쌍둥이 파고다 굴뚝을 자랑한다.

는 느낌이 무척 깨끗하고 달콤하며, 위스키 애호가들의 사랑을 많이 받고 있다"라는 짧은 시음 기록을 남겼다.

인치고워 싱글 스페이사이드 몰트위스키의 주요 라인업은 디아지오 플로라&파우나의 인치고워 14년과 다아지오 매니저스 초이스의 1993 빈티지 셰리 캐스크라 할 수 있다. 병의 엠블럼은 버키의 백사장에서 서식하는 검은머리물떼새다. 독립병입본으로는 고든&맥페일의 코노세어 초이스 1993 빈티지가 있다. 생산된 위스키는 대부분 벨의 블렌드 위스키의 원액으로 사용된다. 증류소는 방문자센터나 투어를 운영하지 않는다.

343

인치고워 플로라&파우나 14년

도수	43도
향	풀, 몰트, 꿀로 이루어진 향긋하고 달콤한 향
맛	가벼운 무게감과 상당한 달콤함. 시트러스, 스파이스, 오크의 향과 약간의 바다내음, 스모크함이 어우러짐.
피니시	과일, 바닐라, 스금이 어우러진 상당히 짧은 피니시
H유형	글렌 스페이 F&F 12년, 올트 아바냐 12년, 스페이번 10년

프로필 특징

프로필	특징
무게감	●○○○
달콤함	●●●○
스모크	●○○○
약내음	●○○○
담배	○○○○
꿀	●●○○
스파이스	●●○○
와인	○○○○
견과류	●○○○
몰트	●●○○
과일	●○○○
꽃	●●○○

아일 오 쥬라

Isle of Jura Distillery
Craighouse, Isle of Jura, Argyll PA60 7XT
Tel : +44(0) 1496 820240
www.isleofjura.com

Isle of Jura

아일 오 쥬라 증류소는 쥬라 해협의 해안 크레이그하우스에 아름답게 자리하고 있다.

쥬라는 북부어로 '사슴 섬'을 뜻한다. 그 이름에 걸맞게 이 섬에는 붉은 사슴이 가득하다. 약 5,000마리가 이 섬에 서식하는데, 이는 이 섬 전체 인구의 30배 정도나 되는 숫자다. 기원전 7000년의 기록이 남아 있을 정도로 역사가 오래된 섬이다. 한때는 바이킹의 요새로도 사용되었으며, 섬의 킬러나딜 무덤에는 캐밸의 지주 11명의 묘지가 있다. 킬러나딜은 '이맨의 묘실'을 뜻한다. 이맨은 성 콜롬비아의 삼촌으로, 이로써 아일랜드의 기독교 수도사들이 스코틀랜드에 위스키를 전파했다는 것을 알 수 있다. 1502년부터 이 섬에서 위스키 증류가 이루어졌다는 주장이 있지만, 공식적인 쥬라 최초의 증류소는 1810년 아치발드 캠벨이 밀주업자들의 소굴로 사용되던 크레이그하우스의 동굴에 설립한 증류소이다. 1886년 이곳을 방문한 알프레드 바너드는 "매우 아름다운 증류소로, 해안에서 바라본 이곳은 증류소라기보다는 성과 같은 느낌을 준다"라고 기록하였다. 그 당시 쥬라의 인구는 1,000명 정도였는데, 지금은 그 4분의 1도 채 되지 않는다.

쥬라 섬은 785m에 달하는 산봉우리 세 개로 이루어진 조그마한 섬이다. 해마다 쥬라 펠 레이스(산악 경기)가 열린다. 돌 기둥, 성의 폐허, 철기 시대의 요새, 아름다운 백사장과 한적한 해안이 있는 섬은 역사적 유물과 자연의 아름다움이 멋진 조화를 이루고 있다. 검독수리와 흰꼭지수리가 하늘을 배회하고, 꿩과 사슴이 자줏빛 헤더 사이를 거닐며, 수달과 해달이 바닷가에서 노닌다.

증류소는 산봉우리의 이면에 있는 크레이그하우스에 있다. 이곳을 찾기 위해 굳이 내비게이션을 준비할 필요는 없다. 아일레이에서 피올린 페리선을 타고 내린 곳에서 외길을 따라 쭉 가면 증류소가 나온다. 이 섬은 조지 오웰이 1947년에 그의 대표작 '1984'를 집필한 곳이다. 오웰은 쥬라와 스카파 사이에서 한류와 난류가 만나 일으키는 소용돌이에 휩쓸려 죽을 뻔하기도 했다. 이곳 기후는 멕시코 만류의 영향으로 따뜻한 편이며 야자수와 아열대의 관목들이 자란다.

1918년에서 1960년까지 휴업을 한 이 증류소는 스페이사이드의 유명한 건축가 윌리엄 델메 에반스에 의해 재건축되며, 1970년에 또 한번 확장을 하게 된다. 이 증류소는 바일 마가이드 로크의 물을 수원으로 사용하며, 가볍게 피트 처리된 몰트와 무겁게 피트 처리된 몰트를 전부 사용한다. 세미 라우터 여과조 1개, 스테인리스스틸 발효조 6개, 기다란 스틸 4개를 운용한다. 증류된 위스키는 대부분 익스 버번 캐스크로 숙성하며, 5% 정도를 유로피언 익스 셰리 버트에 담아 숙성한다.

아일 오 쥬라 싱글몰트위스키의 주요 라인업은 오리진 10년과 듀라크 오운 16년으로 구성되어 있다. 나중에 중간 정도로 피트 처리된 쥬라 수퍼스티션과 무겁게 피트 처리된 비냉각여과 위스키인 프로페시가 주요 라인업으로 추가되었다. 수퍼스티션과 프로페시 모두 숙성 연한을 표기하지 않았다. 한정판으로는 쥬라 21년 곤잘레스 비아즈, 쥬라 1974, 쥬라 엘레멘트 등이 있다. 쓰리 펩스 오 쥬라 15년은 카베르네 소비뇽, 피노 누아, 보홀로 와인 배럴로 피니시했다. 부티크 베럴 싱글 캐스크 시리즈에는 무겁게 피트 처리한 익스 버번 숙성의 쥬라 XU 1999와 익스 버번 숙성 쥬라 JO1995, 익스 셰리 에디션인 쥬라 JI 1993 등이 있다. 예약을 통해 투어와 시음을 즐길 수 있으며 홈페이지에서 명예 듀라크(게일어로 쥬라 거주민을 뜻한다)에 가입하면 특별 위스키 구입 등의 특권을 누릴 수도 있다.

347

아일 오 쥬라 10년

도수	40도
향	오렌지 껍질, 다몬드와 약간의 스모크, 짭짤함이 어우러진 향긋하고 건조한 향
맛	중간 정도의 두게감과 드라이함. 과일, 피트향과 약간의 헤더, 아몬드, 소나무향이 어우러진 맛
피니시	소금과 몰트를 중심으로 한 중간 정도 길이의 피니시
I 유형	글렌 스코샤 12년, 오번 14년, 스프링뱅크 10년, 코네마라 피트 드, 올드 발란트루안 피티드, 세인트조지스 Ch 9, 발블레어 10년

프로필	특징
무게감	●●○○○
달콤함	●●○○○
스모크	●●○○○
약내음	●●○○○
담배	○○○○○
꿀	●○○○○
스파이스	●●○○○
와인	○○○○○
견과류	●○○○○
몰트	●●●○○
과일	●●○○○
꽃	●○○○○

Kilbeggan

킬베건 증류소는 여전히 로크 증류소라는 이름과 빅토리아풍 수차를 유지하고 있다.

킬베건

Kilbeggan Distillery
County Westmeath, Ireland
Tel : +(35) 31 833 2833
www.kilbegganwhiskey.com

킬베건 증류소는 아일랜드 웨스트메스 카운티의 브로스나 강의 강변에 있다. 게일어 '킬 베가인'에서 유래한 킬베건은 '성 베칸의 교회'를 뜻한다. 전설에 따르면, 프랑스의 수도사들이 '오 드 뷔'의 증류법을 이곳에 소개하여 초기의 아이리시 위스키를 증류하기 시작했다고 한다. 킬베건 증류소는 설립 이후 운영 허가가 한 번도 중단된 적 없는 가장 오래된 증류소다. 1757년 매튜 맥매너스가 설립한 이래 근 250년간 운영이 유지되어 왔다. 최근 증류소 250주년을 기념하는 행사를 열었다.

여전히 1840년에 건설된 브로스나 강의 수차에서 동력을 공급받는다. 수력을 활용할 수 없는 시기에는 빅토리아시대의 증기 엔진을 사용하여 전통적인 제분기, 구리 나선 냉각기 등을 가동했다. 과거에 사람들이 위스키를 어떻게 만들었는지를 잘 보여주고 있는 증류소로서, 위스키 역사박물관이라 할 정도로 고전적인 방식을 고집한다.

하지만 킬베건 증류소는 1840년대 초반 아이리시 위스키의 호황 시대가 저물자 고전을 면치 못한다. 나중에 존 로크가 이 증류소를 인수하여 '로크의 킬베건 증류소'라는 이름으로 영업을 시작한다. 1957년에 또 한 번 휴업한 이래 50년간 휴업하였으나 2007년 존 틸링이 부활시킨다. 툴라모어 듀 증류소에서 가져온 고전적인 리벳형 단식 증류기-가동되는 증류기 중 세계에서 가장 오래되었을 것이다-가 수리되고, 단식 증류기 2개와 미송나무 발효조 3개가 추가되었다. 목재 여과조와 나선 냉각기가 준비되었고, 통 제작 설비도 수선되어 다시 가동에 들어갔다.

주요 라인업은 숙성 연한이 표기되지 않은 킬베건 아이리시 리저브 몰트위스키와 킬베건 18년산 블렌디드 위스키가 있다. 3월부터 10월까지 방문자센터를 운영하는데, 투어와 시음뿐 아니라 식사와 로크의 박물관, 숍까지 준비되어 있다.

351

킬베건 아이리시 리저브

도수	40도
향	꽃, 라벤더, 바이올렛, 소나무를 중심으로 삶은 야채의 향이 미묘하게 어우러진 향
맛	중간 정도의 무게감과 달콤함. 과일, 블랙커런트, 크림 브륄리, 바닐라, 진저브레드
피니시	캐러멜, 블랙커런트, 잡미가 매우 아름답게 조화된 가볍고 짧은 피니시
G유형	글렌 머레이 12년, 글렌모렌지 10년, 벤리악 12년

프로필 특징

무게감	●○○○
달콤함	●●●○
스모크	○○○○
약내음	○○○○
담배	●○○○
꿀	●●○○
스파이스	●●○○
와인	○○○○
견과류	●●○○
몰트	●○○○
과일	●●○○
꽃	●●●○

킬호만

Kilchoman Distilllery
Rockside Farm, Bruichladdich, Isle of Islay PA48 7UT
Tel : +44 (0) 1496 850011
www.kilchomandistillery.com

킬호만 증류소의 스피릿 세이프를 통해 증류 채취 과정을 관찰하는 저자

19세기 아일레이에는 농장 증류소가 많았으나, 대부분 사멸하거나 대형 증류 회사에 인수되었다. 이러한 상황에서 2005년, 안토니 윌스가 킬호만 증류소를 설립했다. 이는 아일레이 섬에 125년 만에 추가로 설립된 위스키 증류소다. 아일레이의 마키르 해안 서쪽 록사이드 농지에 있는 이 증류소 터에서는 14세기의 십자가나 교회의 무덤 같은 여러 역사적 유적이 발굴되었다.

킬호만 증류소는 법적으로 가능한 가장 크기가 작은 증류기와 파고다형 굴뚝, 전통적인 플로어 몰팅 등을 갖춘 매력적인 부티크 증류소다. 현재 1년에 8만 리터 정도의 알코올밖에 생산하지 못하는, 초소형 증류소라 할 수 있다. 이 증류소는 중간 정도로 피트 처리된 위스키와 전통적인 아일레이 방식으로 만들어진 강하기 피트 처리된 위스키를 둘 다 생산한다. 주변에서 경작한 100톤 정도의 옵틱 보리를 피트를 사용한 전통적 방식으로 몰트 처리하여 '100% 아일레이' 위스키를 생산한다. 이 위스키를 생산하기 위하여 보리를 물에 불린 뒤 몰팅 플로어에 두고 일일이 손으로 뒤집으며 발아시킨 다음 피트 불로 직접 건조한 20~25ppm 페놀 정도의 몰트를 사용한다. 무겁게 피트 처리된 위스키를 생산하기 위해서는 포트 엘렌 몰팅에서 45~55ppm 페놀 정도의 몰트를 구해 사용한다.

피트가 약간 함유된 알트 글렌 오사마일 번의 물을 주 수원으로 사용한다. 스테인리스 세미 라우터 여과조 1개, 스테인리스스틸 발효조 4개, 백조목 형태의 넥이 장착된 소형 증류기 2개를 운용한다. 이 증류소는 100시간이 넘는 장기 발효와 환류를 강화하는 보일 볼을 통해 가벼운 위스키 원액을 증류한다. 이렇게 증류된 위스키를 켄터키의 버팔로 트레이스 증류소에서 공수한 신선한 버번 배럴과 리필 캐스크에 담아 숙성시킨다. 증류된 위스키의 20%는 신선한 올로로소 셰리 버트에 담아 숙성한다. 킬호만 싱글 아일레이 몰트위스키는 계속 숙성 중이며, 무겁게 피트 처리된 위스키의 경우 1년에 세 번씩 출시된다.

킬호만 증류소는 방문객들을 환대할 준비를 단단히 갖추고 있다. 방문객들은 5일간의 '디스틸러리 익스피리언스' 행사에서 보리 재배에서 위스키 병입까지 모든 과정을 살펴보고 참가할 수 있다. 잘 꾸며진 방문자센터는 4월부터 10월까지 운영된다. 예약하면 1주일에 한 번 진행되는 매니저 투어에 참여하여 스페셜 캐스크를 시음할 수 있다. 증류소 전시관에서 불법 증류 시기를 거쳐 18세기와 19세기에 진행된 아일레이 농장 증류소의 역사를 볼 수도 있다. 증류소의 숍에는 모든 종류의 킬호만 몰트위스키와 기념품이 준비되어 있으며, 카페에서는 따뜻한 음료와 간단한 먹거리, 맛좋은 수제 수프를 판매한다.

355

킬호만 윈터 2010 릴리즈

도수   46도

향   해초, 상당한 스모크함,
바닐라, 토스트, 화학약품의
느낌이 어우러진 풍부한 향

맛   상당한 무게감과 약간 단맛.
구운 잣, 청포도, 올리브오일,
정향, 강렬한 스모크함이
어우러진 건조한
피트스모크의 느낌

피니시   타르트 그레이프프루트, 오일,
비스킷으로 이루어진 피트
느낌이 강한 긴 피니시

J유형   라프로익 10년 캐스크 스트랭스,
라프로익 쿼터 캐스크,
벤로막 피트 스모크

프로필   **특징**

무게감	●●●●○
달콤함	●●●○○
스모크	●●●●○
약내음	●●○○○
담배	●○○○○
꿀	●○○○○
스파이스	●●○○○
와인	○○○○○
견과류	●●○○○
몰트	●○○○○
과일	●●○○○
꽃	○○○○○

Kininvie

1차 증류기 6개와 2차 증류기를 통해 키닌비 증류소는 상당한 양의 위스키를 생산한다.

키닌비

Balvenie Distillery
Dufftown, Banffshire AB55 4DH
Tel : +44(0) 1340 822210

키닌비 증류소는 1990년 윌리엄 그랜트&선즈 사가 짓고, 윌리엄 그랜트 설립자의 직계 후손인 재닛 시드 로버트가 운영을 시작했다. 증류소 이름은 증류소 근처에 있는 피딕 강 유역의 '키닌비 저택'에서 유래했다.

발베니 증류소의 일부였던 이 증류소는 기능적인 돌함석 건물로 이루어져 있다. 원래 키닌비 증류소는 글렌피딕과 발버니 증류소의 몰트위스키에 주력하던 윌리엄 그랜트&선즈 사가 블렌디드 위스키의 원액을 생산하기 위해 설립한 증류소였다. 하지만 2006년 로버트 여사의 105번째 생일을 기념하는 헤이즐우드 '105' 15년산 위스키가 출시되며 키닌비 싱글몰트의 역사가 시작되었다. 2008년에는 히드로 터미널 5번의 개통을 축하하기 위한 두 번째 헤이즐우드 위스키가 익스 셰리 캐스크에서 숙성되어 헤이즐우드 리저브 17년으로 출시되었다. 2011년 8월에는 로버트 여사의 110번째 생일을 축하하기 위한 세 번째 헤이즐우드, 헤이즐우드 110이 출시되었다.

발베니 증류소와 마찬가지로 콘발 힐의 샘을 수원으로 사용한다. 설비로는 스테인리스스틸 풀 라우터 여과조 1개, 개솔송나무 발효조 10개, 1차 증류기 3개, 증기 코일 가열식 2차 증류기 6개를 운용한다. 여과조와 발효조는 발베니 증류소 안에 있지만 두 증류소는 제분기 말고는 어떤 설비도 공동으로 사용하지 않는다.

몰트위스키는 '알두니'라는 이름으로 블렌더들에게 판매된다. 특이하게도 윌리엄 그랜트 사는 '알두니' 키닌비 몰트위스키에 발베니나 글렌피딕의 싱글몰트위스키를 아주 약간 섞는다. '티스푼'이라고 불리는 이 작업은 독립병입업자들이 '키닌비'라는 브랜드를 사용하지 못하게 하기 위한 것이다. 키닌비 몰트위스키는 윌리엄 그랜트의 블렌디드 위스키인 '몽키 숄더'의 키 몰트다. 여기에는 발베니나 글렌피딕의 위스키도 들어간다. 방문자센터를 운영하지 않으며 일반에게 공개하지 않는다.

359

몽키 숄더

도수	40도
향	오렌지, 커스터드 가루, 스파이스, 밀랍으로 이루어진 달콤한 향
맛	매우 달콤하며 중간 정도의 무게감. 구운 몰트, 말린 과일, 오렌지 마멀레이드가 어우러짐
피니시	오렌지 껍질과 바닐라, 각종 과일의 향이 아름다운 균형을 이루는 짧은 피니시
E유형	글렌로시스 1991, 맥캘란 파인 으크 10년, 툴라모어 듀 10년

프로필 특징

무게감	●●○○○
달콤함	●●○○○
스모크	○○○○○
약내음	○○○○○
담배	○○○○○
꿀	●●○○○
스파이스	●●○○○
와인	●○○○○
견과류	●●○○○
몰트	●●○○○
과일	●●○○○
꽃	●○○○○

노칸도

G

Knockando Distillery
Knockando, Aberlour, Moray AB38 7RY
Tel : +44 (0) 1479 874 660
www.malts.com

노칸도는 '작고 검은 언덕'을 뜻하는 게일어 녹-안-두에서 유래했다. 노칸도 증류소는 왕위 계승권자였던 찰스의 군대가 1745년의 컬로덴전투를 기다리며 주둔했던 스페이 강의 강둑에 있다.

엘긴의 주류상이었던 존 톰슨이 1898년에 노칸도 증류소를 설립했다. 증류소의 위치 선정에는 카드나크 스프링의 깨끗한 물과 스코틀랜드 북부철도와의 접근성이 고려되었다. 노칸도 몰트위스키의 특징을 만드는 것은 카드나크 샘의 깨끗한 물이라 할 수 있다. 스페이 강변의 무성하고 경사진 숲 속에 있는 이 증류소의 거대한 굴뚝은 숲의 나무들 위로 웅대하게 솟아 있다. 1969년에 증류기 2개와 증류실 건물 1개를 추가하며 확장되었지만, 현재 방문자센터로 사용되는 이전의 기차역 건물을 포함한 여러 건물은 여전히 빅토리아시대의 아름다움을 잘 보여준다.

노칸도는 세계적 베스트셀러 중 하나인 디아지오의 J&B 블렌디드 위스키의 키 몰트위스키다. 마가렛 대처 수상이 1985년 이 증류소를 수출 분야 여왕상 수상자로 선정하자 증류소에서는 대처 수상에게 선물로 10억 번째 J&B 레어 위스키를 선물했다.

이 증류소는 가볍게 피트 처리된 몰트 보리를 사용하며, 스테인리스스틸 세미 라우터 여과조 1개, 미송나무 발효조 8개, 환류를 강화하는 보일 볼에 장착된 단식 증류기 4개를 운용한다. 당화조는 흐린 워트액을 생산하여, 증류된 위스키에 곡물과 비스킷의 향이 느껴지게 된다. 물을 많이 사용해 발효를 진행하므로 발효조는 굳이 커터를 사용하지 않는다. 2차 증류는 매우 천천히 진행하는데, 환류를 강화함으로써 가벼운 위스키 원액을 증류하기 위해 좁은 곡과 상향식 라인암으로 이루어진 증류기를 사용한다. 블렌딩용으로 사용하는 위스키는 대부분 익스 버번 혹스헤드에 담겨 숙성되지만, 몰트위스키용 위스키는 유로피언 익스 셰리 캐스크에

노칸도 증류소의 증류기에 부착된 반짝이는 구리 압력 밸브

361

담겨 숙성된다. 이로써 노칸도 몰트위스키는 미묘한 셰리 향과 훌륭
한 보디를 가지게 된다.

주요 라인업은 12년과 18년, 마스터 리저브 21년으로 이루어져 있
으며, 매니저스 초이스 시리즈에 노칸도 1996 12년산 같은 다양한
빈티지도 있다. 노칸도에서 생산된 위스키는 대부분 J&B의 재료로
사용된다. 하지만 여러 위스키 전문점이나 해외 시장에서 노칸도의
싱글몰트위스키를 구할 수 있다. 방문자센터를 운영하지 않지만 예
약하면 증류소 투어를 즐길 수 있다.

363

노칸도 12년

도수	43도
향	몰트, 꿀, 피트함이 약간 있는 향긋하고 가벼운 향
맛	가벼운 무게감고- 중간 정도의 단맛. 곡물, 견과류, 스파이스의 미도한 향미와 약간의 스모크함이 훌륭하게 균형 잡혀 있다.
피니시	몰트, 스파이스가 어우러진 상당히 짧고 간결한 피니시
G유형	브룩라디 12년, 토민토웰 14년, 글렌피딕 12년, 글렌 머레이 12년, 글렌터렛 10년

프로필 특징

무게감	●○○○○
달콤함	●●○○○
스모크	●○○○○
약내음	○○○○○
담배	○○○○○
꿀	●●○○○
스파이스	●●○○○
와인	○○○○○
견과류	●●○○○
몰트	●●○○○
과일	●●○○○
꽃	●●●○○

Knockdhu

녹두 증류소는 지역의 회색 석회암으로 건축된 아름다운 건물을 자랑한다.

녹두

H

Knockdhu Distillery
Knock, by Huntly, Aberdeenshire AB5 5LI
Tel : +44 (0) 1466 771223
www.ancnoc.com

365

녹 힐의 남부에서 깨끗하고 순수한 물이 흐르는 수많은 색이 발견된 뒤 존 모리슨은 1984년 이곳에 녹두 증류소를 설립했다. 이곳은 보리로 유명한 비옥한 농경지 머레이에서 얼마 떨어지지 않았으며, 훌륭한 몰트위스키를 만들기 위한 피트가 많아 위스키 증류소를 운영하기에 최적의 장소라고 할 수 있다. 농촌 마을은 노동력의 훌륭한 공급원이 되며, 스코틀랜드 북부철도와도 가까워 물자를 수송하기에 편리하다. 증류소는 스코틀랜드 북부철도와 연결된 독자적인 역과 철로를 운영한다.

1928년에 큰 화재가 발생한 이후에 몇몇 건물을 재건축했다. 이때의 화재로 몰트 제분실이 통째로 날아가고 증류실의 지붕이 불에 타 없어졌다. 제2차 세계대전 때 녹두 증류소는 인도 군인의 병영으로 사용되었다. 이 시기에 주둔군 유지를 위해 마구간과 도살장이 새로 건설되었다.

녹두 증류소는 게일어로 '검은 언덕'을 뜻하는 '안녹' 증류소로 1989년 재개장했다. 재개발 과정에서 1894년에 증류소를 건설한 사람 중 하나인 존 스미스의 편지가 벽 속에서 나온 병에서 발견되었다. 증류소는 2001년 이 편지를 안녹 위스키의 빈 병에 밀봉해 새로 건축된 증류실 건물 벽에 묻었다. 녹두 증류소는 녹 힐에 있는 샘 5개를 수원으로 사용하며, 피트 처리된 몰트 보리와 피트 처리되지 않은 몰트 보리를 필요에 따라 구해 쓴다. 지난 7년간 피트 처리된 보리를 사용했으니 조만간 피트 처리된 안녹 위스키가 출시될 것이다.

이 증류소는 구리 덮인 전통적인 스테인리스스틸 여과조 1개, 라크 발효조 1개, 미송나무 발효조 5개, 환류를 강화하는 보일 볼이 장착된 증류기를 2개 운용한다. 깨끗한 워트를 증류하여 과일향이 나는 상쾌하고 강렬한 위스키를 만들어낸다. 구리 나선형의 냉각기에는 단조 강철 튜브가 부착되어 있다. 안녹 싱글 하이랜드 몰트위스키는 12년, 16년과 1986~1996년의 다양한 빈티지로 구성되어 있다. 안녹 12년산은 착색하지 않은 비냉각여과 위스키이다. 방문자센터를 운영하지 않으나 예약하면 증류소를 방문할 수 있다.

367

안녹 12년

도수	40도
향	레몬, 꿀, 녹색 과일의 향과 갓 벤 건초, 스모크함 약간과 달콤한 담배향이 어우러진 향
맛	중간 정도 무게감으로 달콤함. 갱엿, 시트러스, 배, 꿀, 셔벗, 에페베르와 스파이스가 약간 어우러진 복잡한 맛
피니시	타르트 애플, 레몬, 헤더 꿀과 흙냄새 나는 스모크로 된 중간 정도 길이의 피니시
H유형	카두 12년, 올트 아바냐 12년, 발메낙 12년, 달위니 15년, 탐두, 스페이사이드 12년

프로필	특징
무게감	●●○○
달콤함	●●○○
스모크	●○○○
약내음	○○○○
담배	●○○○
꿀	●●○○
스파이스	●○○○
와인	○○○○
견과류	●○○○
몰트	●○○○
과일	●●○○
꽃	●●○○

Lagavulin

라가불린 증류소의 새하얀 건물은 라가불린 해안의 소박한 모습과 대조된다.

라가불린

Lagavulin Distillery
Port Ellen, Isle of Islay PA42 7DZ
Tel : +44 (0) 1496 302749
www.discovering-distilleries.com/lagavulin
Email : lagavulin.distillery@diageo.com

라가불린은 게일어로 '방앗간 계곡'을 뜻한다. 12세기, 스코틀랜드 서부의 바이킹을 몰아낸 아일레이의 첫 군주 소머레드가 던베이그 성을 점령하였다. 던베이그 성의 라가불린 몰트위스키는 '아일레이의 군주'이자 진정한 아일레이의 몰트라 칭할 수 있다. 아일레이 섬 남해안 던베이그 성의 음울한 폐허에 있는 라가불린 증류소는 스코틀랜드에서 오래된 증류소 중 하나다. 빅토리아풍의 세련된 쌍둥이 파고다형 굴뚝은 주변의 바위투성이 해안과 헤더가 덮인 언덕의 자연스러움과 묘하게 대조된다.

　라가불린 증류소는 18세기 초반부터 위스키를 생산하였다. 1740년대에 증류기 10개를 운영했다고 전해진다. 1816년 존 존스턴이 이 증류소의 영업권을 허가받았다. 1867년 라가불린 위스키를 바탕으로 화이트호스 스카치 블렌드 위스키를 만들어낸 '부지런한' 피터 매키가 라가불린 증류소를 인수하였다.

이 증류소는 피트로 뒤덮인 습지를 흘러 모인 솔란 호의 물을 사용한다. 이 물과 강하게 피트 처리된 몰트가 모여 라가불린 위스키 특유의 톡 쏘는 맛을 선사한다. 포트 엘렌 몰팅에서 근방에서 채취한 피트로 건조한 몰트를 사용한다. 스테인리스스틸 재질의 대형 여과조 1개, 미송나무 발효조 10개, 목이 넓고 라인 암이 크게 휜 양파 모양의 소형 증류기 4개를 운영한다. 2차 증류기가 1차 증류기보다 조금 큰 편이라는 것이 이 증류소의 특징 중 하나다.

라가불린 위스키 원액은 기본적으로 버번위스키를 숙성한 아메리칸 오크 캐스크에서 숙성하지만, 특별한 피니시를 위해서는 셰리 캐스크에서 숙성하기도 한다. 캐스크는 해안의 숙성소에 저장된다. 그렇기에 숙성된 라가불린 위스키에서는 해초와 소금기 품은 신선한 대서양의 향취가 느껴진다.

1875년부터 라가불린 싱글몰트위스키가 영국과 식민지에서 판매되었다. 하지만 라가불린 싱글몰트위스키가 디아지오의 클래식 몰트 시리즈로 발매된 1980년대 전까지 생산된 라가불린 위스키는 대체로 블렌딩 위스키의 원액으로 사용되었다. 베스트셀러인 라가불린 16년산은 생산량을 뛰어넘는 수요를 보이며, 수많은 국제대회에서 최우수상을 받은 걸작이다. 또한 이 증류소는 라가불린 12년산 캐스크 스트랭스도 판매한다. 라가불린 디스틸러 에디션의 스위트 페드로 히메네즈 셰리 캐스크 피니시 빈티지 1994와 디아지오 매니저스 초이스 시리즈의 싱글 익스 셰리 캐스크 빈티지 1993 등이 이에 포함된다. 투어와 시음을 제공하는 숍은 주중에 영업한다.

371

라가불린 16년

도수	43도
향	흙내음 나는 강렬한 피트 스모크 향에 요오드, 해초, 몰트의 달콤함, 셰리 약간과 딸기향이 어우러진 향
맛	충만한 무게감으로 드라이하다. 강렬한 피트스모크가 느껴지지만 목 넘김은 부드럽고, 군밤, 감초, 소금과 셰리의 향이 잘 어우러져 있다.
피니시	피트스모크, 요오드, 갓 간 검은 후추가 어우러진 길고 복잡하며 강렬한 피니시
J유형	스모크헤드, 라프로익 10년, 토민토웰 피티 탱, 라프로익 10년 캐스크 스트랭스 라프로익 트리플 우드, 라프로익 쿼터 캐스크, 벤로막 피트 스모크, 아드벡 10년, 라프로익 15년, 킬호만 윈터 2010

프로필 특징

무게감	●●●●○
달콤함	●○○○○
스모크	●●●●○
약내음	●●●●○
담배	●●○○○
꿀	●○○○○
스파이스	●○○○○
와인	●●○○○
견과류	●○○○○
몰트	●○○○○
과일	●○○○○
꽃	○○○○○

라프로익

Laphroaig Distillery
Port Ellen, isle of Islay, Argyll PA42 7DU
Tel : +44 (0) 1496 302418
www.laphroaig.com

Laphroaig

라프로익 증류소의 허리가 잘록한 1차 증류기(앞쪽) 3개와 소형 2차 증류기 3개

라프로익은 게일어로 '넓은 만 옆의 아름다운 계곡'을 뜻한다. 날씨
가 좋은 날 이 증류소를 방문하면 이름을 왜 이렇게 지었는지 단박
에 알 수 있다. 도널드 존스톤과 알렉스 존스톤이 1815년에 설립한
이 증류소는 아일레이 남부 해안의 바람이 잦은 한적한 곳에 있다.
회반죽을 바른 석회암 벽면에 가지런히 정렬된 검은 창틀의 창문, 파
고다가 2개 있는 창고, 당당하게 대서양을 바라보고 있는 거대하고
굳건한 'LAPHROAIG'의 현판으로 이루어진 조지풍 건축물은 대자
연과의 일전을 준비하는 것처럼 보인다.

라프로익 증류소는 헤더로 덮인 화강암 구릉과 광활한 피트 습
지를 흘러온 킬브라이드 호의 물을 사용한다. 독자적인 플로어 몰
팅과 피트 저장고를 운영하며, 사용하는 몰트의 15%를 직접 생산한
다. 보리를 피트가 충분히 녹아 있는 아일레이의 물로 발아시키고,
몰트 플로어에 두어 6일간 손으로 직접 뒤섞는다. 발아된 보리는 향
이 강렬한 맥커리 모스 피트의 불로 건조한다. 이러한 과정을 거쳐
특유의 '피트덩어리' 라프로익이 탄생한다. 증류된 원액은 대체로 메
이커스 마크 증류소의 버번 배럴에 담겨 바닷가 저장고에서 숙성된
다. 소금기를 머금은 대서양의 선선한 바람과 때로 불어오는 태풍에
담긴 바닷물이 저장고를 감싼다.

처음부터 라프로익을 좋아하는 사람은 별로 없다. 하지만 라프
로익 마니아인 웨일스 대공은 1994년 라프로익 증류소에 왕실 조달
허가증을 발행하고, 왕실 에디션인 '하이그로브'와 '로스시' 에디션의
생산을 위임하였다.

스테인리스스틸 라우터 여과조 1개, 스테인리스스틸 발효조 6개,

1차 증류기 3개, 맛의 균형을 맞추기 위한 소형 2차 증류기 3개, 대형 2차 증류기 1개를 운영한다. 증류 과정에서 초류를 걸러내는 작업을 가장 오래 진행하는 증류소다. 증류 과정에서 생산된 초류를 45분 정도 걸러내 달콤한 에스테르를 제거하고 타르의 풍부한 스모키함을 강조한다.

라프로익 싱글 아일레이 몰트위스키는 기본적으로 10, 18, 25년산으로 병입된다. 냉각 여과를 거치지 않은 증류액을 예전에 밀수용으로 사용되던 소형 오크통에 숙성시킨 캐스크 스트랭스 위스키인 라프로익 쿼터 캐스크 10년산도 라프로익의 명작이라 할 수 있다. 작은 통에 숙성해 오크향이 더 깊게 배어 있는 라프로익 쿼터 캐스크는 톡 쏘는 맛이 덜한 대신 부드럽고 편안하며 크리미한 느낌을 준다. 버번 배럴에 숙성한 후 소형 쿼터 캐스크에 숙성하고, 마지막으로 유로피언 올로로소 셰리 통으로 피니시를 준 라프로익 트리플 우드같은 스페셜 에디션도 있다. 라프로익 카데아는 냉각 여과하지 않은 축제용 에디션이다.

방문자센터와 숍은 연중무휴로 운영되며, 투어와 시음을 제공한다. 여기서 '프렌즈 오브 라프로익'에 가입할 수도 있다. 프렌즈 오브 라프로익에 가입하면 해마다 위스키를 구매하는 것으로 임대료를 내서 아일레이 땅을 영구 임대할 수 있다. 이 모임은 현재 전 세계에 45만 명의 회원을 보유하고 있다.

375

라프로익 10년

도수	40도
향	블루 피트스모크의 톡 쏘는 향과 부드럽게 퍼지는 바다내음, 바닐라가 약간 깃든 오크향
맛	무게감이 충만하며 비교적 드라이한 맛. 강렬한 피트, 스모크, 소금, 약내음을 중심으로 몰트에서 나오는 약간의 견과류 느낌과 시트러스 껍질, 검은 후추 느낌
피니시	약내음 가득한 해초 냄새를 중심으로 스모크한 피니시가 길게 이어진다.
J유형	스모크헤드, 라가불린 16년, 토민토웰 피티 탱, 아드벡 10년, 벤로막 피트 스모크

프로필 특징

무게감	●●●●
달콤함	●○○○
스모크	●●●●
약내음	●●●●
담배	●○○○
꿀	●○○○
스파이스	●○○○
와인	○○○○
견과류	●○○○
몰트	●○○○
과일	●○○○
꽃	●○○○

Linkwood

링크우드 증류소는 19세기의 전통적인 하이랜드 증류소 중 하나다. 깨끗한 물을 얻을 수 있는 산기슭에 있다.

링크우드

Linkwood Distillery
Elgin, Morayshire IV30 3RD
Tel : +44 (0) 1343 553 800
www.malts.com

1821년 피터 브라운이 설립한 링크우드 증류소는 로시 강의 엘긴 근처에 있다. 피터 브라운의 아들인 윌리엄 브라운이 증류소를 이어받아 1873년 기존의 증류소를 철거하고 새 증류소를 세웠다. 1874년 엘긴 쿠랑 신문은 이 위스키에 대하여 "링크우드 위스키는 명성에 걸맞는 품질을 자랑한다"라고 극찬하였다. 증류소를 재개발할 때 빅토리아풍 석재 증류소와 파고다가 있는 몰트 하우스는 그대로 유지되었다. 1930년에 발행된 『스카치위스키』의 저자 이니어스 맥도널드는 이 증류소를 '하이랜드 최고의 12개 증류소'로 꼽았다.

링크우드 위스키 특유의 맛을 유지하기 위하여 지대한 노력을 기울인다. 1962년 증류기 2개를 새로 들일 때도 기존 증류기의 요철까지 완벽하게 재현하였다. 당시 운영자였던 로데릭 맥킨지는 지치지 않는 근성으로 생산 과정을 관리하였다. 그는 위스키 생산 환경의 모든 요소가 위스키의 맛을 결정한다고 믿으며, 위스키 고유의 맛이 변하지 않을까 두려워 증류소 내의 거미줄마저 치우지 않고 그대로 두는 성격의 사람이었다. 링크우드 증류소 특유의 '우아하고 섬세한 스페이사이드 클래식 위스키' 수요는 점점 늘어 1971년에 또 한 번 확장 공사를 하게 된다.

이 증류소는 밀뷰이스 호수의 물을 사용하며, 스테인리스스틸 여과조 1개, 미송나무 발효조 11개, 원조 증류기 2개, 추가된 증류기 4개를 운영한다. 1985년 예전의 증류실을 폐쇄한 뒤에는 원조 증류기 2개는 가동하지 않는다.

링크우드 12년산 위스키는 디아지오의 플로라&파우나 시리즈에 포함되어 있다. 링크우드의 엠블럼은 백조 한 쌍인데, 이 백조는 냉각수로 사용하는 물을 길어오는 링크우드 강의 댐 위에 살고 있다. 백조 외에 사슴, 수달 등 다양한 야생동물이 살고 있는 링크우드 강은 매력적인 여행지다. 링크우드 26년산 위스키의 라인업은 럼, 포트와인, 스위트 레드와인 등 다양한 피니시 에디션을 포괄한다. 디아지오 매니저스 초이스 시리즈로 링크우드 1996 빈티지가 있다. 고든&맥페일의 링크우드 15년산, 카덴헤드 오센틱 컬렉션의 16년산, 20년산과 더글러스 랭과 시그내토리의 에디션 등 라인업이 다양하다.

링크우드 위스키는 위스키 블렌더 사이에서 매우 훌륭한 조연으로 평가받는다. 생산량은 대부분 디아지오의 조니 워커나 화이트호스 위스키의 원액으로 사용된다. 따로 방문자센터나 투어는 운영하지 않는다.

379

링크우드 플로라&파우나 12년

도수 43도

향 향수, 풀, 스모크함이
약간 깃든 향긋하고 달콤한 향

맛 중간 정도 무게감으로 상당히
달콤한 맛. 잘 익은 사과와 배,
아몬드, 꿀, 몰트, 스파이스의
향이 어우러져 있다.

피니시 아니스향이 약간 깃든
과일향에 부드럽고
달콤하고 짧은 피니시

H유형 글렌 엘긴 12년, 스페이번 10년,
글렌카담 10년, 카두 12년,
안녹 1991, 올트 아바나 12년,
스페이사이드 12년

프로필	특징
무게감	●●○○○
달콤함	●●●○○
스모크	●○○○○
약내음	○○○○○
담배	○○○○○
꿀	●○○○○
스파이스	●○○○○
와인	○○○○○
견과류	●●○○○
몰트	●●○○○
과일	●●●○○
꽃	●●○○○

Loch Lomond

로크 로몬드 증류소의 증류기 4개에는 증류액의 성격을 조절하기 위한 특이한 형태의 정류 장치가 장착되어 있다.

로크 로몬드

Loch Lomond Distillery
Lomond Estate, Alexandria G83 0TL
Tel : +44(0) 1389 752781
www.lochlomonddistillery.com

낭만적인 로몬드 호수의 남쪽 끝자락, 레벤 강가에 있는 로크 로몬드 증류소는 스코틀랜드에서 가장 아름답고 유명한 호수인 로몬드 호수의 이름과 물을 그대로 사용한다. 이 증류소는 하이랜드 라인(21쪽 참조) 바로 위에 있기에 하이랜드 위스키로 분류된다. 이 증류소의 가장 유명한 팬은 틴틴(프랑스-벨기에 만화의 고전 『틴틴의 모험』의 주인공)의 친구 캡틴 하독으로, 그는 70년간 큰 잔으로 로크 로몬드를 마셨다.

리틀밀 디스틸러리 사가 1965년 설립한 이 증류소는 급속도로 성장하여 이제 1년에 몰트 증류액 400만 리터와 기타 증류액 1,500만 리터를 생산한다. 이 증류소는 대형 라우터 여과조, 스테인리스스틸 발효조 18개, 다양한 싱글몰트를 생산할 수 있는 특수한 단식 증류기 세트를 운영한다. 특이하게도, 로크 로몬드 증류소는 연속식 몰트 증류기로 100% 맥아로 만든 몰트위스키를 증류한다. 정석적인 단식 증류 방식을 사용하지 않는 로크 로몬드 위스키는 스카치위스키협회의 규정에 따라 '싱글몰트 스카치위스키'로 분류되지 않는다.

이 증류소는 하이랜드 블렌디드 위스키를 생산하기 위한 연속식 곡물 증류기도 운영한다. 통 작업소를 독자적으로 운영하여 오크 캐스크를 만들고, 수리하고, 재활용한다. 위스키 원액은 특별하게 선별된 프랑스 와인 배럴을 비롯한 다양한 캐스크에서 숙성된다.

로크 로몬드 증류소가 운영하는 4개의 단식 증류기에는 환류작용을 강화하여 가장 가벼운 증기만 냉각기로 모아주는 특이한 형태의 정류기가 부착되어 있다. 위스키 증류 과정에서 중류 앞부분만 채취하면 매우 가벼운 증류액이 채취되며, 중류를 오래 채취하면 무거운 증류액이 채취된다. 로크 로몬드의 특수 증류기가 이 과정을 섬세하게 통제하므로 무겁게 피트 처리된 것, 섬세하고 과일향이 나는 것, 풀보디에 과일향이 나는 것, 가볍고 과일향이 나는 것까지 위스키를 매우 다양하게 생산한다.

숙성 연한이 표기되지 않은 로크 로몬드 싱글몰트위스키는 가볍게 피트 처리된 18년산 위스키다. 피트 처리되지 않은 인치머린 12년산과 로크 로몬드 싱글 피티드 몰트위스키 등의 라인업도 갖추었다. 디스틸러리 셀렉트 에디션으로는 인치몬, 크레이그랏지 피티드, 크로텐지아, 글렌 더글러스, 로크 로몬드 다 마일 오가닉 그레인위스키 등이 있다. 로크 로몬드 싱글 하이랜드와 스카츠 얼 블렌디드 위스키도 생산한다. 방문자센터나 투어를 운영하지 않는다.

383

로크 로몬드 싱글몰트 스카치위스키

도수	40도
향	민트, 과숙한 바나나, 브랜디 버터가 어우러진 강렬한 향
맛	가벼우며 상당히 달다. 레몬, 라이진, 터키 사탕, 마데이라 와인 약간과 스모크향이 어우러진 맛
피니시	레몬과 터키 사탕이 어우러진 길지 않은 피니시
H유형	드럼기쉬, 글렌 스페이 F&F 12년, 스페이사이드 12년, 올트 아바냐 12년, 톰나불린 12년, 안녹 12년, 스테이번 10년

프로필	특징
무게감	●○○○○
달콤함	●●○○○
스모크	●○○○○
약내음	○○○○○
담배	○○○○○
꿀	●○○○○
스파이스	○○○○○
와인	●○○○○
견과류	●○○○○
몰트	●●○○○
과일	●○○○○
꽃	●●○○○

Longmorn

블랙힐 아래에 있는 롱몬 증류소는 아름다운 사암 건물을 자랑한다.

롱몬

C

Longmorn Distillery
Elgin, Morayshire IV30 3SJ
Tel : +44 (0) 1542 783417

게일어 '론마노크'에서 유래한 롱몬은 '성 마노크의 땅'을 뜻한다. 이 곳에 예전에 성 마노크의 예배당이 있었기 때문에 이러한 이름을 붙였다. 1894년 자매 증류소인 벤리악을 세운 존 더프&컴퍼니가 이 증류소를 설립하였다. 벤리악과 이 증류소는 스코틀랜드 북부철도로 서로 연결되어 있다. 롱몬 역은 빅토리아풍 수차와 증기 엔진 등 이전 모습을 간직하고 있다.

롱몬 증류소는 가볍게 피트 처리된 몰트를 쓰며, 블랙힐에서 솟아나는 피트가 섞인 물을 사용한다. 전통적인 '섞고 휘젓는' 스테인리스스틸 여과조, 스테인리스스틸 발효조 8개, 소형 단식 증류기 8개를 사용한다. 1993년까지 석탄불로 1차 증류기를 직접 가열하였으나 그 뒤로는 증기 가열 방식을 사용한다. 이 증류소는 익스 버번 아메리칸 오크와 유로피언 셰리 캐스크를 모두 사용한다. 연간

3,500만 리터에 이르는 상당한 생산량을 자랑하며, 생산량은 대부분 블렌디드 위스키의 원액으로 사용된다.

롱몬 증류소는 벤리악 증류소에서 전통적인 방식의 플로어 몰팅 방식으로 몰트 처리한 보리를 받아 사용한다. 마녹 언덕에서 채취한 피트를 사용해 완성된 위스키에서는 강렬한 스모키함이 느껴진다. 2002년 이후로는 몰트 회사에서 몰트를 구매해 위스키를 생산하였기에 이후 위스키가 어떤 느낌을 주게 될지 기대해보는 것도 흥미롭다.

롱몬 브랜드는 여전히 작지만 강력한 브랜드로 남아 있다. 롱몬 위스키는 전통적인 방식에 따라 몰트로 만든 보석이라 할 수 있으며 수많은 칭송이 아깝지 않은 위스키다. 롱몬의 오피셜 보틀은 냉각 여과하지 않은 롱몬 싱글몰트 16년산 한 종류뿐이다. 독립병입본으로는 고든&맥페일의 12년산과 30년산, 시그내토리와 아델피에서 병입한 빈티지 시리즈가 있다. 롱몬 위스키는 시바스 리갈이나 로얄 살루트 같은 시바스의 블렌디드 위스키에도 사용된다. 방문자센터나 투어는 운영하지 않는다.

387

롱몬 16년 언칠필터드

도수	48도
향	코코넛, 꿀, 셰리 약간과 스파이스가 어우러진 향기로운 꽃의 향
맛	충만한 무게감과 달콤한 맛. 오렌지와 몰트향, 캐러멜의 향과 셰리, 스파이스, 스모크의 맛
피니시	오렌지, 후추가 어우러지고 타닌 느낌이 강한 길고 드라이한 피니시
C유형	아버라워 10년, 페터카렌 40년, 로얄 로크나가 12년, 글렌파클러스 21년

프로필	특징
무게감	●●●○
달콤함	●●○○
스모크	●○○○
약내음	○○○○
담배	○○○○
꿀	●●○○
스파이스	●●○○
와인	●●○○
견과류	●●●○
몰트	●●●○
과일	●●●○
꽃	●●○○

Macallan

1700년에 건설된 맥켈란의 이스타 엘치스 하우스

맥캘란

Macallan Distillery
Easter Elchies, Craigellachie, Moray AB38 9RX
Tel : +44(0) 1340 872280
www.themacallan.com
Email : themacallanvisitorscentre@edrington.co.uk

389

1824년 알렉산더 라이드가 등록한 맥캘란 증류소는 스페이사이드 최초의 증류소 중 하나다. 물론 그 전부터 몰래 생산되었을 것이다. 링곰 강의 물을 사용했지만, 지금은 스페이 강의 시추공에서 물을 공급받는다. 이 증류소는 안정적인 수원의 확보를 위해 스페이 강 한 자락을 구매했다. 또한, 캡틴 그랜트가 1700년에 설립하고 1986년에 감각적으로 복원한 이스터 엘치스 하우스도 보유하고 있다.

이 증류소는 피트 처리되지 않은 민스트렐 보리만을 사용하며, 보리 일부분을 직접 재배한다. 스테인리스스틸 라우터 여과조 2개, 구리 덮인 발효조 1개, 스테인리스스틸 발효조 16개, 개솔송나무 발효조 6개, 1차 증류기 7개, 2차 증류기 14개를 운용한다.

맥캘란 위스키는 주로 스패니시 오크 셰리 캐스크에 숙성된다. 헤레즈에서 특별히 선별한 것으로 2년간 드라이 올로로소 셰리를 숙성했던 것이다. 2004년 신제품 맥캘란 파인 오크는 3중 캐스크 숙성을 거쳤다. 셰리의 느낌이 조금 약해지고, 최상품의 맥캘란 원액 느낌을 더욱 살렸다. 캐스크의 중요성에 대해서는 증류소의 7번 저장고에서 펼쳐지는 '스토리 오브 오크' 투어에서 알아볼 수 있다.

1970년대 이전 맥캘란 위스키는 대체로 블렌디드 위스키의 원액으로 사용되었지만 지금은 대부분 싱글몰트위스키로 판매된다. 영리한 맥캘란 증류소는 1974년부터 싱글몰트위스키를 판매해왔다. 지역 신문에 낸 25파운드짜리 광고를 통해서 말이다. 현재 '더 맥캘란'은 세계 시장에서 다섯 손가락 안에 드는 싱글몰트위스키다. 수많은 증류소가 다양한 와인 피니시를 무기로 맥캘란 셰리 오크 캐스크가 개척해낸 시장에 진입하려는 걸 보면 그 영향력을 알 수 있다.

맥캘란 하이랜드 싱글몰트위스키는 10년산 셰리 오크 캐스크와 12, 18, 25, 30년산의 라인업을 보유하고 있다. 맥캘란 파인 오크 트리플 캐스크는 10, 12, 15, 17, 18, 21, 25, 30년산의 라인업을 보유하고 있다. 숙성 연한이 표기되지 않은 맥캘란 1824 컬렉션은 트래블 리테일로만 판매된다. 더 맥캘란 이스터 엘치스 캐스크 셀렉션은 해마다 맥캘란 증류소 현지에서만 판매한다. 구하기 힘든 라인업으로는 1926에서 1989까지의 맥캘란 파인&레어 빈티지, 1851 인스퍼레이션, 1876 레플리카, 최소 50년 이상 숙성되어 특별한 디캔터에 병입된 맥캘란 라리크 시리즈 4개가 있다. 숍이 부설되어 있는 방문자센터 '가드너스 코티지'는 부활절에서 8월까지는 월요일에서 토요일까지, 겨울 동안은 월요일에서 금요일까지 문을 연다. 정기 투어와 시음을 언제나 제공하며, 예약하면 특별 투어와 시음 교습을 할 수 있다.

391

맥캘란 10년 셰리 오크

도수	40도
향	달콤한 토피, 말린 과일, 정향과 셰리로 이루어진 강렬한 향
맛	부드럽고 균형 잡힌 과일의 맛에 달콤한 셰리, 명확한 오크의 느낌, 다크 초콜릿과 스모크함이 약간 어우러진 맛
피니시	말린 과일과 스파이스가 어우러진 중간 정도 길이의 피니시, 드라이하게 끝남.
A유형	페터카렌 30년 발베니 더블우드 12년

프로필 특징

무게감	●●●●○
달콤함	●●●○○
스모크	●○○○○
약내음	○○○○○
담배	○○○○○
꿀	●○○○○
스파이스	●●○○○
와인	●●●●○
견과류	●●○○○
몰트	●●○○○
과일	●●●○○
꽃	●○○○○

Macduff

맥더프의 1차 증류기

맥더프

Macduff Distillery
Banff, Banffshire, AB4 3JT
Tel : +44 (0) 1261 812 612

393

반프 자치령을 마주하고 있는 맥더프 증류소는 1959년 데브론 강 동쪽 둑의 작은 어촌 겸 휴양지인 맥더프에 설립되었다. 툴리바딘 증류소와 쥬라 증류소를 설계한 윌리엄 델메 에반스가 설계했다. 설계 당시 그는 맥더프 증류소에 증기 코일 가열 방식, 셸&튜브 냉각기, 스테인리스스틸 여과조 등 근대적인 장비를 도입하였다. 이후 많은 증류소가 이러한 현대적 방식을 광범위하게 도입하였다. 1998년, 듀어스의 포트폴리오를 이루던 맥더프 증류소는 바카디 사에 인수되었다.

맥더프 증류소는 기본적으로 근처의 샘에서 나오는 물을 사용하며, '데브론' 몰트위스키를 생산할 때는 데브론 강에서 채수한 냉각수를 사용한다. 바카디에 인수되기 전까지는 가볍게 피트 처리된 몰트 보리를 사용했으나 인수 이후에는 피트 처리되지 않은 것을 사용한다.

스테인리스스틸 세미 라우터 여과조 1개, 스테인리스스틸 발효조 9개, 2차 증류기 3개를 운용한다. 1차 증류기의 냉각기는 수직형이지만 2차 증류기의 냉각기는 수평형이다. 이러한 파격적 디자인은 위스키 성격을 위해서라기보다는 공간 절약을 위한 것이다.

글렌 데브론 싱글 하이랜드 몰트위스키 10년과 15년을 생산한다. 독립병입본으로는 고든&맥페일의 코노세어 초이스 1989와 던컨 테일러, 더글러스 랭, 베리 브라더스&루드의 1991이 있다. 위스키는 윌리엄 로손스 파이니스트 스카치위스키와 듀어스 블렌디드 위스키의 원액으로도 사용된다. 방문자센터나 투어를 운영하지 않는다.

395

글렌 데브론 10년

도수	40도
향	바닥 세정제 같은 흙, 몰트, 왁스 느낌. 셰리의 흔적과 약간의 바닷바람, 담배향이 깃들어 있다
맛	중간 정도 무게감으로 상당히 드라이. 비터 오렌지, 곡물, 스파이스, 건조한 오크, 바닐라에 피트스모크가 약간 어우러진 맛
피니시	흙, 구운 땅콩, 스모크함이 어우러진 중간 정도 길이의 피니시
E유형	글렌로시스 1989, 글렌로시스 1991, 툴리바딘 1992, 토마틴 12년, 오스러스크 F&F 10년, 오큰토샨 12년

프로필 특징

무게감	●●○○○
달콤함	●●○○○
스모크	●○○○○
약내음	●○○○○
담배	●○○○○
꿀	●○○○○
스파이스	●○○○○
와인	●●○○○
견과류	●○○○○
몰트	●●○○○
과일	●○○○○
꽃	●○○○○

Mannochmore

마노크모어 증류소 인근에서 나무를 쪼는 큰점박이딱따구리

마노크모어

Mannochmore Distillery
Elgin, Moraysh re, IV30 3SS
Tel : +44 (0) :343 860 331

마노크모어 증류소는 1971년 글렌로시 증류소와 같은 장소에 설립되었다. 이 증류소는 원래 헤이그 블렌디드 위스키를 생산하기 위해서 설립되었다. 특별한 개성은 없지만 상당한 규모를 갖춘 근대적이고 복잡한 증류소다. 증류소 인근의 밀뷰이 숲에서 시끄럽게 나무를 쪼아대는 딱따구리를 엠블렘으로 사용하고 있다.

마노크모어 증류소는 바돈 강의 물을 용수로 사용하며 게들로크와 포스 강에서 흐르는 물을 냉각수로 쓴다. 구리가 덮인 철 주조 여과조 1개, 낙엽송 재질 발효조 8개, 증기 가열 증류기 6개를 운용한다. 위스키 증류 과정에서 발생한 증류 잔류물을 처리하기 위한 설비가 마련되어 있다. 이 설비에서 다양한 위스키 증류 잔류물이 처리된다. 1996년 씁쓸한 맛을 내는 스피릿 캐러멜을 충분히 사용하여 폐당밀의 색을 재현한 로크 듀 블랙 위스키를 생산하였다. 코카

콜라와 섞어먹기 좋은 위스키라고 광고한 이 위스키는 곧 생산이 중단됨으로써 수집가들의 진귀한 수집품이 되었다.

디아지오의 플로라&파우나 시리즈로 마노크모어 싱글 스페이사이드 몰트위스키 12년산이 생산된다. 셰리, 버번, 새 오크 캐스크에서 골고루 숙성된 18년산 한정판도 생산되며, 매니저스 초이스 시리즈에 셰리 캐스크 1998이 포함되어 있다. 생산량은 대부분 디아지오의 조니 워커 블렌디드 위스키의 원액으로 사용된다. 카덴헤드 오센틱 컬렉션에서 마노크모어 18년산과 27년산을 판매하며, 시그내토리에서 16년산 1991 빈티지를 판매한다. 방문자센터나 투어를 운영하지 않는다.

399

마노크모어 플로라&파우나 12년

도수	43도
향	민트, 인동덩굴, 갓 벤 건초, 스모크함이 약간 어우러진 가볍고 화사하겨 강렬한 향
맛	중간 정도 무게감과 달콤함. 꿀, 오크, 스파이스가 어우러진 부드러운 과일 맛
피니시	부드러우며 진저 느낌을 느낄 수 있는 매우 짧은 피니시
G유형	브룩라디 클래식, 글렌모렌지 10년, 브라이스 오브 글렌리벳 10년, 스트라스밀 F&F 12년, 블라드녹 8년, 글렌 머레이 12년, 토모어 12년

프로필 특징

무게감	●●○○○
달콤함	●●○○○
스모크	●○○○○
약내음	○○○○○
담배	○○○○○
꿀	●○○○○
스파이스	●●○○○
와인	○○○○○
견과류	●●○○○
몰트	●○○○○
과일	●●○○○
꽃	●●●○○

미들턴

The Old Midleton Distillery
Distillery Walk, Midleton, Co Cork, Ireland
Tel : +353 (0)21 461 3594
www.jamesonwhiskey.com

Midleton

구 미들턴 증류소는 아름다운 조지 왕조풍 건물과 세계에서 가장 큰 단식 증류기를 자랑하는 곳이었다.

구 미들턴 증류소는 아일랜드 코 코크의 미들턴에 세워졌다. 1826년, 머피 가문의 제임스, 다니엘, 제레미아 형제가 칙칙한 18세기식 모직 공장과 병영 같은 건물들을 조지풍의 세련된 건물로 증축하였다.

19세기에 아일랜드의 단식 증류 위스키는 세계 위스키 시장에서 가장 인기 있는 위스키였고, 상당한 양이 미국과 영국 본토에 수출되었다. 1960년대에 코크 디스틸러스사가 미들턴 증류소를 소유했다. 코크 디스틸러스사는 1966년 파워스 증류소, 제임슨 증류소와 합병되어 아이리시 디스틸러스사[IDL]로 통합된다. IDL의 새 임원들은 기존의 개별 증류소를 모두 폐쇄하고, 새로 건설한 신 미들턴 증류소에 위스키 생산을 집중하기로 결정한다. 합병된 증류소 중 가장 마지막까지 운영된 개별 증류소가 바로 구 미들턴 증류소로, 1975년까지 운영되었다. 1852년부터 운영되던 전통 있는 구형 증류소는 이제 아주 인기 있는 방문자센터로 탈바꿈했다.

미들턴 증류소는 세계에서 가장 현대적인 증류소 중 하나로 1년에 3,300만 리터를 생산한다. 2013년 같은 장소에 증축될 증류소가 완공되면 생산량은 두 배가 될 것이다. 피트 처리되지 않은 보리를 밀스타 리퀴드 제분소에서 분쇄하여 사용한다. 풀 라우터 여과조 2개, 당화 전환기 2개, 스테인리스스틸 발효조 22개, 1차 증류기 2개, 후류 증류기 1개, 2차 증류기 1개의 다양한 증류 설비를 운용한다. 칼럼 증류기 6개를 운영하기에 칼럼 증류기와 단식 증류기를 조합해 제임슨, 파워스, 툴라모어 듀, 패디, 그린 스팟, 레드브레스트 같은 다양한 3중 증류 위스키를 생산할 수 있다. 와일드 터키 증류소의 버번 배럴이나 헤레즈, 포트, 마데이라의 셰리 버트, 마르살라 캐스크 등에서 숙성된 위스키들은 증류소의 대형 저장고에서 숙성·보관된다.

따로 싱글몰트위스키를 생산하지 않지만 1827년의 몰트법 이후 이어진 전통적인 아일랜드 단식 증류법으로 몰트 처리된 보리와 몰트 처리되지 않은 보리를 사용한다. 미들턴 싱글 포트 스틸 위스키의 주요 라인업은 레드브레스트 12년산과 15년산, 그린 스팟, 파워스 존스 레인, 미들턴 배리 크로켓 레가시 등이다. 이 밖에도 해마다 새롭게 생산되는 스몰 배치 블렌디드 아이랜드 위스키인 미들턴 베리 레어와 제임슨, 파워스, 툴라모어 듀, 패디 등의 블렌디드 위스키를 생산한다.

방문자센터로 사용되는 구 미들턴 증류소에서는 다양한 나라의 언어로 번역된 아일랜드 위스키의 역사에 대한 영상을 감상할 수 있다. 방문객들은 위스키 생산 과정을 따라 방앗간, 몰트 처리소, 곡물 저장고, 증류소, 저장고를 둘러볼 수도 있고, 세계에서 가장 큰, 14만 3,200리터짜리 단식 증류기를 구경할 수도 있다. 방문자 투어는 시음으로 마무리된다. 시음 과정에서 아이리시 위스키 시음가 공식 인증을 받을 수도 있다. 우아한 레스토랑, 바와 기프트 숍이 마련되어 있다.

403

레드브레스트 12년

도수	40도
향	잘 익은 바나나, 술타나, 가죽, 폴리시드 오크와 삼나무의 향
맛	무게감이 상당하며 매우 달콤하다. 세리, 토피, 바닐라, 꿀, 감초로 이루어진 과일 맛
피니시	시큼한 과일과 졸인 사과 같은 길고 건조한 피니시
E유형	툴라모어 듀 10년, 싱글톤 오브 글렌둘란 12년, 글렌로시스 셀렉트 리저브, 글렌둘란 F&F 12년, 툴리바딘 세리 1993

프로필 특징

무게감	●●●○○
달콤함	●●○○○
스모크	○○○○○
약내음	○○○○○
담배	●○○○○
꿀	●●○○○
스파이스	●●○○○
와인	●●○○○
견과류	●●○○○
몰트	●○○○○
과일	●●●○○
꽃	●●○○○

Miltonduff

밀톤더프 증류소의 자랑인 아름다운 빅토리아식 건물과 19세기의 나무 수차

밀톤더프

Miltonduff Distillery
Elgin, Morayshire IV30 3TQ
Tel : +44 (0) 1343 547433

1824년 앤드류 피어리와 도널드 베인이 설립한 밀톤더프 증류소는 블랙번의 플루스카르덴 베네딕트 수도원 인근의 밀톤 농장에 있다. 플루스카르덴 베네딕트 수도원은 현재까지 운영되는 유일한 중세식 수도원으로, 방문할 만한 가치가 있는 곳이다.

15세기에 플루스카르덴의 성자 아보트는 블랙 번을 축성하였다. 그리하여 여기서 생산된 증류주는 '아쿠아 비테(생명수)'라고 추앙받았다. 18세기 초에는 50개가 넘는 비인가 증류소가 이 근처에서 운영되었다. 세무관이 순찰을 나오면, 비인가 증류업자들은 이곳을 둘러싸고 있는 세 언덕을 통하여 서로 신호를 주고받아 세무관의 눈을 피할 수 있었다. 1887년 알프레드 바너드는 이곳을 "위스키 밀주시대부터 이어져온 가장 고전적인 방식과 기구, 증류기들이 아직도 사용되는 위스키의 유적지다. 어디서 가장 좋은 물을 구할 수 있는지 잘 알던 위스키의 선구자들은 이곳 플루스카르덴에 터를 잡고 블랙 번 강둑으로 밀수용 소형 증류기를 들여왔다"라고 묘사했다. 그는 또한 '고전적 방식'을 통해 구형 단식 증류기 2개로 3연속식 증류를 하는 밀톤더프의 방식에 주목했다. 이제 이 위스키는 전 세계로 수출된다.

밀톤더프 증류소는 아보트가 축성한 블랙 번 강의 물을 사용하는데, 이는 블랙 힐의 피트 사이로 흘러서 온다. 구리로 덮은 스테인리스스틸 풀 라우터 여과조 1개, 스테인리스스틸 발효조 16개, 쌍으로 운영되는 소형 증류기 6개를 운용한다. 1964년, '모스토이' 위스키를 생산하기 위한 로몬드 타입 증류기 2개가 추가되었다. 로몬드 타입 증류기는 1981년에 철거되었지만, 여전히 모스토이 몰트위스키를 생산한다. 여기서 생산된 위스키는 아메리칸 오크 캐스크 등에서 숙성되며, 발렌타인을 비롯한 수많은 블렌디드 위스키의 원액으로 사용된다.

밀톤더프 싱글 하이랜드 몰트위스키 18년산과 1991 캐스크 스트랭스를 생산한다. 고든&맥페일 코노세어 초이스가 10년산과 1996 캐스크 스트랭스를 병입한다. 방문자센터나 투어를 운영하지 않는다.

407

밀톤더프 10년

도수	40도
향	과일, 토피, 셰리 향이 어우러진 달콤한 꽃의 향
맛	중간 정도 무게감과 상당한 달콤함. 곡물, 당밀, 스파이스, 퍼지, 셰리와 스모크함이 약간 어우러진 맛
피니시	과일과 셰리의 달콤함이 잘 조화된 중간 정도 길이의 피니시
E유형	토마틴 12년, 글렌로시스 1992, 글렌로시스 1985, 스카파 16년, 글렌리벳 12년, 로즈뱅크 1991, 툴리바딘 1992

프로필 특징

무게감	●●○◖
달콤함	●●●◖
스모크	●○○○
약내음	○○○○
담배	○○○○
꿀	●●○○
스파이스	●●○○
와인	●●○○
견과류	●○○○
몰트	●●○○
과일	●●○○
꽃	●●○○

Mortlach

No 1 '위 위치' 2차 증류기. 모틀락의 모든 위스키에는 위 위치에서 증류한 증류원액이 첨가되어 특유의 무게감을 형성한다.

모틀락

Mortlach Distillery
Dufftown, Keith, Banffshire, AB55 4AQ
Tel : +44 (0) 1340 820 318
www.malts.com

409

모틀락 증류소는 19세기 초반부터 불법 증류소로 운영되다가, 1823년 더프톤 최초의 합법 증류가였던 제임스 핀드레이터가 합법적으로 허가받았다. 하이랜드 존스 웰의 물을 사용했으나 더프톤 증류소와 분쟁을 겪은 뒤로는 콘발 힐의 물을 사용한다. 글렌피딕 증류소의 창립자 윌리엄 그랜트가 1886년 글렌피딕 증류소를 설립하기 이전까지 20년간 일했던 증류소가 바로 모틀락 증류소다. 이 증류소는 인근의 둘란 강 근처에 서식하는 비오리를 엠블럼으로 사용한다.

글렌듈란 증류소와 함께 사용하는 사설 철도를 건설한 1897년에 증축되었다. 이 철도는 더프톤 역까지 연결되어 있다. 1990년대에 증류소를 완전히 현대화하여 이론상으로는 단 한 명만 있어도 증류소를 운영할 수 있게 되었다. 현재 스테인리스스틸 풀 라우터 여과조 1개, 미송나무 발효조 6개, 넥과 라인 암에 보일 볼이 장착된 다양한 형태와 크기의 증기 가열식 구리 증류기 6개를 운용한다.

이 증류기는 쉼 없이 빠르게 운영되므로 구리가 식는 일은 없다. 증류기 한 쌍은 일반적인 2중 증류를 담당한다. 그리고 2차 증류기 1호(위 위치Wee Witchie)는 1차 증류기 1호와 2호에서 만든 후류와 위 위치가 증류한 로우 와인을 2중, 3중으로 증류한다. 모틀락 증류소에서 만든 위스키에는 특유의 무게감 있는 성격을 완성하기 위해 반드시 위 위치에서 증류한 위스키가 첨가된다. 즉, 모틀락 증류소의 위스키는 부분적으로 삼중 증류되는 것이다.

증류된 위스키는 촉매 작용을 떨어뜨려 풍부하며, 고기와 황의 향을 내게끔 외부에 설치된 구리 나선 냉각기를 통해 채집된다. 황 느낌이 나게 하는 화학물질은 유로피언 셰리 캐스크에서 충분히 숙성되면 꿀과 토피의 향을 내는 물질로 바뀐다.

모틀락 증류소는 디아지오의 비밀스러운 보석이다. 그런고로 아쉽게도 디아지오의 대중적인 라인업인 클래식 몰트 시리즈에 포함되어 있지 않다. 생산되는 위스키는 대부분 조니 워커의 재료로, 특히 조니 워커 블랙의 재료로 사용된다. 다행히 디아지오의 플로라&파우나에는 16년산, 매니저스 초이스에는 32년산 1971 빈티지가 있다. 독립병입본으로는 카덴헤드의 16년산과 고든&맥페일, 베리 브라더스&루드, 시그내토리, 아델피의 위스키가 있다. 방문자센터나 투어를 운영하지 않는다.

411

모틀락 플로라&파우나 16년

도수	43도
향	강렬한 셰리를 중심으로, 크리스마스 케이크, 스파이스, 스모크의 향이 어우러진 향
맛	잘 균형 잡혀 있으며 상당한 무게감과 달콤함을 자랑한다. 셰리를 중심으로 당밀 토피와 스파이스 향이 어우러져 있으며 시트러스 약간과 진저 향을 느낄 수 있다.
피니시	셰리, 술타나, 그레이프프루트, 스모크로 이루어진 길고 드라이한 피니시
C유형	글렌파클러스 21년, 글렌파클러스 105, 토마틴 18년, 글렌파클러스 12년, 달위니 F&F 16년, 글렌파클러스 30년

프로필 특징

무게감	●●●○○
달콤함	●●●○○
스모크	●●○○○
약내음	○○○○○
담배	○○○○○
꿀	●○○○○
스파이스	●●●○○
와인	●●●○○
견과류	●●○○○
몰트	●●○○○
과일	●●●○○
꽃	●●○○○

Oban

오번 증류소에서 즐길 수 있는 아름다운 풍경

오번

I

Oban Distillery
Oban, Argyll PA34 5NH
Tel : +44 (0)1631 572004
www.discovering-distilleries.com/oban
Emal: oban.distillery@diageo.com

413

게일어로 '동굴의 작은 만'을 뜻하는 오번은 서하이랜드의 항만 마을에 있다. 웨스턴아일스로 통하는 입구인 이곳은 바이킹과 게일의 역사에서 중요한 역할을 담당해왔다. 1794년 지역의 상인이자 기업가이며 마을을 사랑한 휴 스티븐슨이 맥케이그 타워 아래에 있는 마을 한가운데에 설립한 오번 증류소는 가장 오래되고 제일 작은 클래식 몰트 증류소다. 1890년에서 1894년까지 J. 월터 히긴이 증축했다. 증축 공사를 하던 중 증류소 뒤쪽 크레이그 아바린 계곡에서 중석기 시대(기원전 4500~3000)의 유골과 유물이 묻혀 있는 동굴이 발견되기도 하였다.

글린 아버라이드호의 물을 사용하며, 소형 스테인리스스틸 여과조 1개, 유로피언 라크 발효조 4개, 램프형 증류기 2개를 운용한다. 당화 과정에서 투명한 워트가 생산되며, 4일간 발효 과정을 거쳐 특징적인 오렌지향이 깃들게 된다. 협소한 증류소에서 사용되는 증류기는 스코틀랜드에서 크기가 가장 작을 것이다. 증류소 공간 문제 때문에 라인 암 역시 비정상적으로 짧다. 증류기가 작아 구리와 접촉하는 면이 넓어지는데다 전통적인 구리 나선 방식의 냉각기를 사용하다보니 증류 원액이 다양하고 풍부한 느낌을 준다.

이 원액은 기본적으로 아메리칸 버번 리필 캐스크에서 숙성된다. 이 과정에서 캐스크와 피트의 향이 위스키 원액의 미묘한 캐릭터를 살린다. 오번 싱글 하이랜드 몰트위스키는 기본적으로 14년산으로 판매되며, 디스틸러 에디션에 몬티야 피노 셰리 캐스크 피니시 1995, 매니저스 초이스에 유로피언 오크 보데가 셰리 버트에서 숙성된 오번 2000 등의 라인업이 있다. 숙성 연한이 표기되지 않은 디스틸러 에디션인 페드로 몬티야 피노 셰리 캐스크 피니시도 있지만 이것은 증류소에서만 구매할 수 있다.

스코틀랜드 관광부로부터 5성 평가를 받은 방문자센터를 운영한다. 몰트 처리소를 개조한 방문자센터는 연중무휴로 운영되며, 투어와 시음, 마을과 증류소 역사를 다룬 전시관과 동영상을 제공한다.

414

오번 14년

도수	43도
향	몰트, 바닐라, 오렌지, 소금기가 약간 낀 스모크함이 어우러진 향긋한 향
맛	풍부하며, 중간 정도 무게감과 상당한 단맛. 오린지, 말린 무화과, 꿀, 명확한 스파이스함이 어우러진 피트한 느낌
피니시	과일, 무화과와 스모크함이 약간 느껴지는 중간 정도 길이의 부드러운 피니시
I 유형	아일 오 쥬라 10년, 글렌 스코샤 12년, 코네마라 피티드, 스프링뱅크 10년, 페터카렌 피오르, 발블레어 10년, 세인트조지스 Ch 9, 아드모어 트래디셔널, 벤로막 10년

프로필 특징

무게감	●●○○○
달콤함	●●○○○
스모크	●○○○○
약내음	●●○○○
담배	○○○○○
꿀	●○○○○
스파이스	●●○○○
와인	○○○○○
견과류	●●○○○
몰트	●●○○○
과일	●○○○○
꽃	●○○○○

415

펜데린

Penderyn Distillery
Penderyn CF44 9JW
Tel : +44 (0) 1685 813300
www.welsh-whisky.co.uk

Penderyn

브레콘 비컨 국립공원의 건축 기준에 맞추기 위해 펜데린 증류소의 대형 증류기는 세 부분으로 분리되었다.

펜데린 증류소는 아름답고 웅장한 브레컨 비컨 산의 산자락이 뻗어 있는 구릉지의 작은 마을 펜데린에 있다. 펜데린은 웨일스어로 '새의 머리'를 뜻한다. 지역 사업가가 1998년 설립해 2000년 9월부터 운영했으며 웨일스의 유일한 위스키 증류소다.

카디프의 브레인 양조장으로부터 보리 발효액을 받아 사용하므로 증류소에는 여과조나 발효조가 없다. 좁은 증류실에서는 특이한 형태의 기둥형 냉각기 2개와 저명한 물리학자 마이클 페러데이의 직계 후손인 데이비드 패러데이 박사가 발명한 스피릿 세이프가 장착된 구리 단식 증류기 1개가 가동된다. 이중 냉각기를 통하여 도수가 매우 높은 몰트위스키 원액을 채취한다는 것이 특징이다. 증류 작업을 시작할 즈음에는 알코올 도수 92% 정도의 원액을 채취하고, 증류 과정이 진행됨에 따라 도수가 차차 낮아져 88% 선까지의 원액을 채취한다. 증기는 날아가고 매우 가벼운 원액만 채취된다. 이러한 방식을 사용하므로 원액 생산량은 매우 적은 편이다. 하루 10시간 작업해야 겨우 캐스크 한 통을 채울 수 있다. 연간 생산량은 9만 리터 정도밖에 되지 않는다. 통 작업장을 독자적으로 운영하며 캐스크를 직접 관리한다. 병입 공장도 독자적으로 운영하며 46%로 도수를 낮춘 냉각 여과하지 않은 병입본을 직접 생산한다.

펜데린 싱글몰트위스키는 먼저 켄터키의 버팔로 트레이스 증류소에서 사용한 아메리칸 버번 배럴에서 숙성된다. 이후에 마데이라, 올로로소 셰리, 포트나 캐스크나 아일레이에서 사용된 캐스크로 피니시하여 4개 주요 라인업을 생산한다. 마데이라 피니시는 펜데린 증류소의 '하우스 스타일' 싱글몰트 웨일스 위스키다. 포트우드, 버번, 셰리우드, 셀틱 마노 캐스크를 사용한 싱글 캐스크 에디션과 웨일스 럭비 연맹 125년 기념주가 있다. 멀린 웨일스 크림 위스키 리큐르, 브레콘 파이브 보드카, 브레콘 진도 생산한다.

　매우 훌륭한 방문자센터를 운영하는데, 이곳은 순식간에 웨일스에서 인기 관광지가 되었다. 웨일스 위스키 산업의 역사를 다룬 전시관에는 최후의 진품 웨일스 위스키인 프롱고크 1893 보틀이 전시되어 있다(프롱고크 증류소는 북웨일스 발라 근처에 있다). 투어는 펜데린의 명품 두 가지를 시음하는 것으로 마무리된다. 증류소에 부설된 숍에서는 모든 펜데린 라인업을 취급한다. 펜데린의 다양한 라인업을 함께 시음할 수 있는 상급 시음 과정도 개설되어 있으며, 위스키 애호가들은 펜데린 클럽에 가입할 수도 있다.

419

펜데린 싱글몰트 웰시 위스키

도수	46도
향	무화과, 크리스마스 푸딩, 태운 설탕, 갓 구운 빵의 향이 어우러진 향긋하고 달콤한 꽃향
맛	중간 정도 무게감과 상당한 단맛으로 부드럽다. 무화과, 크림 토피, 편강, 조리된 사과, 크림의 맛
피니시	무화과, 말린 과일, 다크 초콜릿으로 이루어진 매우 길고 달콤한 피니시. 풍만하고 퇴폐적인 피니시.
B유형	글렌고인 17년, 오큰토샨 21년

프로필	특징
무게감	●●○○
달콤함	●●●○
스모크	○○○○
약내음	○○○○
담배	○○○○
꿀	●●○○
스파이스	●○○○
와인	●●●○
견과류	●●○○
몰트	●●○○
과일	●●●○
꽃	●●○○

풀트나이

E

Pulteney Distillery
Huddart Street, Wick, Caithness KW I 5BA
Tel : +44 (0) 1955 602371
www.oldpulteney.com

풀트나이 증류소는 옛 성곽의 터이자 바람이 잦은 바위투성이의 바닷가인 윅 만에 있다. '윅'은 바이킹 어로 '틈새'나 '만'이라는 뜻이다. 제임스 헨더슨이 1826년에 설립한 풀트나이 증류소의 이름은 윌리엄 존슨 풀트나이 경의 이름에서 따왔다. 윌리엄 존슨 풀트나이 경은 19세기 청어가 인기 있던 시기에 토머스 텔포드에게 청어 관련 어업에 종사할 새로운 마을과 항만, 증류소를 건설하라고 지시했다. 1만 명이 넘는 사람이 청어 관련 어업에 종사하였고, 윅 강에는 수천 척이 넘는 배가 정박할 수 있었다. 올드 풀트나이 위스키에서는 바닷바람과 소금기 있는 공기의 향을 맡을 수 있다. 이러한 바다 이미지는 19세기 청어 낚시 어선이 그려진 올드 풀트나이 엠블럼에서도 드러난다.

토머스 텔포드가 개척한 헴프릭스 호의 수원에서 퍼 올린 물과 피트 처리되지 않은 몰트 보리를 사용한다. 구리 덮인 주조 철제 세미 라우터 여과조 1개, 코르틴 발효조 6개, 증류기 2개를 운용한다. T자형 라인 암이 부착된 둥글납작한 구형 불법 증류기에는 '밀수꾼의 주전자'라는 별명이 붙어 있다. 전통적인 구리 나선 냉각기를 사용한다. 증류 과정에서 발생하는 잔열은 지역난방에 사용된다. 증류된 원액은 버번 아메리칸 오크 캐스크나 셰리 버트에 담겨 숙성된다. 풀트나이의 위스키는 '북부의 만자니아'라는 별명으로 불린다.

올드 풀트나이 싱글몰트위스키는 냉각 여과되지 않은 12년산, 17년산, 21년산으로 판매된다. 23년산 특별판 두 종류가 있는데, 하나는 셰리 캐스크에서 숙성되었고, 다른 하나는 버번 캐스크에서 숙성되었다. 가장 오래 숙성된 위스키는 30년산인데, 냉각 여과 없이 증류되어 익스 버번 캐스크에서 숙성했다. 올드 풀트나이 'WK499 이사벨라 포추나'는 냉각 여과되지 않았고 숙성 연한이 표기되지 않은 위스키로, 트래블 리테일을 통해서만 판매된다. 올드

풀트나이 증류소는 환류작용을 극대화하여 에스테르향이 강한 증류액을 증류하려고 매우 커다란 보일 볼이 장착된 1차 증류기를 사용한다. 증류실 크기에 맞추기 위하여 증류기의 넥을 상당히 짧게 설계했다.

풀트나이 위스키는 올드 풀트나이 리큐르를 위한 원액으로도 사용된다. 풀트나이의 바로길 블렌디드 몰트는 2007년 웨일스 대공이 선택한 위스키다. 위스키 이름인 '바로길'은 '바로길 성'을 의미한다. 바로길은 영국 여왕의 어머니의 고향인 케이스

니스 '메이 성'의 옛 이름이다. 풀트나이의 독립병입본으로는 고든&
맥페일의 독립병입본인 캐스크 스트랭스 1995, 소테른 피니시 1994
가 있다. 카덴헤드, 듀어 래트리, 블랙애더에서도 독립병입본을 판매
한다.

　방문자센터와 숍은 연중무휴로 운영된다. 윅 마을을 둘러싼 항
해 이야기와 증류소에 대해 프레젠테이션을 한 뒤 시음하는 것으로
공식 투어가 마무리된다. 방문객들은 캐스크에서 막 꺼낸 올드 풀
트나이 위스키를 새 병에 채우고, 밀봉하고, 라벨링할 수 있다.

423

올드 폴트나이 12년

도수	40도
향	과일, 벌집, 버터스카치, 북해 향이 약간 어우러진 향긋한 향
맛	중간 정도 무게감과 달콤함을 지니며 끈적끈적하다. 오렌지와 그레이프프루트 껍질, 레몬, 꿀, 버터스카치, 바닐라, 스모크함이 약간 깃들인 매우 섬세한 맛
피니시	과일의 향이 좀 더 강해지며, 버터스카치와 스파이스가 약간 어우러진 중간 정도 길이의 피니시
T유형	오큰토샨 12년, 글렌둘란 F&F 12년, 툴리바딘 마르살라 1993, 글렌 엘긴 12년, 달모어 12년

프로필 특징

무게감	●●○○
달콤함	●○○○
스모크	●○○○
약내음	●○○○
담배	○○○○
꿀	●○○○
스파이스	●○○○
와인	●●○○
견과류	●●○○
몰트	●●○○
과일	●●●○
꽃	●●○○

로얄 브라클라

F

Royal Brackla Distillery
Cawdor, Nairn, Narinshire IV12 5QY
Tel : +44 (0)1667 402 002
www.dewars.com

1812년 캡틴 윌리엄 프레이저가 셰익스피어 희곡 『맥베드』의 배경이 되는 코더 저택에 로얄 브라클라 증류소를 설립한다. 증류소를 설립할 당시 불법 증류소에 대한 규제가 너무 강력했기 때문에 캡틴 프레이저는 "내 주변에는 위스키만 마셔대는 녀석들 천지인데, 그놈의 규제 때문에 1년에 위스키를 100갤런밖에 팔지 못하는구나"라고 불평했다.

1835년 브라클라 위스키에 매혹된 국왕 윌리엄 4세가 이 증류소에 왕실 조달 허가를 내주었다. 이로써 브라클라 증류소는 왕실 조달 허가를 받은 최초의 위스키 증류소가 된다. 이 시절부터 브라클라 증류소는 '로얄 브라클라' 또는 '왕의 위스키'로 통용되었다. 조달 허가는 1838년 빅토리아 여왕 시기에 갱신되었다. 브라클라 위스키는 왕족과 귀족들의 입맛에 딱 맞는 위스키였던 것이다.

호반 위에 조화롭게 펼쳐진
로얄 브라클라 증류소 전경

1965년에 현대화되었고, 1970년에 확장되었으며, 1983년부터 1991년까지 잠시 폐업하였다가1997년에 개축되었다. 듀어스의 포트 폴리오였던 이 증류소는 1998년 바카디에 인수되었다. 코더 성의 커 삭 샘물을 용수로, 코더 번의 물을 냉각수로 사용한다. 가볍게 피트 처리된 몰트를 외부에서 구매하여 사용한다. 대형 스테인리스스틸 풀 라우터 여과조 1개, 미송나무 발효조 6개, 스테인리스스틸 발효 조 2개, 대형 증류기 4개를 운용한다. 목재로 만들어진 발효조는 스 테인리스스틸로 도금되어 있다. 스테인리스스틸 발효조 2개는 증류 소 외부에 있다. 72시간 정도의 상대적으로 긴 발효 과정을 거쳐 투 명한 워트를 생산한다. 이 투명한 워트를 환류작용을 강화하기 위해 위로 뻗은 라인 암이 부착된 기다란 증류기를 통해 에스테르가 적게 함유된 원액으로 증류해낸다. 위스키 원액은 대체로 익스 버번 아메리칸 오크 캐스크에서 숙성되며, 몰트위스키 일부는 셰리 캐스크에서 숙성된다.

로얄 브라클라 하이랜드 싱글몰트는 기본적으로 10년산으로 판매되며, 한정판으로는 25년산이 있다. 고든&맥페일 코노세어 초이스에 냉각 여과되지 않은 1991 빈티지가 있으며 시그내토리, 머레이 맥데이비드 등 독립병입업체의 다양한 빈티지가 있다. 생산량은 대부분 듀어스 블렌디드 위스키에 사용된다. 방문자센터나 투어를 운영하지 않는다.

427

로얄 브라클라 10년

도수	40도
향	조린 사과와 스코크함이 약간 어우러진 신선한 풀과 꽃의 향
맛	중간 정도 무게감과 상당한 달콤함. 과일, 몰트, 오크향 바닐라의 크리미한 맛
피니시	멜론, 몰트, 스파이스가 어우러진 중간 정도 길이의 피니시
F유형	글렌리벳 프렌치 오크 15년, 벤로막 트래디셔널, 글렌 오드 12년

프로필 특징

무게감	●●○○○
달콤함	●●●○○
스모크	●○○○○
약내음	○○○○○
담배	○○○○○
꿀	●○○○○
스파이스	●●○○○
와인	●○○○○
견과류	●○○○○
몰트	●●○○○
과일	●●●○○
꽃	●●○○○

로얄 로크나가

싱글몰트위스키 증류소

Royal Lochnagar Distillery
Carthie, Ballater, Aberdeenshire AB35 5TB
Tel : +44 (0) 1339 742700
www.discovering-distilleries.com/royallochnagar

Royal Lochnagar

발모랄 숲 아래로 펼쳐진 로얄 로크나가 증류소 산하의 빅토리아식 농원

로얄 로크나가 증류소는 하이랜드의 보석이라 할 수 있다. 1845년 한 농장에 건설되었으며 스코틀랜드 왕가의 휴양지인 발모랄 인근 크라시와 디 강 사이의 아름다운 장소에 있다. 여전히 목가적인 분위기를 간직하고 있으며, 빅토리아시대 이전의 자연적 건물을 방문자 센터로 사용한다. 1848년 증류소 매니저였던 존 벡은 앨버트 대공에게 로크나가 증류소에 방문하여 새 위스키를 시음해달라는 편지를 보냈다. 앨버트 대공은 사전에 어떤 언질도 없이 빅토리아 여왕과 아이들을 데리고 증류소에 나타났다. 여왕과 앨버트 대공은 증류소를 둘러본 뒤 위스키를 한 모금 들이켜고는 곧바로 왕실 조달 허가를 내렸다. 이후 로얄 로크나가는 줄곧 왕가와 발모랄의 사랑을 받았다. 빅토리아 여왕은 그냥 앨버트 대공의 여행에 아무 생각 없이 동참한 것이 아니었다. 그녀는 실로 위스키를 사랑했다. 그녀가 이곳에 오게 된 이유, 그녀가 '스카치' 위스키의 세계화에 공헌할 수 있었던 이유는 그녀의 위스키에 대한 사랑과 열정 덕분이었다.

로얄 로크나가는 전통적인 개방형 갈퀴 여과조와 와인글라스를 뒤집어놓은 것 같은 고풍스러운 양파 모양 증류기 2개를 운영한다. 기타 설비들과 방문자센터는 현대화되었지만, 주요 증류 설비는 빅토리아시대의 모습을 그대로 간직하고 있다. 로크나가 산을 타고 흘러내리는 스카녹 샘의 물을 사용하며, 가볍게 피트 처리된 보리를 쓴다. 라크 발효조 1개와 미송나무 발효조 2개를 사용하여 75시간에서 125시간이라는 상당히 긴 시간 몰트를 발효한다. 이렇게 발효된 원액을 공기와 구리의 촉매 반응을 최대한으로 활성화하기 위해 매우 느리게 가동되는 증류기를 통해 증류해낸다. 증류액은 전통적인 나선형 냉각기를 통해 증류소 바깥의 철제 탱크로 채집된다. 증기를 구리에 최대한 접촉시켜 향취를 가볍게 하기 위해 나선형 냉각기는 항상 뜨거운 상태로 유지된다.

위스키 원액은 리필 아메리칸 버번 혹스헤드와 유로피언 오크 셰리 버트에서 숙성되어 증류소 내의 저장고에 보관된다. 나무의 영향을 최소한으로 줄여 증류액의 캐릭터에 밸런스를 주기 위해 리필 캐스크를 고집한다.

로얄 로크나가 싱글 하이랜드 몰트위스키의 대표작은 12년산이라고 할 수 있다. 디스틸러 에디션에 모스카텔 피니시 같은 한정판 셀렉티드 리저브가 있으며, 디아지오 매니저스 초이스 시리즈에 싱글 캐스크 1994 등의 라인업이 있다. 위스키는 조니 워커 블랙 라벨이나 블루 라벨의 원액으로도 사용된다.

연중무휴로 운영되는 방문자센터에는 전시관과 동영상이 준비되어 있다. 방문객은 가이드 투어를 즐기며 옛 왕가 사람들처럼 위스키 한 모금을 맛볼 수 있다. 센터에 부설된 숍에서 디아지오 몰트의 모든 라인업을 구매할 수 있다.

430

431

로얄 로크나가 12년

도수	40도
향	캐러멜, 과일 커이크, 셰리, 스모크함이 약간 깃든 상큼한 풀향
맛	상당한 무게감으로 중간 정도 단맛. 버터스카치, 프루트케이크, 꿀, 셰리, 스파이스 약간과 피트 스모크가 켜켜이 쌓인 매우 섬세한 맛
피니시	끓인 과일, 감초, 셰리로 이루어진 중간 정도 길이 의 피니시
C유형	글렌파클러스 30년, 달위니 F&F 16년, 페터카렌 40년, 토마틴 18년, 롱몬 16년, 에드라도어 1996 슈퍼 투스칸

프로필 특징

무게감	●●●○
달콤함	●●○○
스모크	●●○○
약내음	○○○○
담배	○○○○
꿀	●●●○
스파이스	●●○○
와인	●●●○
견과류	●●●○
몰트	●●○○
과일	●●●○
꽃	●○○○

세인트조지스

싱글몰트위 스키 증류소

St. George's Distillery
Harling Road, Roudham, Norfolk NR16 2QW
Tel : +44 (0) 1953 717939
www.englishwhisky.co.uk

세인트조지스 증류소의 초기 방문객 중 하나인 웨일스 대공이 남긴 서명

세인트조지스는 세트 강 인근 노포크의 로드햄에 자리 잡은 부티크 증류소다. 2006년 제임스 넬스트롭과 그의 아들 앤드류 넬스트롭 그리고 일꾼들과 농부들이 힘을 모아 설립한 이 증류소는 빅토리아 여왕 시대 이후 잉글랜드에 설립된 최초의 몰트위스키 증류소다.

알프레드 바너드는 1887년, "잉글랜드에 인가된 증류소가 10개 있는데 그중 4개는 단식 증류기를 통해 몰트위스키를 성산한다"라고 기술했다. 2개는 리버풀에 있으며, 나머지 1개는 런던, 1개는 브리스톨에 있었다. 19세기 말경 잉글랜드의 몰트위스키는 명맥이 끊기게 된다. 이 시대 이후 소형 구리 단식 증류기를 통해 몰트위스키를 생산하는 전통적 기술은 스코틀랜드와 아일랜드에서만 명맥을 유지하게 되었다.

증류소는 야생 동물들의 안식처인 노포크브로드의 평지에 있다. 이 지역은 대부분 해수면보다 아래에 있다. 평지의 조용한 스카이라인에 변화를 주는 것이라고는 튜더 사원, 작은 오두막들 그리고 때때로 보이는 풍차나 세트포드 숲의 나무들밖에 없다.

브렉랜드 수원지의 백악층 깊은 곳에 시추공을 박아 채취한 물을 역삼투압 장치를 통해 칼슘과 철분, 망간 잔류물을 제거한 뒤 사용한다. 이 물은 계절과 상관없이 섭씨 11.4도를 유지하며, 경수로 미네랄 함유량이 매우 높다. 이 물의 칼슘 함유량은 350ppm인데, 이는 스코틀랜드 증류소들 중 미네랄 함유량이 가장 많은 위스키 용수를 사용하는 하이랜드 동부의 글렌모렌지 증류소 물의 두 배나 되는 양이다.

구리 덮인 세미 라우터 여과조 1개, 스테인리스스틸 발효조 3개,

소형 구리 증류기 2개를 운용한다. 여기서 사용되는 증류기는 법으로 정해진 크기 중 가장 작은데, 이는 매우 풍부하고 달콤한 증류액을 만들기 위한 세인트조지스 증류소만의 비장의 무기다. 피트 처리되지 않은 보리는 노포크에서 구해 사용하며, 35ppm 정도의 중간 피트 처리된 보리와 45ppm 정도의 강하게 피트 처리된 보리는 버윅의 심슨에서 구해 사용한다. 독자적인 병입 설비를 운영하며, 용수로 사용된 것과 같은 물로 희석해 병입한다.

세인트조지스 증류소의 첫 매니저는 스카치위스키 업계에서 50년간 일하며 라프로익과 에드라도어 증류소에서 활약해 국제적 명성을 쌓은 위스키 생산자 이안 헨더슨이었다. 현재 이 증류소의 1년간 생산량은 9만 리터에 달한다. 증류된 위스키 원액은 짐 빔 켄터키 스트레이트 버번위스키에서 사용하는 배럴에 담겨 전통적인 더니지 보관소에서 숙성된다. 여기서 증류한 최초의 위스키는 피트 처리되지 않은 위스키인 챕터 5로, 2009년 후반기부터 판매되었다. 중간 정도 피트 처리된 챕터 8과 무겁게 피트 처리된 챕터 9가 뒤이어 판매되었다. 이 밖에도 셰리 피니시와 럼 피니시 라인업이 있으며, 몰트위스키 리큐르도 판매한다.

작업을 대부분 수공업으로 진행하는 작고 전통적인 위스키 증류소로, 방문객을 열렬히 환대한다. 투어와 시음을 제공하는 방문자센터에는 카페와 숍이 있다.

435

세인트조지스 챕터 9

도수	46도
향	레몬 껍질과 스모크함 약간, 바다내음으로 이루어진 향긋하고 가벼운 향
맛	중간 정도 무게감과 달콤함. 오크의 스파이스와 후추, 당밀 토피, 바닐라와 천천히 전개되는 피트스모크의 맛
피니시	스모크, 감초, 시트러스, 스파이스로 이루어진 상당히 긴 피니시
I유형	코네마라 피티드, 아드모어 트래디셔널, 코윌 일라 12년, 오번 14년, 올드 발란트루안 피티드, 아일 오 쥬라 수퍼스티션, 글렌 스코샤 12년, 보모어 12년, 에드라도어 발레친, 스프링뱅크 10년

프로필 특징

무게감	●●○○○
달콤함	●●○○○
스모크	●●●○○
약내음	●●○○○
담배	●○○○○
꿀	●●○○○
스파이스	●●○○○
와인	○○○○○
견과류	●●○○○
몰트	●○○○○
과일	●●○○○
꽃	●●○○○

스카파

Scapa Distillery
St. Ola, Kirkwall, Orkney KW15 1SE
Tel : +44 (0) 1856 872071
www.scapamalt.com

Scapa

자연의 아름다움을 간직한 스카파 만의 절벽 위에 있는 현대적인 스카파 증류소

1885년 존 타운센드가 오크니 섬에 설립한 스카파 증류소는 링그로번 인근, 스카파 플로우의 해안에 있다. 북해와 대서양을 연결하는 항구인 이곳은 제1, 2차 세계대전 동안 군항으로 사용되었다. 신석기 시대의 선돌, 돌방무덤과 철기시대의 흙집, 바이킹의 궁전과 켈트의 수도원 등 3,000개가 넘는 유물이 발견된 오크니 섬은 영국 역사의 전시관이라 할 수 있다.

기원전 3000년에 세워진 픽트 브로크 요새탑이 증류소 옆에 우뚝 서 있다. 증류소 인근에는 북부 전사들과 그들의 칼과 말이 묻혀 있는 무덤이 있다. 1886년에 이곳을 방문한 알프레드 바너드는 브로크에 대해 "의심할 여지없는 스코틀랜드 최고의 유적지"라고 표현했다. 그는 아름다운 바다 풍경과 밝은 태양 아래 굽이치는 파도, 배들이 일으키는 포말을 보며 받은 감동을 기록하기도 했다. 제1차 세계대전 말엽인 1918년 독일의 함대가 증류소가 있는 스카파 플로우에서 침몰했다. 제2차 세계대전 때는 영국 해군이 스카파 증류소의 화재를 진압하였다.

빅토리아풍 저장고 2개는 설립 당시 모습을 유지하지만, 증류소 건물은 대부분 1959년부터 점진적으로 재건축되었다. 2005년에는 증류실 건물을 새로 지었다. 스카파 증류소는 한때 수차 동력으로 운영되었지만 이제 수차는 역사를 기념하는 상징물로 증류소 한쪽에 자리 잡고 있다.

증류소에서 서쪽으로 3km 떨어진 오르킬 샘의 경수를 용수로, 링그로번의 물을 냉각수로 사용한다. 피트 처리되지 않은 몰트 보리를 재료로 사용하며, 구리 덮인 스테인리스스틸 세미 라우터 여과조 1개, 스테인리스스틸 발효조 4개, 코르틴 스틸 발효조 4개, 넓은 원통형의 넥이 붙은 로몬드 타입 1차 증류기 1개, 전통적인 양파 모양 2차 증류기 1개를 운영한다. 160여 시간에 이르는 발효 시간은 스코틀랜드에서 가장 긴 편에 속한다. 내부의 정류판을 제거하는 방식으로 개조한 로몬드 1차 증류기와 전통적인 2차 증류기 2개에는 모두 기이할 정도로 휜 라인 암과 정화 장치가 부착되어 있다. 로몬드 스틸과 정화 장치의 넓은 목은 촉매 작용을 활성화하여 증류 원액에 과일과 꽃의 성격을 부여한다. 위스키 원액은 주로 익스 버번 아메리칸 오크 캐스크에 담겨 바다 옆의 저장고에서 숙성된다.

스카파 싱글 오크니 몰트위스키의 대표작인 16년산의 경우, 마지막 2년간은 퍼스트필 아메리칸 버번 캐스크에 담아 숙성한다. 이러한 피니시는 향미에 깊이를 만들어준다. 이 밖에도 냉각 여과하지 않은 캐스크 스트랭스 위스키로 스카파 25년과 몰트 빈티지 1992가 있다. 독립병입본으로 고든&맥페일의 아일랜드 몰트 라인업의 빈티지 1993 같은 라인업도 있다. 방문자센터는 없지만 예약하면 증류소를 방문할 수 있다.

439

스카파 16년

도수	40도
향	달콤한 오렌지오- 버터스카치의 향. 스파이스와 바닐라, 스모크함이 약간 어우러져 있다.
맛	상당한 무게감으로 달콤하고 부드럽다. 헤더 꿀, 바닐라, 벨기에 초콜릿과 아몬드의 맛
피니시	진저, 마멀레이드, 소다 스콘의 상당히 긴 피니시
E유형	글렌로시스 1985, 싱글톤 오브 글렌둘란 12년

프로필 특징

무게감	●●●○
달콤함	●●●○
스모크	●○○○
약내음	○○○○
담배	○○○○
꿀	●●○○
스파이스	●●○○
와인	●●○○
견과류	●●○○
몰트	●●○○
과일	●●○○
꽃	●●○○

Speyburn

스페이번 증류소는 스페이사이드에서 가장 자주 사진 찍히는 증류소일 것이다.

스페이번

Speyburn Distillery
Rothes, Aberlour, Moray AB38 7AG
Tel : +44 (0) 1540 831213
www.inverhouse.com

441

스코틀랜드에는 아름다운 풍경을 자랑하는 증류소가 아주 많지만, 스페이번 증류소보다 풍경이 아름다운 증류소는 많지 않다. 조용한 하이랜드의 마을 로시스 외곽, 스페이 밸리의 한 자락에 걸쳐 있는 우거진 숲에 웅장하게 자리 잡고 있는 스페이번 증류스의 풍경은 정말 아름답다. 스코틀랜드의 유명 건축가 '엘긴의 찰스 도이그'가 1897년 설계하였으며, '스코틀랜드에서 사진이 가장 많이 찍히는 증류소'로 유명하다. 현재 증류소가 있는 곳은 스코틀랜드 북부철도, 깨끗한 수원과의 접근성을 고려하여 선택되었다. 녹 나 크로이체, 즉 '교수대 언덕' 아래에 있다. 로시스의 범죄자들을 이 언덕에서 처형하곤 했다.

가장 특징적인 건축물은 경사면을 효율적으로 이용하기 위해 건설된 2층, 3층짜리 건물들이다. 전통적인 파고다형 굴뚝이 달린 건물들은 로시스 협곡의 아름다운 풍경을 한껏 북돋는다.

스페이번 증류소는 스페이 강 지류인 그랜티 번의 피트가 약간 섞인 물과 피트 처리되지 않은 몰트 보리를 재료로 사용한다. 구리 덮인 스테인리스스틸 여과조 1개, 개솔송나무 여과조 6개, 증류기 2개를 운용한다. 느리지만 확실한 발효를 위해 석재로 만들어진 발효실은 매우 낮은 온도를 유지한다. 100m가 넘는 구리 파이프로 이루어진 전통적인 구리 나선 냉각기를 사용하여 증류액을 채취하는 것 역시 이 증류소의 특징이다. 이렇게 증류된 위스키 원액은 세계 최초로 증기 동력식 드럼 몰트 처리 기법을 도입한 세프 증류소의 버번 아메리칸 오크 캐스크에서 숙성된다. 레이블의 엠블럼으로 사용된 연어는 연어 낚시로 유명한 스페이 강의 특산물이다.

스페이번 싱글 하이랜드 몰트위스키의 대표작은 10년산이다. 이밖에도 숙성 연한이 표기되지 않은 스페이번 브라단 오라크, 싱글 캐스크 한정판인 스페이번 솔레라 25년산 등이 라인업으로 있다. 독립병입본으로는 고든&맥페일 코노세어 초이스 시리즈의 1977년 증류 위스키, 더글러스 랭과 시그내토리에서 병입하는 독립병입본이 있다. 스페이번 몰트위스키는 미국에서 잘 팔리는 여섯 개 몰트위스키 중 하나다. 방문자센터는 없으나 예약하면 증류소를 방문할 수 있다.

443

스페이번 10년

도수	40도
향	풀, 몰트, 오렌지 껍질, 꿀과 스모크함이 약간 어우러진 신선한 향
맛	중간 정도 무게감으로 상당히 달다. 인동덩굴, 눈깔사탕, 풋사고-, 허브의 향
피니시	매우 짧으며 신선하고 깔끔하다. 스파이스가 약간 가미된 달콤한 과일향
H유형	카두 12년, 올트 아바냐 12년, 글렌카담 10년, 링크우드 F&F 12년, 스페이사이드 12년, 글렌 스페이 F&F 12년, 더프톤 F&F 15년

프로필	특징
무게감	●●○○○
달콤함	●●●○○
스모크	●○○○○
약내음	○○○○○
담배	○○○○○
꿀	●○○○○
스파이스	●○○○○
와인	○○○○○
견과류	●○○○○
몰트	●●○○○
과일	●●○○○
꽃	●●○○○

Speyside

스페이사이드 증류소 인근, 스페이 강의 아름다운 전경

스페이사이드

Speyside Distillery
Glen Tromie, Kingussie, Invernesshire PH21 1NS
Tel : +44 (0) 1540 661060
www.speysidedistillery.co.uk

스페이사이드 증류소는 드럼기시 마을 아래 스페이 강의 수원 중 하나인 트로미 강의 강둑에 있다. 잉글랜드 군대가 1715년 재커바이트 반란을 진압한 뒤 하이랜더들을 지배·통제하기 위해 건설한 루스벤 군사기지 유적지에서 가까운 곳이다.

설립자 조지 크리스티의 일평생 꿈이었던 스페이사이드 증류소는 드라이스톤(접착 물질 없이 돌을 다듬어 끼워 건축하는 건축양식) 전문가인 알렉스 페어리가 수작업으로 설립했다. 스코틀랜드에서 가장 오래된 보리 제분소였던 트로미 제분소 터에 세워졌는데, 1962년 공사가 시작되어 1989년에 완공되었다. 하지만 실제 위스키 생산은 1991년에 시작되었다. 제분소가 사용하던 트로미 강의 수원에서 퍼 올린 물을 증류수로 사용한다. 원래 이 수원지의 물은 제분소에서 물레방아를 돌리는 동력으로 사용했는데, 물레방아는 여전히 돌아가고 있다.

채리옷 보리를 가볍게 피트 처리해서 사용하며, 스테인리스스틸 여과조 1개, 스테인리스스틸 발효조 4개, 단식 증류기 2개를 운용한다. 소형 증류기를 사용함으로써 구리의 촉매 작용을 최대화하여 가볍고 과일 느낌이 나는 증류액을 생산한다. 위스키 원액은 기본적으로 익스 버번 아메리칸 혹스헤드에서 숙성되며, 특별한 피니시를 위해 유로피언 오크 셰리 버트를 사용하기도 한다.

'스페이사이드 증류소'는 스페이 강 바로 옆에 있어 이런 이름이 붙었지만, '스페이사이드 싱글 스페이사이드 몰트위스키'라는 표현은 어딘가 우스꽝스러워 보이기 때문에 이 증류소에서 생산된 위스키는 '스페이사이드 싱글 하이랜드 몰트위스키'로 분류된다. 이는 지역에 따른 위스키 분류가 얼마나 터무니없고 무의미한지를 증명해주는 좋은 예다.

스페이사이드 싱글 하이랜드 몰트위스키는 기본적으로 12년, 15년산으로 판매되며, 숙성 연한이 표기되지 않은 글렌트로미 배티드 몰트 12년산, 17년산 위스키가 판매된다. 15년산에서 30년산에 이르기까지 다양한 블렌디드 위스키와 두 가지 글렌트로미 블렌디드 위스키도 생산한다. 이 위스키는 BBC의 '모나크 오브 더 글렌' 시리즈에서 라간모어와 함께 글렌보글의 지주가 가장 선호하는 위스키로 등장하였다. 방문자센터나 투어를 운영하지 않는다.

스페이사이드 12년

도수	40도
향	스모크함이 약간 깃든 몰트의 향기롭고 가벼운 향
맛	중간 정도 무게감. 과일과 꽃의 향이 어우러진 크리미한 느낌에 헤이즐넛과 바닐라의 향이 깃들어 있다.
피니시	매우 짧은 아페리티프 스타일
H유형	스페이번 10년, 탐두, 올트모어 12년

프로필 특징

무게감	●●○○○
달콤함	●●○○○
스모크	●○○○○
약내음	○○○○○
담배	○○○○○
꿀	●○○○○
스파이스	●●○○○
와인	●○○○○
견과류	●●○○○
몰트	●●●○○
과일	●●●○○
꽃	●●●○○

447

Springbank

스프링뱅크 증류소의 방문객들이 발효조를 살펴보고 있다. 이들은 이산화탄소 쇼크를 대비해야 할 것이다.

스프링뱅크

Springbank Distillery
85 Longrow, Campbeltown, Argyll PA28 6ET
Tel : +44 (0) 1586 552085
www.springbankdistillers.com

아치발드 미첼이 무허가로 운영하던 스프링뱅크 증류소는 1828년 합법 증류 인가를 받았다. 그 후 소유권이 한 번도 바뀌지 않았으니 스코틀랜드에서 가장 유서 깊은 독립 증류소라 할 수 있을 것이다. 플로어 몰팅에서 병입에 이르기까지 위스키 생산의 모든 과정을 한 장소에서 전통적인 방법으로 수행한다. 위스키에 사용하는 모든 보리를 전통적 방식으로 플로어 몰팅 처리하는 유일한 증류소다.

스프링뱅크 증류소는 벤 길린에서 흘러나온 크로스힐 호수의 물을 사용한다. 100년이 넘은 주조 철 여과조 1개, 보트스킨 라크 발효조 6개, 중형 단식 증류기 3개를 운용한다. 오일 버너로 직접 가열하는 1차 증류기에는 내부 침전물을 제거하는 갈퀴가 장착되어 있다. 이러한 장비는 탄화 현상을 증가시키며 로우 와인을 구리에 더 많이 접촉시켜 향미를 향상해준다. 증류액 일부를 삼중 증류하는 것도

이 증류소의 특징이다. 중계 증류기를 통하여 로우 와인, 초류, 후류를 이후에 증류된 로우 와인과 섞어 증류함으로써 다른 증류소보다 훨씬 더 가벼운 특유의 증류액을 생산한다. 이중 증류된 롱로우 위스키와 삼중 증류된 헤이즐번 위스키도 생산한다. 1차 증류기와 최종 증류기는 셸&튜브형의 냉각기를 사용하고, 초기의 로우 와인 증류기는 나선 튜브 냉각기를 사용한다. 스프링뱅크 몰트위스키는 냉각 여과나 착색 없이 46%의 스트랭스 캐스크로 병입되어 고유의 느낌을 최대한 살린다. 기본적으로 버번 캐스크에서 숙성하나 특별한 피니시나 우아함을 위해 셰리, 럼, 포트, 와인 캐스크에서 숙성하기도 한다.

스프링뱅크 증류소는 매우 개성 있는 세 가지 몰트위스키를 생산한다. 스프링뱅크 싱글 캠벨타운 몰트위스키 10년산은 46%와 100° 프루프로 생산되며, 그 밖의 라인업으로는 12년산, 15년산, 18년산이 있다. 강한 피트향과 이중 증류를 특징으로 하는 롱로우 싱글몰트위스키에는 46%와 100° 프루프로 생산되는 10년산이 있고, 14년산도 생산된다. 피트 처리하지 않은 삼중 증류 위스키인 헤이즐번 싱글몰트위스키는 8년산과 8년산 소테른 피니시, 12년산으로 생산된다. 스프링뱅크 CV, 롱로우 CV, 헤이즐번 CV에는 숙성 연한이 표기되지 않는다. 블렌디드 위스키로는 미첼 12년산과 캠벨타운 로크가 있다.

방문자센터는 따로 없으나 여름에는 예약 투어를 운영한다. 캠벨타운에 위스키숍 '이글섬'을 운영하며, 웹사이트에서 스프링뱅크 소사이어티에 가입하면 뉴스나 특별 행사 등의 소식을 받을 수 있다.

451

스프링뱅크 10년

도수	46도
향	배, 바닐라, 코크넛에 소금기와 스모크함이 가미된 향기로운 향
맛	중간 정도 무게감과 달콤함. 퍼지의 크리미학으로 시작하여 소금, 후추와 햄께 피트함이 약간 전개된다.
피니시	세리의 달콤함을 중심으로 천천히 퍼져나가는 스파이스, 소금, 스모크으 우아한 피니시
l 유형	오번 14년, 페터카렌 피오르, 보모어 12년, 코네마라 피티드, 벤로막 10년, 하이랜드 파크 12년, 아드모어 트래디셔널, 아일 오 쥬라 수퍼스티션, 글렌 스코샤 12년

프로필	특징
무게감	●●○○○
달콤함	●●○○○
스모크	●●○○○
약내음	●●○○○
담배	○○●○○
꿀	●●○○○
스파이스	●●○○○
와인	●○○○○
견과류	●●○○○
몰트	●○○○○
과일	●●○○○
꽃	●○○○○

Strathisla

쌍둥이 파고다 굴뚝, 슬레이트 지붕, 수차에서 우러나오는 조지아풍 매력을 지닌 스트라스아일라 증류소

스트라스아일라

Strathisla Distillery
Seafiled Avenue, Keith, Banffshire AB55 5BS
Tel : +44 (0) 1542 783044
www.chivas.com
Email : strathisla.admir@chivas.com

453

스트라스아일라 증류소는 아일라 강의 강둑에 있는 중세의 교역 도시 키스에 있다. 조지 테일러와 알렉산더 밀른이 1786년 밀톤 성 근처에 설립했던 '밀톤 증류소'를 전신으로 하는 스트라스아일라 증류소는 하이랜드에서 가장 오래된 증류소라 할 수 있다. 아름다운 쌍둥이 파고다와 자갈로 장식된 안뜰, 수차와 고풍스러운 화강암 건물이 유명한데, 방문할 가치가 상당한 아름다운 전통 증류소다.

전설에 따르면, 19세기경 올드 멕이라는 여자가 몇십 년간 여기에 거주했다고 한다. 보리 부대 바느질로 연명한 그녀는 증류 찌꺼기를 보관하는 지저분한 창고에서 살면서 낮에는 거의 밖에 나오지 않았다. 몇십 년간 그렇게 산 그녀는 지독한 냄새를 풍겨서, 증류소 일꾼들이 그녀를 상당히 꺼렸다고 한다. 130살이 넘을 정도로 장수한 그녀는 어느 날 갑자기 사라졌다고 한다.

스트라스아일라는 '시바스 리갈의 고향'이다. 증류액은 주로 시바스 리갈의 원액으로 사용된다. 12세기 도미니크회 수도사들의 수원이었던 브룸힐 샘의 물을 사용하며, 피트 처리되지 않은 보리를 주문해서 쓴다. 구리 덮인 스테인리스스틸 세미 라우터 여과조 1개, 미송나무 발효조 9개, 소형 구리 단식 증류기 4개를 운용한다. 증류기들과 스피릿 세이프 2개는 고풍스러운 오크 증류소에 있다. 각 증류기에는 다양한 형태와 각도의 라인 암이 장착되어 있으며, 넥에는 보일볼이 있다. 복잡한 장치가 달린 소형 증류기는 더 풍부하고 복잡한 증류액을 생산해낸다. 증류액은 아메리칸 오크 익스 버번과 유로피언 익스 셰리 캐스크에 담겨 증류소의 더니지 저장고에서 숙성된다.

스트라스아일라 싱글 하이랜드 몰트위스키 12년산과 냉각 여과되지 않은 캐스크 스트렝스 16년산이 유명하며, 고든&맥페일, 던컨테일러, 시그내토리 등에서 다양한 독립병입본을 판매한다. 시바스 리갈 12, 18, 25년산, 시바스 리볼브 1801, 로얄 살루트 21년산, '100 캐스크' 셀렉션, 100 파이퍼스, 패스포트 등 다양한 블렌디드 위스키에도 사용된다. 스트라스아일라 증류소는 스코틀랜드 관광국으로부터 5성 등급을 받았다. 방문자센터와 숍은 연중무휴로 운영되며, 아일라 룸에서 짧은 비디오를 관람하며 시바스 리갈 12년산을 한 잔 마신 뒤 증류소 투어를 한 다음 스트라스아일라 12년산이나 시바스 리갈 18년산을 시음하는 것으로 끝난다. 주말에는 시바스 리갈과 로얄 살루트 희귀본을 시음할 수 있는 '얼티미트 시바스 익스피리언스'와 저장고의 한정판 캐스크 스트렝스 위스키를 시음할 수 있는 '스트레이트 프롬 더 캐스크'라는 두 가지 특별 투어를 즐길 수도 있다.

455

스트라스아일라 12년

도수	43도
향	시트러스, 스파이스와 피트스모크가 약간 느껴지는 목초지의 향기로운 향
맛	중간 정도 무게감과 단맛. 자두, 아몬드, 굴의 향으로 시작하여 스파이스 느낌의 피니시로 끝난다.
피니시	스파이스가 느껴지는 가운데 약간의 달콤함과 스모크함을 가진 중간 길이의 편안한 피니시
ε 유형	오큰토샨 12년, 툴리바딘 소테른 1993, 스카파 16년

프로필	특징
무게감	●●○○
달콤함	●●○○
스모크	●○○○
약내음	○○○○
담배	○○○○
꿀	●●○○
스파이스	●●○○
와인	●●○○
견과류	●●●○
몰트	●●●○
과일	●●●○
꽃	●●○○

Strathmill

쌍둥이 파고다 굴뚝과 슬레이트 지붕을 갖춘 스트라스밀의 몰트 건조실

스트라스밀

Strathmill Distillery
Keith, Banffsh re AB55 5DQ
Tel : +44 (0) 1542 882295

이름에서 유추할 수 있듯이, 스트라스밀 증류소는 스트라스아일라 옥수수 제분소를 전신으로 한다. 스트라스아일라 제분소는 1823년 부터 운영되었는데, 이때부터 불법 위스키를 증류했을지도 모른다는 기록이 있다. 공식적인 증류소는 해외 시장이 개척되며 위스키 산업 이 크게 호황을 누리던 1891년 설립되었다. 설립 당시에는 글렌아일 라-글렌리벳이란 이름으로 시작하였으나 1895년에 스트라스밀로 이름을 바꾸었다.

1960년대에 확장 공사를 해서 설비 대부분을 현대화했지만 여전 히 빅토리아풍 건축물을 유지하고 있다. 증류소 전경은 아름다운 아일라 강의 유서 깊은 마을, 키스와 아름답게 조화되어 있다.

스트라스밀 증류소는 피트 처리하지 않은 보리를 주문하여 사용 한다. 증류소 내부의 샘에서 퍼 올린 물을 용수로, 아일라 강으로 흐르는 아일라 번의 물을 냉각수로 사용한다. 스테인리스스틸 여과조 1개, 스테인리스스틸 발효조 6개, 소형 증류기 4개를 운용한다. 2차 증류기에는 '정화기'가 장착되어 증류 과정에서 무거운 퓨젤유를 제거한다. 이 과정에서 오직 가벼운 증기만이 냉각기에 수집되어 매우 가볍고 투명한 원액을 생산해낸다.

증류액은 아메리칸 오크 버번 캐스크와 리필 캐스크에 담겨져 증류소 내부의 전통적인 더니지 저장고에서 숙성된다. 스트라스밀 증류소는 아일라 강이나 가끔은 증류소 안뜰에서 목격되기도 하는 백할미새를 엠블럼으로 사용한다.

라인업으로는 디아지오의 플로라&파우나 시리즈의 스트라스밀 싱글 스페이사이드 몰트위스키 12년산과 디아지오 매니저스 초이스 시리즈의 1996 등이 있다. 고든&맥페일의 코노세어 시리즈 1991과 시그내토리 빈티지 1992 그리고 다른 독립병입본이 있다. 생산량은 대부분 디아지오의 J&B 블렌디드 위스키의 원액으로 사용된다. 방문자센터나 투어를 운영하지 않는다.

459

스트라스밀 플로라&파우나 12년

도수 43도

향 허브, 과일, 몰트향과
스모크함이 약간 느껴지는
향기롭고 달콤한 향

맛 사과와 시트러스가 어우러진
중간 정도 무게감과 중간 정도
단맛으로, 견과류와 스파이스의
느낌이 강렬하다.

피니시 허브, 시트러스와 스파이스로
이루어진 중간 정도 길이의
건조한 피니시

G유형 벤리악 12년, 브룩라디 클래식,
마노크모어 F&F 12년, 글렌터렛
10년, 토모어 12년, 글렌로시스
F&F 10년, 글렌모렌지 10년

프로필	특징
무게감	●●○○○
달콤함	●●●○○
스모크	●○○○○
약내음	○○○○○
담배	○○○○○
꿀	●○○○○
스파이스	●●○○○
와인	○○○○○
견과류	●●○○○
몰트	●○○○○
과일	●●●○○
꽃	●●○○○

Talisker

탈리스카 증류소는 컬린 산 아래 로크 하포트의 바람 잦은 바위투성이 바닷가에 있다.

탈리스커

Talisker Distillery
Carbost, Isle of Skye IV47 8SR
Tel : +44 (0) 1478 614308
Email : talisker@diageo.com
www.discovering-distilleries.com/talisker

461

탈리스커는 안개 가득한 스카이 섬에 있는 유일한 증류소다. 1830년 휴 매커스킬과 케네스 매커스킬이 게일의 심장 카보스트에 설립했다. 당시에 스코틀랜드 교회의 성직자였던 레브 로데릭 맥레오드는 증류소 건설을 심하게 반대했다. 그는 탈리스커 증류소에 "상상할 수 없는 엄청난 저주가 내릴지어다"라고 선언했다. 1960년, 이 증류소는 화재로 소실되었다. 2차 증류기의 밸브 하나가 우연히 열려 불타는 증류액이 카보스트 번을 따라 하포트 호수로 떠내려가 하포트 호수의 호수면이 불타오를 정도로 큰불이었다. 1962년에 증류소가 재건되었고, 1998년에는 증축되었다.

헤더와 피트 사이로 흘러온 미네랄이 풍부한 물이 이 위스키의 풍부한 성격을 만들어낸다. 글렌 오드 몰팅으로부터 중간 정도로 피트 처리된 몰트를 주문해 사용한다. 구리 덮인 대형 스테인리스스틸 세미 라우터 여과조 1개, 미송나무 발효조 8개, 1차 증류기 2개, 특이한 U자형 라인 암과 스피릿 세이프, 구리 나선 튜브 냉각기 4개가 장착된 2차 증류기 3개를 운용한다. 의외로 1차 증류기에는 정화기가 부착되어 있다. 당화 과정에서 생산된 투명한 워트는 장기간 발효된 후 특이한 증류기를 통해 증류되어 섬세하고 복잡한 위스키로 탄생한다. 생산된 위스키는 기본적으로 아메리칸 버번 오크 캐스크에서 숙성되며, 일부는 디스틸러 에디션을 생산하기 위한 용도로 유로피언 올로로소 셰리 버트에서 숙성되기도 한다.

탈리스커 증류소는 19세기 후반부터 싱글몰트위스키를 판매해 왔다. 스코틀랜드의 작가 로버트 루이스 스티븐슨은 1880년 탈리스커 위스키를 '술의 왕'이라고 치켜세웠다. 이러한 평에 걸맞게 탈리스커는 지금까지 수많은 국제적인 상을 수상했다. 대표작은 디아지오 클래식 몰트의 탈리스커 싱글몰트 스카치위스키 10년산으로, '섬' 위스키로 분류된다. 다른 라인업으로는 탈리스커 18년산, 25년산, 30년산인 탈리스커 57° 노스, 디스틸러 에디션의 아모로소 셰리 캐스크 1999, 매니저스 초이스의 셰리 캐스크 1994 등이 있다. 2005년, 증류소 탄생 175년을 기념하며 20년산 이상의 위스키를 사용한 배티드 몰트위스키인 탈리스커 175를 발매하였다.

증류소와 현지의 역사에 대한 훌륭한 볼거리가 준비되어 있는 방문자센터는 연중무휴로 운영된다. 하포트 호수의 굴 한 접시에 탈리스커 한 모금을 마시면 탈리스커 여행을 훌륭하게 마무리할 수 있다. '스카이 섬의 수확물과 스카이 섬의 영혼'을 함께 마시는 것은 신성한 조화라 할 수 있다.

463

탈리스커 10년

도수	45.8도
향	강렬한 피트스모크와 짭짤한 바다내음. 잘 익은 바나나, 기름 먹인 재킷, 훈제 청어와 풍부한 스파이스의 향
맛	풍부하며 충만한 무게감. 바다, 맥아, 검은 후추, 칠리와 진저의 톡 쏘는 맛
피니시	피트스모크, 칠리, 검은 후추가 어우러진 긴 피니시
ㅣ유형	라프로익 카데아스, 아드모어 트래디셔널, 세인트조지스 Ch 9, 코웰 일라 12년, 코네마라 피티드, 벤로막 10년, 에드라도어 발레친

프로필 특징

무게감	●●●●
달콤함	●●●○
스모크	●●●○
약내음	●●○○
담배	●○○○
꿀	●○○○
스파이스	●●●●
와인	○○○○
견과류	●●●○
몰트	●●○○
과일	●●○○
꽃	●●○○

Tamdhu

탐두 증류소는 증류 과정에서 사용하는 보리를 모두 직접 몰트 처리하는 스페이사이드 유일의 증류소다.

탐두

Tamdhu Distillery
Knockando, Aberlour, AB38 7RP
Tel : +44 (0) 1340 870221
www.tamdhu.com

투명하고 고요하게 빛나는 스페이 강의 강물도
언젠가는 급류로 소용돌이칠 것이다.

탐두는 게일어로 '작고 어두운 언덕'을 뜻한다. 하이랜드 디스틸러의
이사였던 윌리엄 그랜트는 1897년 노칸도 마을에 탐두 증류소를 설
립했다. 이 증류소는 충분한 물과 1863년에 건설된 스코틀랜드 북
부철도와의 접근성을 고려하여 탐두 번과 노칸도 역을 끼고 설립되
었다. 비칭 박사가 1960년대에 철도를 폐쇄한 이후 노칸도 역의 발
권소와 대합실은 알프레드 던힐사의 방문자센터로 개조되었다.

1970년대 재건된 몰트 처리소는 매우 흥미롭다. 탐두 증류소는
스페이사이드의 증류소들 중 유일하게 증류소에서 사용하는 모든
몰트를 증류소 내에서 직접 생산하는 유일한 증류소다. 그뿐 아니

라 몰트 처리소는 모회사가 소유한 증류소 전체에서 필요한 몰트의 3분의 1 정도를 생산할 수 있다.

'살라딘 박스'라는 콘크리트 박스를 사용하는 탐두의 몰트 처리소는 발아한 보리를 5일간 하루에 9~12시간씩 기계로 휘젓는다. 박스 바닥에는 구멍이 뚫려 있고, 습한 공기가 섭씨 66도의 온도를 유지한 채 순환된다. 이 모든 과정은 컴퓨터로 통제되어, 한 사람의 근무자가 모든 과정을 완전히 담당할 수 있다. 발아된 보리는 필요한 양 만큼 정확한 피트가 포함된 뜨거운 공기로 건조된다.

이 증류소는 건물 지하의 우물에서 퍼 올린 물을 용수로, 탐두 번의 물을 냉각수로 사용한다. 스테인리스스틸 세미 라우터 여과조 1개, 미송나무 발효조 9개, 전통적인 단식 증류기 6개를 운용한다. 생산된 위스키 원액은 아메리칸 익스 버번, 유로피언 익스 셰리, 리필 캐스크 등에서 혼합 숙성된다.

대표작은 숙성 연한이 표기되지 않은 탐두 싱글몰트위스키다. 이 밖에 고든&맥페일의 8년산과 30년산, 카덴헤드 오센틱 컬렉션의 15년산과 18년산, 듀어 래트리의 30년산, 던컨 테일러 1968 등 다양한 독립병입본이 있다. 위스키는 페이머스 그라우스 빈티지 몰트의 페이머스 그라우스 블렌디드 위스키에 원액으로 사용된다. 현재 북미에서 대중적으로 인기를 끌고 있는 알프레드 던힐 블렌디드 위스키의 원액으로도 사용된다. 2010년에 휴업하였으나 2011년에 이안 맥레오드&컴퍼니가 인수하여 2012년 운영을 재개하였다.

탐두 싱글몰트

도수	40도
향	과일, 꽃, 꿀, 몰트와 스모크함이 약간 깃든 바닐라가 어우러진 가볍고 깔끔한 향
맛	중간 정도 무게감과 단맛 약간. 몰트와 토피, 셰리향 약간이 어우러짐
피니시	토피와 몰트의 짧고 깔끔한 피니시
H유형	스페이사이드 12년, 올트모어 12년, 안녹 12년, 글렌 엘긴 F&F 12년, 발메낙 12년, 스페이번 10년

프로필 특징

무게감	●●○○○
달콤함	●●○○○
스모크	●○○○○
약내음	○○○○○
담배	○○○○○
꿀	●●○○○
스파이스	○○○○○
와인	●○○○○
견과류	●○○○○
몰트	●●○○○
과일	●●○○○
꽃	●●○○○

467

Tamnavulin

작업장을 개조하였으며 아름다운 수차가 있는 톰나불린의 방문자센터

톰나불린

Tamnavulin Distillery
Tomnavoulin, Ballindalloch, Banffshire AB37 9JA
Tel : +44 (o) 1807 590 285
www.whyteandmackay.co.uk

469

게일어로 '언덕 위의 작업장'을 뜻하는 톰나불린은 글렌 오브 리벳에 있는 모직물 작업장의 터에 설립되었다. 이 증류소는 톰나불린^{Tamnavulin}의 변형된 게일어인 톰나불린^{Tomnavoulin} 마을에 있다. 톰나불린 증류소는 리벳 강의 지류인 알트 아 코리(코리 강)를 끼고 1966년 완공되었다. 1995년에 잠시 폐업하였으나, 2007년에 새로운 증류기를 도입하며 운영을 재개하였다. 미묘하게 우울하고 기능적인 외관을 갖춘 매우 현대적 증류소다. 증류소 건물 중 유일하게 오래 된 건물은 방문자센터로, 수차가 달려 있는 작업장이었다. 노던 스코트 매거진은 이 건물을 '위스키 여행 중에 마주칠 수 있는 가장 좋은 방문자센터'라고 표현하였다.

이스터튼의 지하수를 용수로, 알트 아 코리의 물을 냉각수로 사용한다. 스테인리스스틸 풀 라우터 여과조 1개, 대형 스케인리스스틸 발효조 4개, 코르틴 스틸 발효조 4개, 증류기 6개를 운영한다. 무거운 증류액을 생산하기 위해 땅딸막한 증류기들을 추가 설치했다. 위스키는 아메리칸 오크 버번 캐스크와 리필 캐스크에 담겨져 증류소 내부에 있는 현대적인 저장고에 10층으로 쌓인 채 숙성된다.

　라인업으로는 톰나불린 스페이사이드 싱글몰트위스키 12년산과 스틸맨즈 드램의 30년산이 있다. 위스키 레이블에는 부드럽고 가벼운 '스페이사이드의 여왕'이라고 적혀 있다. 고든&맥페일의 코노세어 초이스와 카덴헤드 오센틱 컬렉션 14년산, 던컨 테일러와 더글러스 랭의 다양한 독립병입본도 있다. 이 밖에 화이트&맥키, 맥킨리와 크로우포즈 블렌디드 위스키의 원액으로도 사용된다. 톰나불린 증류소는 일반인에게 개방하지 않는다.

470

톰나불린 12년

도수	40도
향	스모크함이 약간 있는 풀과 과일의 향긋한 향
맛	가벼운 무게감에 중간 정도 단맛. 민트, 허브, 레몬과 약간의 검은 후추 맛
피니시	꽃과 허브의 상당히 짧고 건조한 피니시
H유형	스페이사이드 12년, 로크 로몬드, 글렌 스페이 F&F 12년, 스페이번 10년, 올트 아바냐 12년

프로필	특징
무게감	●○○○
달콤함	●●○○
스모크	●○○○
약내음	●○○○
담배	○○○○
꿀	●○○○
스파이스	●○○○
와인	●○○○
견과류	●○○○
몰트	●●○◐
과일	●●○◐
꽃	●●●◐

471

치나닉

싱글몰트위스키 증류소

Teaninich Distillery
Alness, Rossshire IV17 0XB
Tel : +44 (0) 1349 885 001
www.malts.com

Teaninich

발아된 생맥아에서 난 싹과 잔뿌리

캡틴 휴 먼로가 자기 사유지에 1800년에 설립한 치나닉 증류소는 1816년 스몰 스틸법 이후 빠르게 허가를 획득한(1817년) 증류소 중 하나다. 수많은 불법 증류소와 경쟁하며 승리를 기록한 치나닉 증류소는 1830년 40배에 달하는 성장을 기록한다. 알프레드 바너드는 1887년 이 증류소에 대해 "주위를 둘러싸고 있는 땅은 풍족하고 기름지다. 나는 이곳의 옥수수밭과 보리밭의 아름다움에 매혹당했다"라고 표현했다. 인버네스 북부의 증류소 중 유일하게 전기와 전화를 보유한 증류소라는 사실도 기록했다.

1899년 치나닉 증류소는 확장 공사를 했다. 댐에 설치된 수차에서 동력을 공급받던 치나닉 증류소는 증기 엔진을 설치하여 새 동력원을 확보하였다. 전력으로 증기 가열식 증류기를 운영하는 시대인 1960년대 전까지 이 증기 엔진이 사용되었다. 1971~1975년, 신식 증류기, 발효장치, 작업장, 곡물 처리소 등을 갖춘 현대적인 증류소를 바로 옆에 증축하였다. 이 시기에 증류기 10개를 운영하던 치나닉 증류소는 스코틀랜드에서 가장 큰 증류소 중 하나였다. 1984년, 브로라 증류소와 마찬가지로 기존의 증류소를 결국 폐쇄하였다.

데어리웰 샘의 물을 용수로 사용하며, 글렌 오드 몰팅의 피트 처리되지 않은 몰트를 사용한다. 이 증류소는 특별한 공정으로 위스키를 생산한다. 먼저, 아스농 망치로 몰트를 고운 가루로 빻아 뜨거운 물에 당화시킨다. 그리고 천 필터 24개로 된 뮤라 압착기로 워트를 찌꺼기에서 추출한다. 곡물에서 더 많은 당을 추출하여 재료 대비 알코올을 더 많이 얻을 수 있는 이 방식은 맥주 양조장에서 자주 사용하는 방식이다. 하지만 이 증류소의 특이한 방식으로 압착 과정

473

을 세 번 거쳐도 발효조 하나를 겨우 채울 정도로 워트가 생산된다. 더 많은 알코올을 싸게 얻기 위해서가 아니라 황 냄새와 고기 냄새가 나는 특이한 위스키 원액을 생산하려고 이러한 방식을 사용하는 것이다.

발효실에는 라크 발효조 8개와 스테인리스스틸 발효조 2개가 있으며, 증류실에는 1차 증류기 3개와 2차 증류기 3개가 있다. 모든 증류기는 대체로 크기가 큰 편이며, 넥에는 보일 볼이 장착되어 있다. 위스키는 대부분 아메리칸 익스 버번 혹스헤드에서 숙성되나 일부는 유로피언 셰리 버트에서 숙성된다. 생산량은 대부분 조니 워커, 딤플, 헤이그, 뱃 69 등 블렌디드 위스키의 원액으로 사용된다.

대표작은 디아지오의 플로라&파우나의 치나닉 하이랜드 싱글몰트위스키 10년산이라 할 수 있으며, 이 밖의 라인업으로는 싱글 캐스크 1995 같은 매니저스 초이스, 고든&맥페일 코노세어 초이스 1994, 시그내토리 1983, 베리 브라더스&루드 1973 등 다양한 빈티지가 있다. 엠블럼에는 크로마티 만에서 쉽게 볼 수 있는 돌고래를 사용했다. 방문자센터나 투어를 운영하지 않는다.

475

치나닉 10년

도수	43도
향	과일, 풀, 레몬, 토피 애플과 피트스모크가 약간 어우러진 산뜻한 향
맛	시트러스, 시나몬, 소금이 어우러진 중간 정도의 무게감과 단맛
피니시	레몬 마멀레이드, 허브, 피트스모크가 어우러진 상당히 짧은 피니시
F유형	치나닉 14년, 토버모리 10년

프로필 특징

무게감	●●○○○
달콤함	●●○○○
스모크	●●○○○
약내음	●○○○○
담배	○○○○○
꿀	●○○○○
스파이스	●●○○○
와인	●○○○○
견과류	●○○○○
몰트	●○○○○
과일	●●○○○
꽃	●●●○○

토버모리

Tobermory Distillery
Tobermory, Isle of Mull PA75 6NR
Tel : +44 (0) 1688 302645
www.tobermory.co.uk

Tobermory

토버모리의 아름다운 항구. 토버모리 증류소는 사진의 왼편, 항만 뒤쪽에 있다.

1798년 지역의 상인이었던 존 싱클레어가 토버모리(메리의 우물) 증류소의 전신인 레드칙(Ledaig, 피난처) 증류소를 설립하고 1823년 허가를 받는다. 이 증류소는 뮬의 최북단 작은 어촌 토버모리의 항구 쪽에 있다.

증류소가 있는 섬에는 아일 군주의 본거지였던 아로스 성의 유적과 맥라렌 가문의 본거지였던 듀어트 성의 유적지 같은 다양한 유적지가 있다. 항구로부터 365m 떨어진 곳에는 1588년 영국 함대에 패퇴한 스페인의 무적함대 소속 군함 '산후안 데 시실리아'가 침몰돼 있다. 이 항만에서 격침된 산후안 호에는 금화가 가득 실려 있다는 소문이 돌았는데, 실제로는 아무것도 발견되지 않았다.

이 증류소 역사는 소유주가 여러 차례 바뀌며, 폐업을 했다가 다시 운영을 시작했다가 하는 등 파란만장한 일화로 얼룩져 있다. 토버모리 증류소는 기본적으로 피트 처리되지 않은 위스키를 생산하는데, 이 위스키에서는 캐스크에서 묻어왔을 듯한 헤더의 탄내가 느껴진다. 무겁게 피트 처리된 위스키 레드칙을 생산하기도 한다. 한 증류소에서 생산하지만 성격이 완전히 다른 두 위스키는 다시 한 번 위스키의 지역 구분이 무의미하다는 것을 보여준다.

1990년대에 점차 개축된 증류소는 이제 1년에 100만 리터를 생산할 정도로 성장하였다. 아바인 아릭(바위투성이 강)에서 흘러나와 만들어진 구릉지 호수의 물을 용수로 사용한다. 구리 덮인 고전적인 주조 철제 여과조 1개, 미송나무 발효조 4개, 보일 볼과 환류작용을 극대화하는 특이한 S자형 라인 암이 장착된 중형 증류기 4개를 운영한다. 스코티시 리더와 블랙 보틀에서 쓰는 몰트와 같은 몰트를 사용한다. 생산된 위스키는 익스 버번 아메리칸 배럴과 익스 셰리 유로피언 캐스크에서 숙성된다.

라인업으로는 냉각 여과되지 않은 자연 발색의 10년산과 15년산이 있다. 마크&스펜서에서만 병입하는 아일 오브 물 10년산도 이 증류소에서 증류했다. 강하게 피트 처리되고 냉각 여과되지 않은 레드 칙 싱글몰트위스키로는 숙성 연한 표기가 없는 10년산과 15년산이 있다. 2013년에는 레드칙 40년산이 발매된다. 부활절에서 10월까지 방문자센터와 숍을 운영한다. 증류소의 역사에 대한 비디오와 가이드 투어, 시음이 준비되어 있다.

479

토버모리 10년 언칠필터드

도수	46.3도
향	견과류 느낌이 굿 든 몰트향, 스모크함이 약간 깃든 꽃향기를 중심으로 한 향기롭고 산뜻한 향
맛	중간 정도 무게감과 달콤함. 끓인 과일, 양념된 진저브레드, 아니스가 어우러진 부드러운 맛을 중심으로, 달콤한 헤더 피트스모크가 어우러져 있다.
피니시	스파이스, 시트러스, 끄트머리의 흙냄새가 어우러진 중간 길이의 피니시
F유형	글렌 오드 12년 벤로막 트래디셔널, 치나닉 F&F 10년

프로필	특징
무게감	●●○○○
달콤함	●●○○○
스모크	●●○○○
약내음	○○○○○
담배	○○○○○
꿀	●○○○○
스파이스	●●○○○
와인	○○○○○
견과류	●○○○○
몰트	●●●○○
과일	●●○○○
꽃	●●○○○

Tomatin

보일 볼이 장착된 허리가 잘록한 증류기는 환류작용을 강화해 증류액에 가벼운 성격을 부여한다.

토마틴

E

Tomatin Distillery
Tomatin, Inverness-shire IV13 7YT
Tel : +44 (0) 1463 248144
www.tomatin.com

481

게일어로 '노간주 덩굴이 있는 언덕'을 뜻하는 토마틴은 증류소가 있는 모나드리아트 산자락의 특징을 명확하게 표현한다. 토마틴 증류소의 역사적 전신이라 할 수 있는 것은 15세기경, 목동들이 시장으로 가는 길에 잠시 멈춰 쉬며 위스키 병을 채우곤 했던 올드 레어드 하우스의 증류소다. 해발 315m의 스코틀랜드 고지 마을에 있는 증류소 중 하나다. 1897년 빅토리아시대의 붐을 타고 증류기 2개로 개업하였으며, 1974년에는 증류기를 23개나 운영할 정도로 성장하였다. 당시에는 위스키를 1년에 1,300만 리터 생산해내는 스코틀랜드 최대 증류소였다. 하지만 증류기 몇 개를 폐쇄한 이후 스코틀랜드 최대라는 타이틀은 이제 유효하지 않게 되었다.

증류소 건물은 대체로 산업적인 형태로 디자인되었지만, 검은 돌벽과 흙바닥으로 이루어진 전통적인 19세기 더니지 저장고 등은 옛 모습을 간직하고 있다. 피트 습지와 헤더, 석영과 화강암 사이를 흘러온 핀드혼 강의 지류인 프리 번(알트 나 프리데)의 물을 용수로 사용한다. 기본적으로 피트 처리하지 않은 몰트를 구매해 사용하지만 해마다 연말의 한 주간은 12~14ppm정도로 피트 처리한 몰트를 구해 사용한다. 스테인리스스틸 풀 라우터 여과조 1개, 스테인리스스틸 발효조 12개, 소형 단식 증류기 12개를 운용한다. 이 밖의 여과조와 발효조, 증류기는 퇴역했다. 통 작업소를 독자적으로 운영하여 캐스크를 생산·유지한다. 현재 1년에 500만 리터를 생산하여 여전히 스코틀랜드에서 큰 증류소 중 하나라고 할 수 있다. 토마틴의 위스키는 기본적으로 익스 버번 아메리칸 오크 혹스헤드에서 숙성되며, 몇 가지 라인업에 셰리향을 부여하기 위해 셰리 버트를 사용하기도 한다. 주요 라인업으로는 토마틴 싱글 하이랜드 몰트위스키 12, 15, 18년산이 있으며, 캐스크 스트랭스 21, 30년산과 냉각 여과하지 않은 40년산이 있다. 그 밖에도 1973, 1982, 1997, 1999 등 다양한 한정판 캐스크 스트랭스 빈티지가 있다. 1999의 경우 스페인 템프라니요 캐스크로 피니시했다. 2011년에는 토마틴의 마스터 디스틸러 더글러스 캠벨의 근속 50주년을 기념하기 위해 50년산 숙성 몰트로 블렌드한 '토마틴 디케이즈'를 발매하였다. 탈리스만 '빅 T' 5년산과 레전더리 스콧, 앤티커리 디럭스 12년산과 21년산 등 다양한 블렌디드 위스키도 생산한다. '앤티커리'는 초기 블렌디드 위스키 중 하나로, 월터 스콧 경의 동명 소설『앤티커리』가 창작된 1857년 즈음에 발매되었다. 방문자센터와 숍은 연중무휴로 운영된다. 방문자들은 짧은 비디오를 감상한 뒤 투어와 시음을 즐길 수 있다.

483

토마틴 12년

도수	40도
향	풍부한 몰트와 7·벼운 스모크함이 어우러진 향긋하고 달콤한 향
맛	중간 정도 무게감으로 상당히 달다. 브램리 사과, 꿀, 누가 스파이스의 맛이 어우러져 있다.
피니시	견과류, 감초, 세리가 어우러진 상당히 길고 충만한 피니시
T유형	글렌로시스 1992, 밀톤더프 10년, 글렌로시스 1985, 스카파 16년, 토민토웰 올로로소 12년, 글렌로시스 1989, 에드라도어 1996 코트 드 프로방스

프로필 특징

무게감	●●○○○
달콤함	●●●○○
스모크	●○○○○
약내음	○○○○○
담배	○○○○○
꿀	●●○○○
스파이스	●●○○○
와인	●●○○○
견과류	●○○○○
몰트	●●○○○
과일	●●○○○
꽃	●●○○○

토민토웰

Tomintoul Distillery
Ballindalloch, Banffshire AB37 9AQ
Tel : +44 (0) 1807 590274
www.angusdundee.co.uk

토민토웰 증류소는 1965년에 설립되고 1974년에 확장된 현대적 증류소다. 기능적이고 산업적인 증류소 건물의 디자인은 스코틀랜드 고지 마을 중 하나인 토민토웰 옆의 아본사이드 계곡의 울창한 숲과 묘한 조화를 이룬다.

발란트루안 스프링의 물을 용수로 사용하며 가볍게 피트 처리한 몰트와 무겁게 피트 처리한 몰트를 주문해 사용한다. 대형 세미 라우터 여과조 1개, 스테인리스스틸 발효조 6개, 환류작용을 강화하기 위한 보일 볼이 장착된 기다란 증류기 4개를 운용한다. 큰 증류기와 보일 볼을 사용하기에 증류 원액은 가벼운 느낌을 준다. 블렌딩 설비를 독자적으로 운영하므로 위스키 블렌딩 회사원들이 여기서 직접 배티드 몰트나 블렌디드 위스키를 만들어 시음할 수 있다.

스페이사이드 지역의 증류소치고는 특이하게도 무겁게 피트 처리

토민토웰 증류소는
아본 강 위쪽의
아름다운 숲에 있다.

된 위스키를 몇 년째 생산하고 있다. 기본적으로 익스 버번 아메리칸 오크 캐스크와 리필 혹스헤드를 사용하여 위스키를 숙성하지만, 때때로 올로로소 셰리 버트와 포트 파이프를 사용하기도 한다. 생산된 위스키는 대부분 블렌딩위스키의 원액으로 사용되거나 '하우스 위스키 브랜드'에 사용된다. 슈퍼마켓에서 '스페이사이드 싱글몰트위스키'라고 쓰인 물건을 샀다면, 토민토웰 증류소 위스키일 확률이 높다.

라인업은 기본적으로 토민토웰 싱글 스페이사이드 몰트위스키 10, 14, 16, 21, 33년산으로 구성되어 있다. 토민토웰 위스키의 가장 오래된 빈티지는 1976년이다. 토민토웰 올로로소 셰리 캐스크 12년산은 셰리 버트로 피니시했으며, 토민토웰 포트 캐스크 12년산은 냉각 여과를 하지 않은 위스키를 포트 파이프로 피니시했다. 숙성 연한이 표기되지 않은 무겁게 피트 처리된 몰트위스키인 토민토웰 '피티 탱'과 올드 발란트루안 위스키도 있다. 방문자센터나 숍을 운영하지 않지만 예약하면 증류소를 구경할 수 있다.

487

토민토웰 10년

도수	40도
향	몰트 토피향이 살짝 느껴지는 향긋하고 가벼운 풀향
맛	가벼운 무게감고· 중간 정도 드라이함. 오크 ㅡ껌의 바닐라와 토피, 스파이스의 향이 느껴진다.
피니시	섬세함이 조금 부족하지만 몰트와 스파이스의 강렬함을 느낄 수 있는 짧은 피니시
G유형	글렌 머레이 12년, 글렌 머레이 클래식, 벤리악 12년, 글렌터렛 10년, 킬커렌 2010, 노칸도 12년

프로필 특징

무게감	●○○○
달콤함	●●○○
스모크	●○○○
약내음	○○○○
담배	○○○○
꿀	●●○○
스파이스	●●○○
와인	○○○○
견과류	●●○○
몰트	●●●○
과일	●●○○
꽃	●●○○

Tormore

토모어 증류소의 멋진 종탑은 시간에 따라 다양한 음악을 연주한다.

토모어

Tormore Distillery
Advie, Grantown-on-Spey, Moray PH26 3LR
Tel : +44 (0)1807 510244

폭격 피해를 받은 조지풍 건축물의 복원작업으로 유명한 왕립학회의 전임 학회장이자 건축가 앨버트 리처드슨 경이 디자인한 토모어 증류소는 1960년에 완공되었다. 이 증류소는 스페이사이드와 크롬달 힐의 전경이 한눈에 보이는 언덕에 있다. 분수로 장식된 작은 호수, 증류기와 통의 모양을 본떠 깎은 나무들이 본관의 작은 정방형 안뜰을 채운 증류소 전경이 매우 아름답다.

증류소 운영 초기 겨울에는 분수대를 잠깐 치워놓고 호수를 컬링 경기장으로 사용하고는 했다. 오른쪽에 붙은 파고다에는 특이한 시계가 장식되어 있는데, 이 시계에서는 매시 정각에 '하이랜드 사내'를 시작으로 15분간 '호밀밭을 따라', '옥수수 언덕', '피비의 보니 래스'가 울려퍼진다. 좌우의 창문 달린 흰 건물 중 왼쪽 것은 증류소 운영자의 관저이며, 오른쪽 것은 증류소 일꾼의 숙소다. 1950년대에 롱

존 디스틸러 사의 행사용 증류소로 건설된 이 증류소는 1986년 스코틀랜드 역사국에 등재되었고, 증류소 모형이 에딘버러의 스카치위스키 체험 행사에서 전시되었다. 위스키 자체는 '스페이사이드의 진주'라고 평가되며, 엠블럼의 진주는 증류소 아래를 흐르는 스페이 강의 진주조개에서 나오는 진주를 뜻한다.

피트와 헤더를 거쳐 화강암 아래로 흘러와 증류소 위쪽의 댐과 숲속의 매력적인 저수지로 솟구쳐 올라온 아크보키 번의 연수를 용수로 사용한다. 피트 처리되지 않은 몰트를 주문하여 사용하며, 대형 스테인리스스틸 풀 라우터 여과조 1개, 스테인리스스틸 발효조 8개, 비교적 큰 증류기 8개를 운용한다. 미국 시장에 어필하기 위한 가볍고 투명한 증류액을 생산하기 위해 증류기에는 환류를 촉진하는 라인 암과 정화기가 평행으로 설치되어 있다. 증류된 원액은 리필 캐스크, 그중에서도 주로 아메리칸 익스 버번 오크 캐스크에 담겨 증류소 뒤편에 있는 저장고 6개에서 숙성된다.

라인업으로는 토모어 싱글 스페이사이드 몰트위스키 12년산, 고든&맥페일의 코노세어 초이스 1996, 카덴헤드 오센틱 컬렉션 1984, 시그내토리의 병입본 등이 있다. 생산된 위스키는 대부분 발렌타인, 티처, 롱 존 등의 블렌디드 위스키와 스튜어트 크림 오브 더 발리의 원액으로 사용된다. 이렇게 아름다운 증류소에 방문자센터가 따로 없다는 것은 아쉬운 일이지만 예약하면 증류소를 방문할 수 있다.

491

TORMORE

토모어 12년

도수	40도
향	오렌지, 바니시, 스파이스와 밀랍의 향긋하고 풍부한 향
맛	약간 달콤하며 중간 정도 무게감. 멜론, 구운 몰트, 캐슈, 오렌지 마멀레이드의 맛
피니시	시트러스 껍질이 좋은 밸런스를 만들어내는 중간 정도 길이의 피니시
G유형	블라드녹 8년, 글렌고인 10년, 글렌 머레이 12년, 글렌로시스 F&F 10년, 마노크모어 F&F 12년, 글렌킨치 12년, 아렌 10년

프로필 특징

프로필	특징
무게감	●●○○○
달콤함	●●○○○
스모크	○○○○○
약내음	○○○○○
담배	○○○○○
꿀	●○○○○
스파이스	●●○○○
와인	○○○○○
견과류	●●○○○
몰트	●●○○○
과일	●●○○○
꽃	●●○○○

Tullibardine

저장고에서 발견된 가장 오래된 배럴. 1952년에 증류된 이 배럴은 60년산 위스키로 병입될 것이다.

툴리바딘

Tullibardine Distillery
Blackford, Perthsਜire PH4 1QG
Tel : +44 (0) 1764 682252
Email : info@tulliɔardine.com
www.tuliɔardine.com

493

툴리바딘 증류소는 글렌이글호텔의 저택이자 골프 챔피언십으로 유명한 툴리바딘 무어의 이름을 따서 지었다. 스코티시 하이랜드 진입로에 있는 퍼스샤이어 블랙포드의 오킬 힐에 있다. 대니번의 부드럽고 투명한 물을 사용하는데, 1488년 국왕 제임스 4세가 스쿤에서 대관식을 마치고 돌아가는 길에 에일 한 통을 샀던 스코틀랜드 최초의 공공 양조장에서 사용한 물과 같은 것이다. 그리하여 툴리바딘의 위대한 방문자센터의 이름은 이를 기리는 '1488'이며, 툴리바딘은 '왕의 몰트'라는 칭호를 얻게 되었다. 하이랜드 스프링과 글렌이글이라는 스코틀랜드의 생수 브랜드 두 개가 이곳의 물을 사용한다.

이 물은 역사적이다. 전설에 따르면, 12세기경 노르웨이의 왕 마그누스가 근처의 알란 강을 건너는데 동행한 '아름다운 여왕 헬렌'이 그만 익사하고 만다. 여왕은 데프 노우 아래쪽에 묻혔으며, 마을 이름은 '블랙포드(죽음의 강)'가 되었다. 뒤에 이 마을이 있던 계곡은 '스트라스헬렌(헬렌의 계곡)'이 되었으며, 지금의 스트라스할란으로 되었다.

윌리엄 배너맨과 헨리 배너맨이 1798년 블랙포드의 한 농가에서 시작한 이 증류소는 1837년 폐업한다. 1949년 건축가 윌리엄 델메 에반스가 이전의 양조장 터에 현재 증류소를 설립하였고, 1973년부터 운영을 재개하게 된다. 툴리바딘 증류소는 스테인리스스틸 여과조 1개, 스테인리스스틸 발효조 9개, 증류기 4개를 운용한다. 2010년 현재 위스키업계에서 연료 효율이 가장 좋은 보일러를 도입했다. 위스키는 대부분 아메리칸 오크 배럴에 담기고, 일부는 셰리를 숙성시킨 배럴에 담겨 증류소 내의 더니지 저장고에서 숙성된다. 저장고에서 가장 오래된 배럴은 1952년에 생산된 것으로서, 2012년에 퀸즈 다이아몬드 주빌레로 병입되어 출시된다. 툴리바딘 싱글 하이랜드 몰트위스키는 1993~1964년까지 다양한 빈티지가 있다. 숙성 연한이 표기되지 않은 에이지드 오크 에디션과 셰리, 소테른, 럼, 포트 등 특별한 피니시도 있다. 특별한 물건으로는 툴리바딘 1488 위스키 에일이 있다. 툴리바딘 증류소의 워트를 브리지 오브 앨런 양조장에 보내서 워트로 에일을 만들어 이를 위스키 캐스크에 숙성시킨 것이다. 툴리바딘 1488 크림 리큐르도 있다.

멋진 '1488' 방문자센터에서 투어, 시음, 쇼핑을 즐길 수 있다. 방문자센터에는 증류소 숍과 1488 카페, 기프트 숍 등이 부설되어 있다. 북쪽을 여행할 때 점심을 먹기 위해 들러도 좋다. 방문자들은 자기만의 라벨을 붙인 병에 툴리바딘 몰트를 병입할 수 있다.

494

495

툴리바딘 1993

도수	40도
향	강렬한 시트러스향이 깃든 향기롭고 달콤한 몰트향
맛	스파이스로 이루어진 크리미한 질감에 바닐라, 너트 느낌이 어우러지며, 과일 느낌으로 끝난다
피니시	달콤하고 편안한 중간 정도 길이의 피니시
G유형	부시밀즈 10년, 글렌터렛 10년, 킬베건 리저브, 글렌모렌지 10년

프로필 특징

무게감	●●○○○
달콤함	●●●○○
스모크	○○○○○
약내음	○○○○○
담배	●○○○○
꿀	●●○○○
스파이스	●●○○○
와인	●○○○○
견과류	●○○○○
몰트	●○○○○
과일	●●○○○
꽃	●●○○○

스페이사이드
쿠퍼리지

Speyside Cooperage
Dufftown Road, Craigellachie, Banffshire AB38 9RS
Tel : +44 (0) 1340 871108
Email : enquiries@speysidecooperage.co.uk
www.speysidecooperage.co.uk

스페이사이드 쿠퍼리지는 1947년 윌리엄 테일러와 그의 아들 윌리엄 테일러가 설립했다. 현재는 그의 손자 윌리엄 테일러가 운영한다. 크라이겔라키 증류소와 더프톤 증류소의 사이인 A941에 있으며 배럴, 혹스헤드, 버트와 펀천을 제작하고 수리한다.

앞에서 설명했듯이(51~53쪽), 훌륭한 오크 캐스크에 몰트위스키를 숙성시키는 것은 위스키 생산 과정에서 필수적인 중요한 과정이다. 위스키를 숙성시키는 데는 법적으로 오크나무만 이용해야 한다. 오크나무는 침수를 막고 고유의 맛과 향을 잃지 않으면서 위스키가 숨 쉴 수 있게 한다. 1980년대 이후, 위스키 산업에서 적절한 오크통 관리는 필수적인 일이 되었다. 몰트위스키의 맛과 향의 70% 이상이 캐스크에서 결정되기 때문이다.

스페이사이드 쿠퍼리지는 해마다 스코틀랜드 전역과 일본 그리

캐스크는 내부의
찌꺼기 제거,
불을 통한 재탄화를
거쳐 부활한다.

고 새로운 위스키 생산국에서 사용하는 10만 개 가까이 되는 오크 캐스크를 생산하고 수선한다. 기본적으로 아메리칸 버번위스키를 숙성시킨 아메리칸 오크 배럴을 취급하지만 셰리나 포트, 와인을 숙성시킨 유로피언 캐스크도 취급한다.

미국에서 수입되는 캐스크는 일반적으로 180리터 사이즈이지만, 때때로 분해·포장되어 수입될 때도 있다. 이렇게 분해된 캐스크에 고정틀을 5~6개 박아 넣어 250리터짜리 혹스헤드를 만드는 작업을 하기도 한다. 셰리 버트는 500리터 사이즈다. 사용된 캐스크에 다시 숨을 불어넣는 탈탄화/재탄화 과정 역시 중요하다. 캐스크 내부의 탄화물을 기계적인 갈퀴로 긁어내고 깔끔한 표면을 불로 탄화하는 작업이다.

원래 크라이겔라키 증류소에 소속되어 있었으나 1985년 새로 조성된 공업단지로 이전하였다. 통 작업자 40명이 하루에 캐스크를 400개 생산해낼 수 있다. 통 작업의 기예는 무척 드라마틱하고 화려하다. 특히 재탄화 작업이 그러하다. 이를 충분히 알고 있던 테일러 가문은 통 작업 과정을 볼 수 있는 갤러리와 그에 부설된 방문자센터, 카페, 숍과 가족 놀이터를 만드는 과감한 결단을 내렸다. 방문객들은 통 작업 전시는 물론 다양한 언어로 된 동영상을 관람하며, 불꽃 튀는 그들의 작업을 직접 구경할 수 있다. 직접 위스키 통을 조립해보는 경험을 즐길 수도 있다. 방문객들은 캐스크를 만들고 자투리 나무를 재료로 한 기념품이나 사용한 캐스크의 나무로 만든 가구나 통 등 다양한 목재 상품을 구매할 수 있다.

스카치위스키 산업에서 중요한 일 중 하나를 하는 스페이사이드 쿠퍼리지 증류소는 자체적으로 위스키를 증류하지는 않는다. 하지만 이 증류소는 쿠퍼리지 10년산이라는 스페이사이드 싱글몰트위스키를 생산한다. 어떤 증류소에서 쿠퍼리지 10년산을 증류하는지는 비밀이다. 스페이사이드 어딘가에 있는, 좋은 위스키를 증류해온 역사와 전통을 자랑하는 어떤 증류소라고만 해두자.

499

스페이사이드 쿠퍼리지 10년산

도수	40도
향	대추, 꿀, 세리향이 어우러진 달콤한 꽃의 향
맛	중간 정도 무게감과 달콤함. 온화한 피트스모크를 배경으로 말린 과일, 당밀, 가일 향신료, 세리가 어우러진 단맛이 어우러진다.
피니시	과일, 세리, 스파이스, 크리스마스 케이크가 어우러진 중간 정도 길이의 피니시
E유형	밀톤더프 10년, 토마틴 12년, 싱글톤 오브 글렌둘란 12년, 글렌로시스 1985, 글렌로시스 1992, 글렌리벳 12년

프로필 특징

무게감	●●○○○
달콤함	●●●○○
스모크	●○○○○
약내음	○○○○○
담배	○○○○○
꿀	●●○○○
스파이스	●●○○○
와인	●●○○○
견과류	●○○○○
몰트	●○○○○
과일	●●○○○
꽃	●●○○○

신규 증류소

여기서 다루는 증류소들은 비교적 최근에 건설되었으며, 아직은 위스키를 시판하지 않는다. 어서 이곳의 위스키를 맛볼 수 있기를 기대한다.

아빈 자렉

아빈 자렉은 게일어로 '붉은 강'을 뜻한다. 아빈 자렉 증류소는 루이스 섬의 스토노웨이에서 차로 45분 정도 걸리는 대서양쪽 해변에 있다. 날씨 좋은 날의 증류소 풍경은 자연의 아름다움으로 가득하다. 백사장은 햇빛을 반사해 빛나고, 독수리는 허공을 배회하며, 양떼가 헤더 목초지를 여유롭게 거닌다. 신선한 공기, 맑은 물과 눈 덮인 산 등 자연의 축복이 가득한 이 증류소는 수세기 동안 변하지 않은 삶의 여유를 간직하고 있다.

19세기 후반, 스토노웨이는 불법 증류소의 온상이었던 아우터 헤브리디스 제도에 신속하게 증류 허가를 얻었다. 이로써 합법적인 스토노웨이 증류소가 1828년 운영을 시작하였으나, 경영 문제로 1837년 폐업한다. 그리고 다시 불법 증류소들이 세무관의 눈을 피해 언덕 깊숙한 은밀한 곳에 자리 잡았다.

21세기에 와서 루이스 섬의 한 증류소가 '마녀 모자' 모양 증류기 2개를 운용하며 매우 적은 양의 위스키를 생산하기 시작

한다. 아빈 자렉 증류소는 스코틀랜드에서 가장 작으며, 가장 서쪽에 있다. 위스키 생산에 열정이 있는 스토노웨이의 상인이자 이 증류소 설립자인 마크 테이번이 이 부근에서 어린 시절을 보냈다.

아빈 자렉 증류소는 2008년 원래 연어 부화장으로 사용되던 건물을 개조하여 증류소 건물로 사용한다. 위스키 용수와 냉각수는 모두 레드 리버의 물을 사용하며, 가볍게 피트 처리된 몰트 보리를 주문하여 쓴다. '자급자족형 증류소'를 기본 운영 원칙으로 내세우며, 근처에서 자란 보리를 주변의 몰트 처리소에서 공급받는다.

스테인리스스틸 여과조 2개, 개솔송나무 발효조 2개, 길고 좁은 '마녀 모자형' 넥과 '팔꿈치' 형태의 구부러진 라인 암, 구리 웜 콘덴서가 장착된 증류기 2개를 운용한다. 1950년대까지 운영되던 불법 증류기 모양을 모사한 증류기로, 원본 증류기는 증류소 입구에 전시되어 있다.

아빈 자렉은 2008년에 처음 위스키 증류

를 시작하였다. 현재 1년에 2만 5,000리터를 증류한다. 증류된 위스키는 기본적으로 퍼스트필 익스 버번 배럴에 담겨 숙성되며, 일부는 익스 세리 버트와 와인 캐스크에서 숙성된다. 첫 위스키는 2011년 10월, 해마다 열리는 게일 문화 · 음악 축제인 '로얄 내셔널 모드'에서 공개되었다. 2013년에 5년산 위스키를 판매한다.

방문자센터는 평일에 운영된다. 방문객은 3일짜리 '아빈 자렉 경험하기' 프로그램을 예약해서 즐길 수 있다. 이 코스를 예약하면 위스키 생산과 증류소 운영 전과정을 직접 체험할 수 있으며, 수료증을 받을 수 있다. 루이스의 미숙성 증류주도 한 병 선물로 받는다. 방문객들은 증류소에서 숙성되는 위스키를 캐스크째 사서 집에 가져가거나 더 숙성될 때까지 증류소 부설 저장고에 두고 기다릴 수도 있다.

Abhainn Dearg Distillery
Carnish, Isle of Lewis HS2 9EX
Tel : +44 (0) 1851 672429
Email : enquiries@abhainndearg.co.uk
www.abhainndearg.co.uk

에일사 베이

윌리엄 그랜트&선즈는 2007년 기존에 운영하던 그레인위스키 증류소인 거반 증류소 안에 싱글몰트위스키 증류소인 에일사 베이 증류소를 부설하였다. 거반 증류소는 그레인위스키를 1년에 7,500만 리터 생산하는 초대형 증류소다. 부설된 에일사 베이 증류소도 몰트위스키를 1년에 600만 리터 증류하는 대형 몰트 증류소다. 증류소 부지에 저장고만 39개소가 있는 그야말로 초대형 증류소라 할 수 있다.

증류소 이름은 클라이드 만에 있는 화산섬이자 무인도인 에일사 크레이그에서 따왔다. 에일사 크레이그 섬은 스코틀랜드 전통 겨울 스포츠인 컬링에서 쓰는 돌을 만드는 원료 '블루혼 암석'의 유일한 산지다. '에일사'라는 단어 자체가 '환상적인 돌'이라는 뜻인데, 이 섬에서 채취되는 푸른 암석을 의미한다.

풀 라우터 여과조 1개, 스테인리스스틸 발효조 12개, 쌍을 이룬 증류기 4조를 운용한다. 환류를 증가하기 위해 보일 볼이 장착된 증류기는 발베니 증류소에서 사용하는 증류기를 그대로 본떠 만들었다. 8각형을 이루며 장착된 로우 와인 세이프 4개와 스피릿 세이프 4개는 이 증류소만의 특징이다.

가벼운 위스키, 무거운 위스키, 피트 처리된 위스키 3종류의 몰트위스키를 증류하고 있다. 증류된 위스키를 충분히 숙성시킨 뒤 병입하여 판매할 것이라서 빠른 시일 안에 이 위스키를 맛보기는 어려울 것이다. 어느 정도 숙성되면 먼저 회사의 블렌디드 위스키 원액으로 사용한 뒤 싱글몰트위스키로 병입해 발매할 것이다.

Ailsa Bay Distillery
Girvan, Ayrshire KA26 9PT
Tel : +44 (0) 1465 713091

안난데일

안난데일 증류소는 1830년 징세원이었

던 조지 도널드가 안난 강 인근 계곡에 설립했다. 이 증류소는 1851년까지 합법적으로 운영되었다. 1887년 증류소 터를 방문했던 알프레드 바너드는 이 증류소가 전형적인 농장식 증류소라고 기록했다. 그의 기록에 따르면 넓은 목초지 아래 증류소 건물들이 있고, 증류 과정에서 발생하는 찌꺼기로 동물을 키웠다. 스코틀랜드 최남단의 로우랜드 증류소인데도 고전적인 피트 가열 방식으로 몰트를 건조했다고 한다. 지금도 고전적인 방식을 고수한다.

2008년, 데이비드 톰슨과 부인 테레사 톰슨이 증류소 부지를 매입하여 증류소를 복원했다. 고전적 생산 방식을 해치지 않는 선에서 근대적 설비를 증축하였다. 사적으로 지정된 빅토리아시대의 석조 건물, 유명한 증류소 건축가 찰스 도이그가 설계한 몰트 저장소, 파고다형 굴뚝 등을 갖추고 있다. 언덕 위를 흐르는 미들비 번의 강물을 위스키 용수로 사용한다. 스테인리스스틸 세미 라우터 여과조 1개, 목재 발효조 6개, 대형 워시스틸 1개, 소형 2차 증류기 2개를 운용한다. 이를 바탕으로 피트 처리된 몰트위스키와 피트 처리되지 않은 몰트위스키 두 종류를 병입·판매하려 한다.

위스키를 생산하기 시작하면 이전의 몰트 저장고 건물을 개조해 방문자센터로 운영할 계획이다. 방문객이 캐스크를 구매해서 가져가거나 저장고에 두고 숙성시키는 것도 가능해질 것이다.

Annandale Distillery
Northfield, Annan, Dumfriesshire DG12 5LL
www.annandaledistillery.co.uk
E-mail : d.thomson@annandaledistillery.com

다프트밀

프란시스 커스버트와 이안 커스버트가 2005년 설립한 다프트밀 증류소는 파이프의 쿠파 근처, 다프트밀 농지에 있다. 1809년 제분소 건물을 증류소로 개조하여 사용한다. 이러한 개조는 로우랜드에서 흔히 볼 수 있는 일이다. 증류소 이름은 인근의 언덕을 흐르는 다프트 번에서 따왔다. 복원된 아름다운 석조 건물과 전통적인 방식으로 설계된 건물로 이루어져 있다. 증류기를 제외한 증류소의 모든 설비는 인근 지역 작업자들이 작업한 것이다. 증류소에서 직접 재배한 보리를 피트 처리하지 않고 사용하며, 마지막 빙하기 때 누적된 충적토 아래로 흐르는 물을 아르투아식 우물을 이용해 퍼 올려 사용한다. 빅토리아 스타일의 급수탑은 이 증류소의 명물 중 하나다.

스테인리스스틸 세미 라우터 여과조 1개, 스테인리스스틸 발효조 2개, 소형 증류기 2개를 운용한다. 환류작용을 촉진해 좀 더 가벼운 증류액을 얻기 위해 상향식 라인 암을 사용한다. 상대적으로 긴 70~100시간 정도 발효 과정을 거쳐 깨끗한 발효액을 만들어낸다. 이처럼 긴 시간 발효하는 이유는, 젖산과 박테리아를 통한 2차 발효로 향이 풍부한 에스테르와 알데히드를 충분히 얻어내기 위해서이

502

503

다. 증류소를 최대한 운용할 때 증류소 생산 능력은 1년에 6만 5,000리터에 달하지만, 농장과 함께 운영되는 증류소라 농번기인 여름에는 농업에 주력하고 농한기인 겨울에 증류소 운영에 주력하는 식으로 운영되어 실제 생산량은 그 3분의 1 정도에 머문다.

2005년에 처음 증류했고, 2015년에 다프트밀 10년산을 발매할 계획이다. 증류된 위스키는 기본적으로 켄터키의 헤븐힐 증류소와 짐 빔, 메이커스 마크 증류소로부터 인계받은 새 익스 버번 캐스크에서 숙성되며, 일부는 새 유로피언 익스 셰리 버트에서 숙성된다. 시트러스와 바닐라 향미가 강한 위스키를 생산하는 것이 증류소의 목표다. 현재 숙성 중인 위스키 샘플 시음 과정에서 만족스러운 평가를 받았다. 방문자센터를 운영하지 않지만 예약하면 방문할 수 있다.

Daftmill Distillery
Daftmill Farm, Cupar, Fife KY15 5RF
Tel : +44 (0)01337 830303
E-mail : info@daftmill.com
www.daftmill.com

폴커크

폴커크는 일가족이 운영하는 로우랜드의 증류소로, 스코틀랜드 기업가 피오나 스튜어트와 앨런 스튜어트 그리고 아버지 조지 스튜어트가 2011년 설립했다. 로마제국의 최북단 성벽이었던 안토닌 성벽 근처의 폴커크에 있다. 안토닌 성벽과 요새는 로마제국의 황제 안토니누스 피우스가 브리튼 북부의 용맹한 픽트족으로부터 로마제국을 지키기 위하여 142~143년에 건축했다.

M9 고속도로 근처에 있어 글래스고나 에딘버러에서 차를 타고 30분이면 도착한다. 위스키 애호가들이나 더 북쪽으로 여행할 여유가 없는 여행객이 들르기에 딱 좋은 곳이다. 폴몬트 번과 웨스트쿼터 번 사이에 있으며, 두 강이 함께 흘러 모이는 우물물을 위스키 용수와 냉각수로 사용한다. 구리 덮개가 달린 여과조 1개, 로시스의 망한 증류소 카퍼도닉 증류소에서 인계받은 증류기 3개를 운용하며, 피트 처리되지 않은 몰트를 재료로 사용한다. 스코티시 라크로 만들어진 목제 발효조 8개, 스피릿 세이프, 보일러와 구형 보비 제분기 등 다른 설비는 2011년에 로즈뱅크 증류소로부터 인계받은 것이다. '로우랜드의 여왕'으로 불린 로즈뱅크 증류소는 포스와 클라이드 운하 주변에 있던 로즈뱅크 하우스에 있었으며, 1840년부터 폴커크 지역의 대표 증류소로 운영되어왔다. 폴커크 증류소는 1867년에 제작되어 증류소 터의 제쿤소에서 사용되던 대형 철제 수차도 복원하였다.

폴커크 위스키는 로즈뱅크 증류소를 포함한 여러 로우랜드 증류소에서 사용했던 방식인 삼중 증류 방식을 그대로 계승하여 사용한다. 증류된 위스키는 기본적으로 아메리칸 익스 버번 리필 캐스크에 담겨 증류소의 저장고에서 숙성된다. 개인이 폴커크 위스키를 캐스크째 사서 숙성이 완료될 때까지 저장고에 보관할 수 있다. 하지만 적어도 2015년은 되어야 숙성이 완료될 것이다. 이 증류소에서 만든 위스키가 그들이 계승하는 '로즈뱅크 위스키'의 이름을 계속 쓸지, '폴커크 위스키'라는 이름을 쓸지 지켜보는 것도 즐거운 일일 것이다.

Falkirk Distillery
Beancross Road, Polmont, Falkirk FK2 0XS
Tel : 01324 670000
www.falkirkdistillery.com

킹스반스

킹스반스 증류소는 골프의 고향 세인트앤드루스에서 그리 멀지 않은 파이프의 이스트 눅에 있다. 1688년 이후 어스카인 가문의 저택으로 사용되던 캄보 저택에 터를 잡았다. 증류소 아래로는 넓은 황금빛 보리밭과 킹스반스 골프 링크, 북해와 벨 락 등대가 아름답게 펼쳐져 있다. 경영진은 역사적인 조지풍 농장 건물을 증류소와 방문자센터로 개조하려고 한다.

증류소의 상징과도 같은 건물은 정교한 톱니모양 장식과 아담풍 고딕 스타일로 무장한 비둘기장이다. 테라코타 타일로 지어진 비둘기장은 새집 500개로 이루어져 있다. 지금은 비어 있어 으스스한 느낌을 주지만, 한때는 수많은 비둘기의 거처로 시끄러웠다. 경주용이 아니라 알과 고기를 식용으로 쓰려고 비둘기를 길렀다. '비둘기장 속의 비둘기'라는 이름의 멤버십 클럽을 운영한다. 여기에 가입하면 비둘기장의 새집 하나를 영구 임대할 수 있

으며 VIP투어인 '스틸맨 투어'를 즐길 수 있다. 킹스반스의 '비둘기장 속의 비둘기' 싱글몰트위스키도 맛볼 수 있다. 이 밖에도 다양한 혜택과 이벤트를 즐길 수 있다. 스코틀랜드에서 가장 오래된 대학가에 오픈 골프 챔피언십의 유명한 올드 코스가 있는 세인트앤드루스에서 15분 거리여서 한 해에 관광객을 3만 명 이상 유치할 수 있기를 기대한다.

증류소 정비가 끝나면, 풀보디와 무거운 피니시로 무장한 가볍게 피트 처리된 위스키를 연간 10만 리터 정도 생산할 것이다. 가볍고 에스테르향이 강한 전통적 로우랜드 위스키 스타일과 달라 의아할 수 있지만, 로우랜드의 싱글몰트위스키도 과거에 피트 처리된 몰트를 사용했다. 알프레드 바너의 1887년 기록에 따르면, 19세기에 로우랜드 증류소였던 옥토머티 증류소도 몰트를 건조할 때 피트를 사용하였다.

오스트레일리아 위스키 산업의 대부로 불린 빌 라크가 1992년 태즈메이니아의 호바트에 설립한 소형 위스키 증류소를 기반으로 설계했다. 빌 라크는 킹스반스 위스키의 자문역으로 있다. 2012년까지 라크가 설계한 소형 구리 포트스틸을 도입하여 생산된 위스키를 100리터짜리 소형 쿼터 캐스크에 숙성시키는 것이 원래 목표였다. 쿼터 캐스크는 부피 대 면적비가 상대적으로 매우 커서 '천사의 몫'이 많아지는 대신 시간 대비 빠르게 숙성된다.

이러한 역사로 미루어볼 때, 킹스반스 싱

504

글 로우랜드 몰트위스키는 라크 싱글 태즈메이니아 몰트위스키와 비슷한 스타일을 지니게 되지 않을까 싶다.

Kingsbarns Distillery
Kingsbarns, St.Andrews, Fife KY16 8QD
Tel : +44 (0)7717 754 053
www.kingsbarnsdistillery.com
www.larkdistillery.com.au

포트 샬롯

브룩라디 증류소는 2007년, 아일레이 섬에 로킨달 증류소를 재개장한다고 선언했다. 이 증류소가 바로 포트 샬롯 증류소다. 콜린 캠벨이 1829년 포트 샬롯 마을에 설립한 로킨달 증류소는 여러 번 소유주가 바뀌다가 결국 1929년 문을 닫았다. 알프레드 바너드는 1880년대에 "지역의 노동력 대부분을 착취하며 지역에 거의 기여하지 않는 증류소를 제외하고는 별것 없는 마을"이라는 포트 샬롯에 대한 일반적 평을 반박했다. 생산된 위스키 대부분이 싱글몰트로 판매되었기에, 이와 관련해 지역의 운송업이 발달되었다는 것이 그의 반론이었다. 그는 이 지역 운송업의 특이성에 대해서도 글을 남겼다. "아일레이 위스키의 정수 중 하나인 브룩라디 증류소의 위스키는 대부분 브룩라디 부두에서 선적된다. 일꾼들이 위스키 캐스크를 10개씩 묶어 물에 띄우면, 배의 일꾼들이 캐스크를 배 위로 끌어올리곤 했다."

1990년대 이후 브룩라디 증류소 건물들은 아일레이 크리머리의 건물로 사용되지만, 증류소 인근 저장고는 다른 증류소가 계속 위스키 저장고로 사용하다가 다시 브룩라디 증류소로 인계되었다. 로킨달 증류소는 이제 역사 속의 증류소가 되었지만, 다행히 증류소가 운영되던 시절에 증류소를 찍은 사진들이 남아 있다. 이 증류소는 피트 가열식 풍로를 이용한 독일식 철망을 통해 보리를 건조해 사용했으며, 로크 기어리와 옥토무어의 물을 사용했다. 설비로는 대형 발효조 8개와 포트스틸 3개를 운용했다.

포트 샬롯 싱글 아일레이 몰트위스키는 브룩라디 증류소에서 중간 정도로 피트 처리한 보리를 받아 사용한다. 많은 위스키 애호가가 로킨달 증류스의 부활을 기대한다. 아쉽게도 포트 샬롯 증류소 재건 작업은 내부 사정으로 지연되고 있으나, 2029년이 되기 전에는 재건을 완료하고 새로 운영되지 않을까 기대한다.

Bruichladdich Distillery
Bruichladdich, Isle of Islay, Argyll PA49 7UN
Tel : +44 (0)1496 850221
www.bruichladdich.com

로즈아일

로즈아일 증류소는 엘긴과 포레스 사이의 머레이 퍼스의 로즈아일 몰트 처리소에 있다. 머레이 퍼스는 스코틀랜드 최고의 보리 곡창지대다. 로즈아일 증류소는 세계적으로 수요가 많아지고 있는 디아지오의 블렌디드 위스키의 공급을 맞추기 위해 2009년 건설되었다. 몰트 처리에서 증류에 이르기까지 위스키 생산의 전 공정이 증류소 안에서 이루어지는 시스템을 갖추었다. 스테인리스스틸 풀라우터 여과조 2개, 스테인리스스틸 발효조 14개, 수작업으로 만들어진 증류기 14개를 운용한다. 한 쌍을 이루는 1차 증류기와 2차 증류기는 같은 모양으로 만들어졌다. 스테인리스스틸로 만들어진 냉각기가 장착된 증류기는 어떠한 촉매 작용도 일으키지 않으므로 무거운 스페이사이드식 위스키를 증류한다. 구리 냉각기가 장착된 증류기는 깨끗하고 상쾌한 가벼운 위스키를 증류한다. 다양한 증류기뿐 아니라 다양하게 피트 처리된 몰트를 사용하여 여러 스타일의 위스키를 생산할 역량을 갖추었다. 증류의 모든 과정을 지속 가능하고 생태적인 방식으로 운영하려고 한다.

위스키를 연간 1,000만 리터 증류하며,

증류된 위스키는 대부분 아메리칸 익스버번 배럴에서 숙성되어 블렌디드 위스키의 원료로 사용된다. 일부는 싱글몰트위스키로 병입되기 위해 숙성된다. 현재 조니 워커와 뷰캐넌에서 생산된 위스키의 블렌딩 원료로 대부분 사용하기 때문에 당분간 로즈아일 싱글몰트위스키를 맛볼 수는 없다. 하지만 몇 년 뒤에는 싱글몰트위스키를 발매할 것이다. 새로 증류된 민트와 시트러스, 과일향을 내는 가벼운 위스키는 매우 깨끗하고 상쾌한 느낌을 준다. 디아지오의 마스터 블렌더인 더글러스 머레이는 이를 소나기가 내리고 난 뒤의 풀밭 같은 느낌이라고 표현했다. 증류소는 일반에게 공개하지 않는다.

Roseisle Distillery
Roseisle, Morayshire IV30 5YP
Tel : +44 (0)1343 832100

위스키 향미 용어

1. 무게감/중량감 BODY/WEIGHT
가벼운, 약간 가벼운, 중간의, 약간 무거운, 무거운, 식전주의, 거대한, 대담한, 섬세한, 빽빽한, 견고한, 충만한, 중량감이 느껴지는, 강력한, 탄탄한, 둥근, 두꺼운, 중량의

2. 달콤함/건조함 SWEETNESS/DRYNESS
산미, 건조한, 중간의, 약간 건조한, 약간 달콤한, 달콤한

3. 피트/스모크 PEATY/SMOKY
스모크 재, 아스팔트, 모닥불, 과열된 브레이크, 타다만 나뭇가지, 숯, 태운 시나몬 스틱, 석탄 가스, 코르다이트, 크레오소트, 헤더피트, 헤더스모크, 향불, 랍상소총 차, 성냥갑, 네오프렌, 피트 덩어리, 피트, 페놀, 톡 쏘는, 고무느낌의, 훈제 애플우드 치즈, 이국적인 향초, 스모크한, 검댕 느낌의, 탄 장작, 증기기관, 타르, 타르 처리된 로프, 불붙은 토탄

훈제 청어 앤초비, 말린 조개, 그물, 훈제 청어, 바다조개, 훈제 홍합, 훈제 굴, 훈제 연어

이끼 고사리, 흙, 연못, 신선한 잔디나 식물

4. 약내음/소금기 MEDICINAL/SALTY
약내음 방부제, 해안, 소금물, 브릴크림, 납촉류, 석탄산, 디젤, 유칼립투스, 저몰린, 병원, 요오드, 철, 켈프, 린트, 멘솔, 소금, 유포 방수포, 오존, 바닷바람, 바닷가, 파도, 해초, 소독용 알코올, TCP, 테레빈유

5. 담배/후류 TOBACCO/FEINTY
담배 담뱃갑, 차 상자, 티포트, 담배향, 담뱃재, 퀴퀴한

후류 아세트산, 압지, 유황, 마개, 카드보드, 초크와 플린트, 코르크, 축축한 양모, 케케묵은, 잉크의, 금속적인, 좀약, 곰팡내나는, 퀴퀴한, 곰팡이핀 나무, 파라핀, 퍼티, 황, 비니거, 오래된 책이나 오래된 목재

가죽 소가죽 제본, 자동차 시트, 소가죽, 도서관, 유광 가죽, 닭고기, 안장

땀내 버터밀크, 치즈, 빨지 않은 빨래감, 배수구, 가구 광택제, 낡은 운동화, 퀴퀴한, 양돈장, 광낸 신발, 느끼한, 오줌, 구토

플라스틱 방수포, 플라스틱 바구니, 플라스틱 매트, 그슬린 플라스틱, 방수 우비

6. 꿀/바닐라 HONEY/VANILLA
꿀 아카시아꿀, 밀랍, 벌집, 허니 클로버, 허니 헤더, 허니 라벤더, 꿀, 미드

바닐라 갱엿, 끓인 설탕, 버터크림, 버터스카치, 케이크 믹스, 솜사탕, 카라멜, 치

즈케이크, 크렘 앙글레즈, 커스터드, 사탕봉지, 퍼지, 글리세린, 박하사탕, 아이스크림, 메이플시럽, 마시멜로, 당밀, 라이스 푸딩, 럼 토피, 끈적끈적한 토피 푸딩, 설탕 입힌 아몬드, 과자점, 시럽, 당의정, 테리 초콜릿 오렌지, 토피, 터키 사탕

7. 스파이스/나무 SPICY/WOODY

스파이스 올스파이스, 캐러웨이, 향나무, 삼목나무, 칠리페퍼, 시나몬, 정향, 커리, 생강, 생강빵, 노간주, 겨자, 무순, 새로 깍은 연필, 육두구, 오크, 후추, 소나무, 수지, 사프란, 백단향, 톱밥, 타닌산, 새 나무, 나무향

8. 와인/셰리 WINEY/SHERRY

셰리 아몬티야도, 아모로소, 보트리티스, 버번, 브랜디, 버건디, 칼바도스, 샤도네이, 사이다 애플, 꼬냑, 술장, 에테르, 피노 셰리, 포도, 그라파, 리큐르, 마데이라, 만자니야, 올로로소, 페드로 히메네즈, 포트, 럼, 소테른, 세미용, 독주, 알코올향의, 티오 페페, 바이너스, 와인

9. 견과류/크림 NUTTY/CREAMY

견과류 아몬드, 벤즈알데히드, 브라질 호두, 캐슈, 밤, 슈위, 개암, 윤활유, 헤이즐넛, 라놀린, 아마씨유, 마카다미아 너트, 마지팬, 누가, 기름기있는, 올리브, 페칸, 피스타치오, 프랄린, 유채씨유, 구운 땅콩, 설탕 입힌 아몬드, 유질의, 호두
크림 벨지안 초콜릿, 버터, 초콜릿, 다크

초콜릿, 핸드크림, 밀크초콜릿, 부드러운

10. 몰트/곡물 MALTY/CEREAL

요리된 곡물 곡물, 보리, 비스킷, 브리오슈, 곡식, 지게미, 곡물, 빻은 곡식, 귀리, 팬케이크, 죽, 스콘, 사일리지 곡물, 위타빅스
요리된 야채 구운 옥수수, 매시드 포테이토, 구운 감자 껍질, 구운 스웨덴 순무, 구운 순무
몰트 홉, 홀릭스, 몰트 추출물, 맥아유
곡물 껍질 겨, 왕겨, 말린 홉, 아이언 토닉, 뮤즐리, 증류 찌꺼기
구운 아니스, 다이제스티브 비스킷, 쓴 초콜릿, 쓴 커피, 탄내, 탄 케이크, 탄 토스트, 탄 토피, 코코아, 간 커피가루, 볶은 커피, 쿠키, 에스프레소, 히코리, 감초, 모카, 구운 몰트, 쇼트브레드
이스트 베이컨, 제빵, 오븐구이, 살코기, 내장, 육즙, 햄, 마마이트, 고기, 파르마 햄, 구운 돼지고기, 로스트 미트, 소세지, 사슴고기

11. 과일/에스테르 FRUITY/ESTERY

시트러스 아스코르브산, 베르가모트, 귤, 콜라, 에스테르, 자몽, 키위, 레몬 셔버트, 레몬, 라임, 만다린 귤, 오렌지 껍질, 오렌지, 과일 껍질, 자른 파인애플, 청량음료, 소다, 탠저린, 타르트, 열대 과일
신선한 과일 사과, 살구, 가을 과일, 바나나, 월귤, 블랙베리, 블랙커런트, 블루베리, 산딸기, 체리, 신선한 무화과, 과일나

무, 과일 껌, 포도, 녹색 자두, 풋과일, 구스베리, 리치, 멜론, 청포도, 천도복숭아, 파파야, 패션프루트, 복숭아, 배, 파인애플, 마르멜로, 래즈베리, 레드커런트, 딸기

요리된 과일 구운 사과, 으깬 사과, 조린 사과, 구운 과일, 상한 과일, 마말레이드, 자두, 조린 자두, 래즈베리 잼, 조린 루바브

말린 과일 말린 살구, 설탕조림, 캔디 필, 크리스마스 케이크, 크리스마스 푸딩, 커런트, 대추야자, 던디 케이크, 말린 무화과, 과일 케이크, 민스 파이, 자두, 과일 젤리, 건포도, 슈틀렌, 술타나

솔벤트 아메리칸 크림 소다, 풍선껌, 에페베르, 에틸알코올, 레모네이드, 매니큐어 리무버, 눈깔사탕, 갓 칠한 페인트, 소나무추출물, 셔버트

12. 꽃/허브 FLORAL/HERBAL

향긋한 아카시아, 아로마, 이발소, 꽃, 블루벨, 얼그레이 차, 딱총나무 꽃, 꽃향기, 프리지아, 용담꽃, 가시금작화, 헤더, 인동덩굴, 라벤더, 라일락, 오렌지 꽃, 과수원, 향수, 진달래, 장미, 향기나는, 여름의, 바이올렛, 촉촉한 봄의 아침

온실 들버드나무, 카네이션, 코코넛, 커런트 꽃, 제라늄, 그린토마토, 민트, 페퍼민트, 스피어민트

잎사귀 알데히드, 볶지 않은 커피콩, 보리풀, 풀의 절단면, 전나무, 숲, 풀, 피망, 녹색 야채류, 월계수잎, 정원 손질, 도금양, 완두꼬투리, 솔방울, 수액

허브 안티초크, 아스파라거스, 아보카도, 헛간, 월계수잎, 식물성, 치커리, 쿠마린, 건초 말리는 냄새, 회향, 풀, 산울타리, 경작지, 건초, 건초더미. 갓 벤 건초, 헤더 꽃, 헤더, 풀밭, 식물 뿌리덮개, 오레가노, 세이지와 양파, 비누곽, 비누 냄새, 짚, 차, 타임

용어 해설

ABV(alcohol by volume) : 위스키의 알코올 도수.

Age statement 숙성 연한 : 해당 위스키가 오크 캐스크에서 최소한 몇 년 숙성되었는지를 의미하는 숫자.

Angel's share 천사의 몫 : 위스키 숙성 시 증발로 사라지게 되는 위스키의 양.

Alfred Banard 알프레드 바너드 : 19세기의 유명한 위스키 저자로, 영국과 아일랜드공화국의 모든 증류소를 방문했다.

Barrel 배럴 : 미국에서 만들기 시작한 오크 캐스크로, 일반적으로 200리터들이이다.

Blended whisky 블렌디드 위스키 : 브랜드의 레시피에 따라 마스터 블렌더가 여러 종류의 몰트위스키와 그레인위스키를 섞어 만든 위스키.

Bourbon whiksy 버번위스키 : 특정한 방식으로 만들어진 미국의 위스키. 재료로 최소한 51%의 옥수수를 함유하고 있어야 하며, 최대 80%의 도수로 증류되어 새롭게 탄화시킨 오크 캐스크에 담겨 최소한 2년 이상 숙성되어야 하고 도수는 62.5%를 넘길 수 없다. 주로 미국의 켄터키주에서 만들어지지만, 모든 버번위스키가 켄터키에서 만들어지는 것은 아니다.

Butt 버트 : 500리터들이 유럽산 오크 캐스크로, 주로 스페인에서 생산되어 세리로 향을 낸다.

Cask 캐스크 : 위스키를 숙성하는 오크통을 총칭.

Charring/Toasting 탄화 : 캐스크의 안쪽을 불로 태워 목당을 카라멜화하고 숙성중인 증류주를 정화하는 탄소 필터를 만들어내는 작업.

Chill filtered 냉각 여과 : 위스키를 최종적으로 여과하기 전에, 냉각을 통하여 무거운 지방질 에스테르를 제거하는 과정. 이 과정에서 위스크 본연의 향미가 약간 날아가기도 한다.

Clearic 클리어릭 : 게일어에서 유래한, 증류기에서 막 증류된 증류주.

Condensing 냉각 응축 : 증류 과정에서 가열된 알코올 증기를 액화시켜 수집하는 과정.

Distillation 증류 : 알코올이 함유된 액체를 끓여 함유된 알코올을 증기화시킨 후, 그 알코올 증기를 냉각시켜 더 높은 도수의 증류주를 얻어내는 과정.

Draff 지게미 : 당화 과정 후에 남는 곡물의 껍질과 찌꺼기들. 소 먹이로 사용된다.

Dram 한 모금 : 위스키의 단위.

510

Dunnage 더니지 저장고 : 위스키를 오크통에 담아 숙성시키는 전통적인 저장고. 낮은 높이와 흙바닥이 특징이다.

Esters 에스테르 : 위스키에 꽃과 과일의 성격을 부여하는 화합물로, 발효 과정에서 생성된다.

Feints 후류 : 증류 과정의 뒷부분에 얻어지는 원치 않는 품질의 증류액. 알코올 도수가 낮다.

Fermentation 발효 : 이스트를 통해 당을 알코올과 이산화탄소로 전환하는 과정.

First fill 퍼스트필 : 그 이전에 위스키를 숙성시키지 않은, 최초로 위스키를 숙성시키게 되는 캐스크. 퍼스트필 캐스크라 할지라도 와인이나 버번을 담아두어 향을 내는 것이 일반적이다.

Foreshots 초류 : 스피릿 스틸에서 처음으로 증류되어 나오는 원치 않는 품질의 증류액으로 보통 뿌옇다. 초류는 따로 수집되어 후류와 함께 재증류의 재료로 사용된다.

Germination 발아 : 보리를 싹과 뿌리가 날 때까지만 성장시키는 것. 이 과정에서 얻어지는 전분은 당화 과정을 통해 당으로 전환된다.

Hogshead 혹스헤드 : 배럴에 4~6장의 나무판을 덧대 확장한, 250리터들이의 미국의 대형 배럴.

IWSC : International Wine&Spirit Competition. 최고의 술을 뽑기 위해 매년 열리는 국제 주류 박람회.

Heads 헤즈 : 초류.

Lomond still 로몬드 스틸 : 목 부분에 조정 가능한 판을 추가하여 환류 작용을 증대하여 과일향이 강한 위스키를 증류할 수 있는 개량된 단식 증류기.

Lyne arm 라인 암 : 증류기의 머리와 냉각 수집기 사이를 연결하는 구리관.

Malting 몰트화 : 생보리를 맥아 보리(몰트 보리)로 만드는 당화 이전의 과정.

Mashing 당화 : 맥아 보리로부터 전분과 당을 추출하는 과정.

Mash tun 당화조 : 몰트 보리에 뜨거운 물을 부어 전분과 당분을 추출해내는 커다란 통.

Master blender 마스터 블렌더 : 일정한 레시피에 따라 위스키를 섞어 블렌디드 위스키를 만드는 사람.

Maturation 숙성 : 위스키를 오크통에 담아 저장고에서 숙성시키는 기간.

Mothballed 휴업중 : 이 책에서는 현재는 운영하지 않으나 여전히 위스키를 생산할 수 있는 증류소를 표현하는 용어로 사용되었다.

NAS No age statement 숙성 연한 비표기 : 숙성 연한을 따로 표기하지 않은 위스키 병입본. 병입된 위스키에 숙성 연한이 매우 낮은 위스키가 섞여 있는 경우가 갖다.

New make 뉴 메이크 : 숙성하지 않은, 증류기에서 갓 나온 위스키

Oak 오크 : '위스키'라는 이름을 지니기 위해서는, 증류액이 오크통에서 최소한 3년 이상 숙성되어야 한다.

Oloroso 올로로소 : 스페인 셰리의 일종으로, 위스키 숙성용 오크 버트에 향을 입히는 데 자주 사용된다.

Peat 피트 : 난방용으로 사용되는, 식물의 잔해가 분해되어 만들어진 화석 연료

Phenols 페놀 : 위스키의 스모키함을 나타내는 수치. 페놀은 피트 연기로 몰트를 건조할 때 발생한다.

Pot still 단식 증류기 : 위스키 증류에 사용되는 전통적인 주전자 모양의 증류기

Proof 미국식 알코올 도수 ; 미국에서 사용하는 알코올 도수의 단위
100 proof = 45.8% ABV

Quarter cask 쿼터 캐스크 : 수송용으로 사용되는 소형의 캐스크로, 보통 45리터들이이다.

Refills 리필 : 위스키를 이미 한 번 이상 숙성시킨 캐스크를 리필 캐스크라고 부른다.

Reflux 환류 : 증류 과정에서 발생한 무거운 알코올 증기를 응축시켜 다시 증류기 속으로 되돌리고, 오직 가벼운 알코올 증기만을 라인 암과 냉각 응축기로 통과시키는 것.

Single cask 싱글 캐스크 : 하나의 캐스크에서 숙성된 위스키만으로 한 위스키를 병입한 것

Solera 솔레라 : 비활성화된 오크로 만들어진 큰 통으로, 서로 다른 숙성 연한과 특징을 가진 위스키를 혼합할 때 쓴다.

Still copper 구리 증류기 : 발효된 보리 맥주를 가열하여 알코올 증기를 만들어 위스키의 원료가 되는 증류액을 증류하는 증류기

Tails 테일 : 후류

Usque beatha/Usquebaugh 우쉬기 바이/우스퀴바 : '생명의 물'을 뜻하는 게일어. 위스키를 의미한다.

Vatted malt 배티드 몰트 : 몰트위스키만을 섞어 만든 블렌디드 위스키의 일종

Washback 발효조 : 당화를 통해 얻어진 워트wort에 이스트를 첨가하여 위스키의 원료인 보리 맥주를 만드는 통.

Wash/wash still 워시 스틸 : 발효조를 통해 얻어진 발효액을 20~25% 정도의 로우 와인으로 증류하는 증류기. 이렇게 얻어진 로우 와인은 스피릿 스틸에서 다시 증류된다.

Waterloo Street 워털루 스트리트 : 워털루 스트리트에 있는 스코틀랜드 몰트 디스틸러스의 본사 건물 양식을 따르는 찰스 포트 박사의 증류소 건축 형식

Worm condenser 벌레형 냉각기 : 구리 튜브 코일 속으로 찬 물을 흘려 알코올 증기를 냉각 응축하는 전통적인 방식의 냉각기.

Wort 워트액 : 당화조에 으깬 보리 가루와 뜨거운 물을 섞어 만드는 달콤한 전분 용액. 발효에 사용된다.

Yeast 이스트 : 당분을 알코올과 이산화탄소로 전환하는 유기체

517

WHISKY CLASSIFIED BY DAVID WISHART